Della stessa autrice

MILLE AUTUNNI
COME UN DIAMANTE
IL FALÒ DELLE BUGIE
SOTTILE INCANTESIMO - MAGIQUE
LA VOCE DELLE SIRENE

GABRIELLA MAGRINI

NELLE MIE MANI

Sperling & Kupfer Editori

NELLE MIE MANI

I edizione «Sperling Serial» ottobre 2003
Copertina: Foto Agenzia Photonica

ISBN 88-87592-84-5
86-I-03

Desidero ringraziare anzitutto la mia editor Ilde Buratti per l'intelligente e affettuosa cura di questo manoscritto. Sono grata all'editore, nella persona di Carla Tanzi, per la sua fiducia, e alle mie agenti Donatella e Valentina Barbieri per la loro valida assistenza. Nella stesura del romanzo sono stata aiutata dall'avvocato Licia Osti, per la parte giuridica, dalla dott. Luisa Citterio, psicanalista, e dall'amica Rita Stucchi Pedrini che hanno letto e discusso con me il manoscritto: un grazie sentito per la loro disponibilità e competenza.

Indice

Inverno

1

Questo è dunque il deserto. Alice stava con gli occhi incollati al finestrino dell'aereo: non aveva volato spesso nella sua vita. Da quando la battigia azzurra del Mediterraneo era scomparsa, ecco la vastità piatta della sabbia, il vuoto assoluto, primordiale, del deserto.

Quel viaggio non desiderato, non scelto, ma solo accettato, doveva essere una pausa, un tempo arido e anodino di riposo, e mentre guardava oltre l'oblò dell'aereo, quasi misurando la distanza dalla terra e dalla realtà, non sapeva che avrebbe invece rappresentato lo spartiacque verso una vita che ancora non poteva immaginare. Nessuna cosa sarebbe stata più la stessa.

Ora vedeva emergere lunghe dorsali, dune che facevano supporre l'esistenza di enormi ossa terrestri sepolte sotto la sabbia, arcaiche forme cancellate dalle mutazioni del clima e dal passare dei millenni. La luce riverberava così forte da farle socchiudere gli occhi. In mezzo al vuoto era disegnata una pista, un segno umano che attraversava sicuro e arrogante quello spazio. *È un segno come quello l'immagine del destino?* Alice chiuse gli occhi sulla domanda.

Quel volo dalla Malpensa al Mar Rosso era il più lungo

che avesse mai affrontato. Non aveva viaggiato in paesi lontani. Suo marito, per le vacanze, la depositava per lo più in lussuosi alberghi a Punta Ala o altrove dove i suoi complessi e fumosi affari gli riservavano ossequi e trattamenti di privilegio. Anche questa volta non aveva scelto lei. I suoi figli e le sue amiche, Daria e Maruska, l'avevano messa sull'aereo: «Cambi aria, cambi clima, cambi orizzonte e finalmente dormi. A Sharm el Sheikh è già caldo, e torni abbronzata, in forma».

Nessuno di loro riusciva a concepire che per Alice era del tutto impensabile rimettersi in forma per andare dal giudice che avrebbe sancito la fine del suo matrimonio. Eppure aspettava quella separazione, la voleva, sebbene fosse una cesura dolorosa, sebbene stesse per fare di lei «la moglie separata». Ma aveva deciso: non avrebbe smesso di chiamarsi signora Prandi, era sempre la moglie dell'architetto Prandi, che poi architetto non era ma lo lasciava credere, come fanno tanti.

Non mi va di pensare a lui, voglio fare tabula rasa, come quel deserto. Che ormai era alle sue spalle perché l'aereo iniziava la discesa.

L'aeroporto, immerso in un sole che la feriva, era caotico, il percorso del taxi seguiva un nastro asfaltato tra file di palme polverose e costruzioni incompiute che sarebbero divenute in futuro altre case e altri alberghi, frapponendosi come quinte di gesso fra il mare e le creste lontane del Sinai. Polvere e calore ovunque. *È qui che dovrei dormire?* E invece l'albergo che le avevano prenotato era un'oasi verde, silenziosa e fresca intorno alle piscine blu. Il letto era extrasize e l'aria condizionata una brezza regolabile.

Sarebbe un buon posto anche per morire, pensò Alice con sarcasmo. E invece dormì senza sonniferi, senza cena, senza colazione, *do not disturb* sulla maniglia della porta per ventiquattr'ore.

* * *

È quasi l'alba. Il registratore sta sul comodino. Alice lo ha portato con sé senza pensare di usarlo. Forse l'ha cacciato in borsa per compiacere Daria che la sollecitava: «Non tenerti tutto nel petto, quando la rabbia ti prende la gola afferra il registratore e parla, parla come se tu avessi qualcuno davanti a te: racconta tutto, butta fuori, sfogati! Ci sono passata anch'io e so che aiuta». *Ma io non ho voglia di guardare indietro, e invece Daria dice che dovrei. Dovrei, dovrei. Sono disgustata da questo verbo. Quanto alle emozioni non ne ho. Sono secca come quel deserto.*

Daria parla sempre per esperienza e non parla molto, per essere un avvocato. Per questo Alice l'ascolta. Sa che suo marito Alfiero si fida ciecamente di lei e al tempo stesso la teme: Daria Fusi fa parte dello studio legale che lo ha difeso dall'accusa di corruzione e sa tutto di lui, anzi riesce a leggergli in testa le intenzioni prima che egli stesso ne sia consapevole.

«Registra tutto quello che ricordi», aveva insistito con Alice prima che partisse. «In un probabile duello matrimoniale ogni parola, ogni dettaglio ha il suo peso.» Ma Alice non ne può più di duelli, le basta che Alfiero confermi la cifra offertale per gli alimenti.

Da dove cominciare il filmino delle rimembranze? Dall'ultimo Natale. Una festa nella norma: cappone, tortellini, culatello, regali di cachemire da parte di Alfiero, Mimì, la madre di Alice, bionda e spumeggiante, più vecchia di un anno ma è come se ogni anno ne avesse sulle spalle uno di meno. E i suoi figli: Isabel, dolcissima, e Gabriele con Tamara, la sua ragazza di un tempo che ora vive in una comunità per ex alcolisti. Lui era andato a prenderla perché trascorresse il Natale in famiglia come gli altri anni. Un Natale felice?

Forse. Da qualche tempo Alfiero era più ansioso e irritabile che mai. Ne incolpava l'ufficio, dove aveva chiesto il pensionamento a soli cinquantotto anni prevedendo di rimanerci indisturbato e più libero come consulente privilegiato. Lui era una pedina delicata, nell' organizzazione della World Wide, e preziosa. Il Capo lo sapeva, e così il suo Vice. L'architetto Prandi era stato il costruttore e il regista di piani di sviluppo immobiliare dai risvolti ambigui, che implicavano la connivenza di funzionari di primo piano, di politici locali o seduti in parlamento, di manager e urbanisti che avevano cementificato tratti di costa protetti invano dalle associazioni ambientaliste. E che male c'era, in tutto quel fabbricare, visto che il risultato erano ville e alberghi esclusivi, e porti per barche di almeno ventun metri? Tuttavia, siccome il Vice sapeva servirsi di lui ma non lo amava, Alfiero temeva ora di vedersi restringere gli orizzonti professionali. Per il momento gli avevano traslocato l'ufficio a un piano più basso (le maxi dirigenze stavano all'ultimo e al penultimo piano, come usa nelle grandi compagnie americane) e il nuovo ambiente era meno rappresentativo.

Aveva pestato i piedi, Alfiero, solo per riavere la sua segretaria personale, l'impareggiabile signorina Cleme, e almeno in questo l'aveva spuntata.

«La fedeltà femminile», proclamava lui, «si è rifugiata nelle segretarie: Cleme rinuncerebbe a un aumento di stipendio pur di restare con me.» Ma non c'erano altri motivi di tensione: se infatti il Vice tentava di ridimensionarlo, lui aveva sempre alle spalle il presidente della World, il Capo, come tutti lo chiamavano.

Natale era riservato per tradizione a famigliari e parenti, ma il giorno dopo s'invitavano gli amici: Daria Fusi, Egidio Marchesi e sua moglie Amelia, lui vicepresidente di una multinazionale, travolto due anni prima dalle stesse accuse fatte ad Alfiero e arrestato come lui all'alba: «Peggio che se fossimo malfattori», dicevano loro, costretti a mesi di arresti domiciliari. Ormai tutti e due erano stati prevedibilmente prosciolti dalle gravi imputazioni, ma era rimasta l'amicizia di chi ha diviso lo stesso incubo e il livore verso una «giustizia persecutoria», che li aveva presi di mira per reati che in questo paese tutti si permettono. Per fortuna, delle loro complicità politiche non c'erano prove, o perlomeno erano state ben occultate.

C'era anche Maruska, fra gli invitati, quella sera: l'immancabile Maruska. Una presenza un po' ingombrante, un po' eccessiva anche nell'affetto, tanto che a volte Alice si domanda perché le vuole bene. Ma si è abituata a prenderla com'è: onnipresente, depositaria di tutte le risposte possibili, di consigli e verità non richieste, di commozioni lacrimose. *Maruska parla e scrive come una maestrina, ma è convinta di saper tutto, e su quel tutto ci mette il cuore. Sì, ha un gran cuore, lo dice persino Alfiero*. Ma era un cuore invasivo come le sue tette da maggiorata. Isabel, così riservata e sofistica, la criticava con sufficienza: «Troppo grassa, troppo sciatta anche quando ha addosso abiti firmati. Fa bene a non mettere la foto in copertina dei suoi romanzi». *Ma non è vero: Maruska non è affatto male*.

Alice sta divagando, parlottando nel microfono del registratore, gira intorno all'argomento e pensa: *Adesso spengo: non serve a niente*. E invece no, c'è un filo conduttore misterioso in quel ripercorrere i ricordi recenti. Dunque: il 30 dicembre, mentre erano a tavola per la colazione del mattino, Alfiero annunciò: «Io parto».

Alice lo guardò, stranita, ma senza chiedere altro.

«E la mamma?» gli chiese Isabel.

«Ho bisogno di star solo, per qualche giorno. Non è una novità.»

Non era una novità, ma non era mai accaduto a Capodanno. Isabel si mise quasi a piangere. «Se avessi saputo che avresti lasciata sola la mamma... ma ho il treno fra un'ora, mi aspettano gli amici per andare a Nizza.»

«Tu vai», disse Alice. «Vai tranquilla.» Non capiva quella partenza di Alfiero, ma non chiese spiegazioni. Del resto, fra lei e suo marito era così da sempre: ognuno si teneva uno spazio di vita propria. Ma la nube di turbamento, vaga da settimane, divenne più grigia.

Nel pomeriggio prese la macchina e se ne andò, sola, a rintanarsi nella casa sul lago: una casa di sua madre, con una darsena nella quale un piccolo fuoribordo era sempre in attesa di una corsa anche in inverno. Ma ormai i suoi figli ci venivano di rado. Al marito Alice lasciò un biglietto: *Se stai partendo preferisco non esserci. Tornerò domani. Facci sapere come stai e quando torni.* Il giorno dopo, quando rientrò, trovò due righe accanto al telefono: *Ho bisogno di star solo, Alice. Ho soltanto te e la mia famiglia. Ti darò notizie.*

La madre e i cugini invitarono Alice a trascorrere la sera di San Silvestro con loro, ma lei preferì restare sola la notte del 31 e poi ancora il 1° gennaio, il 2 e il 3 in una Milano deserta, per vedere se questo suo marito in crisi ricompariva o almeno dava notizie. Alfiero aveva lasciato un messaggio nella segreteria telefonica: «Sto bene». Senza dire dove fosse. E poi ancora, il 31 dicembre: «Non c'è niente da festeggiare. Vado a letto presto. Tornerò il 3».

Maruska era andata a Reggio, dai suoi. Amelia ed Egidio in Austria. Daria a Cortina. Il 3 gennaio Alfiero tornò a casa, di sera. Alice aveva trascorso quelle giornate di solitudine leggendo, ascoltando musica, dormendo nella camera di Isabel dove si sentiva meno sola, meno malinconica, meno spaventata. Sua figlia non era ancora tornata, così restò a dormire nel letto di lei. Ma Alfiero, a metà della notte, la raggiunse e fecero l'amore con grande trasporto. Gli domandò: «Che cosa ti è successo? Sembri eccitato da qualche avvenimento o sensazione fuori dal comune». Lui non rispose. La seconda notte tornò da lei più appassionato che mai. Allora Alice pianse sulla sua spalla dicendogli: «Sei l'uomo più importante della mia vita». E lui, sospirando: «Io morirei senza di te, Alice». Tutta quella emotività, senza una causa visibile, l'aveva turbata.

All'Epifania tornò Isabel, felice e colorita dal sole invernale di Nizza. Subito dopo ebbero luogo due udienze in tribunale per un processo nel quale Alfiero non era direttamente imputato ma veniva chiamato a deporre. Questo lo esasperava, soprattutto per la lungaggine delle procedure che lo costringevano a ripercorrere eventi e circostanze ormai superati. Quella realtà che per anni aveva costituito il suo brillante lavoro, anzi la sua stessa vita, ora gli si ritorceva addosso come un'ombra che anche il suo Capo avrebbe voluto seppellire. Ma come si seppellisce un'ombra che è diventata la propria immagine? Alfiero non era un uomo forte. Altri personaggi di primo piano, avvezzi al comando, al potere e all'ossequio, erano crollati sotto il peso di situazioni per loro inimmaginabili: gli interrogatori, l'isolamento del carcere. Colpevoli o meno non importava: erano spezzati. Alfiero era stato più fortunato, ma nei quattro mesi di arresti domiciliari, isolato nei centoquaranta metri quadri della loro casa, aveva subìto il peso di un'accusa che per lui era immeritata.

Alice non si era nemmeno chiesta se suo marito fosse colpevole, era semplicemente convinta che Alfiero corrompesse chi voleva essere corrotto, e lo facesse con professionalità, come un dovere connesso al suo ruolo. Con onestà, affermava lui, convinto.

L'11 gennaio, un sabato, Alfiero andò al funerale del padre di un collega e tornò all'una, cupo. A tavola Isabel gli chiese: «Perché sei andato al funerale di uno che neanche conoscevi?»

«Per confortare il collega che conosco bene. Quando morirò io verranno i tuoi amici, che non mi hanno mai visto, a confortare te. Ma forse questo non accadrà, perché io avrò il funerale a Parma, dove c'è la tomba di famiglia.»

Il pasto terminò silenzioso. Subito dopo lui si alzò e disse: «Vado in centro perché ho un appuntamento alle due da *Cova*. Magari stasera potremmo farci un cinema».

Alle sei Alice ricordava d'essere uscita dal parrucchiere e tornando a casa aveva incrociato sul portone Isabel stranamente agitata. «Stavo lavorando col computer», spiegò, «quando il babbo mi ha chiamato dall'ufficio più di un'ora fa dicendomi: 'C'è un gran traffico, ma fra poco sono a casa'. Però non si è visto.»

«Ma c'è traffico davvero.»

«Vado a controllare in garage se è arrivato.»

Sua madre non capiva quell'apprensione, perché Alfiero non era mai puntuale. Ma poco dopo Isabel la chiamò al telefono: «Il babbo ha messo la macchina in garage un'ora fa ed è uscito».

«Vedrai che fra poco arriva.» Era irritata, Alice, per la mania di suo marito a non voler più usare il cellulare. Quei quattro mesi di arresti domiciliari, due anni prima, isolato da tutti e controllato giorno per giorno, gli avevano inoculato inconfessate paure e diffidenze irrazionali. «Siamo tutti sorvegliati», badava a dire, «colpevoli e innocenti, balordi e incensurati... tutti nel mirino.»

«Ma quale mirino?» contestava Alice, «della polizia? Della magistratura?»

«Non solo. Lasciamo perdere. Io non voglio essere disturbato o magari spiato.»

«Ti rendi conto che è perlomeno stravagante? Quando non ci sei, non possiamo neanche comunicare con te.»

«Ci penso io. Ti ho mai lasciato senza notizie?»

Sì, era assurdo quel suo timore di un occhio quasi soprannaturale che potesse seguirlo in ogni momento e in ogni luogo. Ma Alfiero, dietro quell'aria amabile e quasi paciosa, nascondeva tortuosità inspiegabili. O forse altro?

Alle otto di sera era troppo presto per preoccuparsi, tuttavia Alice telefonò ai Marchesi e stranamente Egidio non la rassicurò con un'ipotesi qualunque, disse invece: «Veniamo subito». Da quel momento lei ebbe la certezza che qualcosa doveva essere accaduto, ma che cosa?

Si è sentito male, è in coma ipoglicemico, è svenuto come qualche mese fa... Alfiero, diabetico grave, forse aveva avuto un'amnesia, magari era in un ospedale. Oppure... era uscito con un cappotto di cachemire, il Rolex e la ventiquattrore: potevano averlo aggredito, rapinato, malmenato. O ancora: poteva esserci qualche risvolto politico poco chiaro. Lui non era un professionista qualunque, era un manager che entrava e usciva dalla casa del Capo. Tutte le ipotesi si aggrovigliavano su se stesse mentre le ore si allungavano verso la notte.

Arrivò Maruska, pallida e spaventata. «Che cosa sta succedendo? La segretaria di Alfiero telefona a destra e a sinistra cercando di lui. Ha chiamato anche me. Ma è vero che non lo trovate?» Subito dopo cominciò a chiamare tutti i Pronto Soccorso. Alice le fu infinitamente grata per averla sostituita in quella ricerca di un'ansia insostenibile. Più tardi giunsero i cugini con Gabriele, il figlio, che li aveva sorpresi ancora a cena. Isabel andò con un taxi a prendere la madre di Alice, e non appena entrò fu subito un caos di domande e di lamenti.

Senza dirselo, ognuno prevedeva di trascorrere la notte in attesa. Gabriele, muto sul divano dello studio, Isabel con la nonna, Maruska, delusa dalle sue ricerche senza risultato, seduta con Amelia sul letto dove avevano obbligato Alice a sdraiarsi. Isabel continuava a ripetere: «Se non lo troviamo, niente funerali a Parma», e suo fratello allora sbatté la porta dello studio perché non lo vedessero piangere.

Alice taceva, lontana da tutti, artigliata da quell'unico pensiero: *È andato in una camera d'albergo a uccidersi con l'insulina.* Ma per quale sconosciuto motivo? Che cosa poteva persuadere Alfiero, facilone e incurante di tutti, a togliersi la vita? La paura che la malattia potesse ridurlo l'ombra dell'uomo brillante, di successo, che finora tutti ammiravano?

Per anni Alice aveva assistito suo marito nella cura contro il diabete impostata da un professore di Ginevra. Ogni tre mesi lo accompagnava in Svizzera per i controlli, ogni sera gli faceva le iniezioni e sapeva che c'era differenza fra le diverse fiale d'insulina. A volte lui scherzava dicendo che avrebbe potuto ucciderlo facendogli a mezzanotte una dose d'insulina rapida: delitto perfetto, senza dolore e senza tracce. Addormentarsi e morire. Ma Alice non aveva mai dato peso a quei discorsi. Invece, durante quella notte e nelle ore del giorno successivo, quel dubbio inespresso continuò a martellarle le tempie. Taceva e aspettava l'esito delle ricerche coordinate che però non portavano a niente: ormai tutti coloro che conoscevano Alfiero, dal suo Capo al portiere di casa, sapevano della sua misteriosa assenza. Ospedali, posti di polizia, carabinieri, erano in allerta, e persino la Digos che, secondo l'efficientissima segretaria Cleme, era l'unica che potesse effettuare una ricerca personalizzata. Decisero unanimemente che, se non fossero venuti a capo di niente nel giro di quarantott'ore, avrebbero predisposto un annuncio televisivo.

La casa dei Prandi era diventata un bivacco. Si mandavano a prendere pizze e panini alle ore più impensate, la riserva di bibite era diventata un sacco di lattine vuote, il Vice appestava tutti col suo sigaro camminando su e giù nel corridoio con aria fosca, Maruska rispondeva al telefono e spupazzava Mimì che, ormai, aveva le borse sotto gli occhi e non trovava più battute di spirito.

A settant'anni, Mimì Aloisi era ancora bella: i tacchi alti e le gonne strette, i capelli biondo cenere a toccare le spalle, e il collo con poche rughe che beneficiava ancora del lifting fatto qualche anno prima. Quella prima, terribile notte in attesa del genero aveva alternato le lacrime alle certezze per lei più evidenti: «Se Alfiero non è morto c'è sotto una donna: non si scompare da casa da soli». E continuava, colpevolizzando la figlia: «Tu non capisci niente di uomini, non hai immaginazione: tuo marito è un uomo che fa gola a qualunque donna».

A Mimì Alfiero piaceva tanto, e non solo perché spesso le metteva a disposizione una limousine blu, ma perché era bello. Se lo ricordava trentenne, magro, slanciato, gli occhi azzurri e il sorriso maledettamente ingenuo. Un sorriso da cartolina mille baci, diceva lei. Ma che ragazzo si era portato a casa quella stanga di sua figlia! Che aveva un solo pregio: indossava gli abiti come una mannequin. «Meglio di me», ammetteva Mimì, «che però sono più morbida, più femminile.»

Era l'unica, in quelle ore di attesa più cupa che speranzosa, a trovare qualche guizzo di ottimismo. «Noi stiamo qui a piangere e lui è chissà dove a scopare come un riccio...» E scuoteva la lunga chioma da adolescente. «D'altra parte, come si fa a non piacere quando si è belli, gentili ed eleganti come lui...» E di nuovo, rimproverando sua figlia: «Tu non gli hai mai dimostrato un po' di gelosia, e gli uomini ne hanno bisogno come dell'aria!»

Mimì Aloisi conosceva gli uomini; il suo curriculum sentimentale, durato più di mezzo secolo, aveva inasprito suo marito in un'infelicità senza sbocco. «Pretendeva che dopo vent'anni di matrimonio avessi ancora degli entusiasmi per il letto, ma si può?» s'indignava lei, che tuttavia aveva goduto alla grande della generosità coniugale: abiti eleganti, cene al Rotary, viaggi esclusivi, vacanze da Vip. E concludeva con enfasi: «Ma certo che mio marito mi adorava: gli facevo fare una splendida figura!»

Alice commentava quelle parole col silenzio, alzando un sopracciglio. Carlo Aloisi aveva dato in eredità a sua figlia la statura alta, il viso magro dai lineamenti decisi, gli occhi scuri dallo sguardo intenso che di rado lasciavano trapelare una passionalità sotterranea, ma soprattutto le aveva trasmesso la sua fedeltà ai propositi e la sua tremenda, implacabile lucidità.

Purtroppo l'ultimo amante di sua madre, il taciturno, premurosissimo Aristide, era morto sei mesi prima. Insieme alla vedova di lui – erano amiche da vent'anni –, Mimì l'aveva pianto in un comune abbraccio accanto alla bara e da quel giorno Alice, figlia unica, aveva forzosamente sostituito l'impareggiabile cavalier servente in tutte le infinite, minute necessità di quella viziatissima signora che per compilare un modulo bancario o prendere un treno aveva sempre bisogno di un uomo alle spalle.

Mimì trovava sua figlia straordinaria e insopportabile, ma la sua inconscia partita fra amore e odio veniva da così lontano da non esserci più speranza che fosse riconosciuta. Per lei Alice era un possesso indiscutibile e insieme una catena. Da bambina la voleva sempre accanto alle sue gonne, la portava con sé nei pomeriggi dedicati alla boutique elegantissima per la quale creava modelli esclusivi. Alice, silenziosa, se ne stava a giocare con i ritagli di stoffe colorate e a guardare sua madre che, da vera *première*, provava gli abiti sulle clienti puntando uno spillo qua, alzando un orlo, abbassando una scollatura fino al limite della malizia. «Allora gli abiti erano unici, venivano costruiti sul corpo della cliente», recitava Mimì rievocando quei tempi di creatività e di complicità femminili, «e il corpo non bisognava scoprirlo troppo, perché l'uomo voleva indovinarlo, desiderarlo.»

«La mamma era brava», ammetteva Alice, obiettiva, «se non fosse stato per l'opposizione di papà sarebbe diventata famosa come la Marucelli.» Ma Carlo Aloisi era geloso, insicuro e possessivo come molti uomini infelici, e Mimì allora si tirava dietro la bambina dovunque, anche nei suoi incontri con uomini che lei scambiava sempre per il grande amore. Alice, muta e ritrosa, era un'involontaria *chaperon* delle schermaglie amorose materne, finché la sua presenza non diveniva un ingombro fastidioso da lasciare per qualche ora alle zie compiacenti.

A scuola, la bambina sudava e soffriva d'orticaria, e c'era un solo modo di persuaderla a rimanere in classe: tenerla sola in un banco senza che una compagna accanto la sfiorasse. «Non so come ho fatto a superare le elementari e le medie», aveva raccontato Alice a Maruska che, unica fra le sue amiche, le faceva domande su quegli anni lontani. «Mi ricordo soltanto che non parlavo quasi e mi annoiavo tanto. È stato come percorrere una strada che, ai lati, non aveva paesaggi, né visi da conoscere o ricordare. E per fortuna una maestra si accorse che non ero stupida.»

Quella maestra, già anziana, aveva persuaso Mimì che sua figlia aveva bisogno di un doposcuola, e le dava lezioni a casa sua dove la faceva leggere e scrivere seguendo i suoi ritmi. Che erano rapidi, sostenuti da una curiosità facile da stimolare. «È intelligente, molto intelligente», dichiarò la maestra Gilardoni a Mimì, che la guardava sconcertata e incredula, «ha una mente matematica. Le piace la musica, e ieri abbiamo giocato a scacchi.» Suo padre, allora, le aveva regalato gli scacchi e Alice si era appassionata a quel gioco da adulti.

Poi era venuta l'adolescenza, un passaggio difficile e crudele: i genitori litigavano a sangue e per ben due volte Alice aveva sorpreso suo padre mentre faceva la valigia per andarsene da casa. Ma era sempre rimasto, per lei.

Andava ancora a trovare la maestra Gilardoni, le portava dolcetti e fiori: seguì senza lacrime il suo funerale toccando con mano la solitudine. A quattordici anni le sembrava di non saper più muovere un pezzo sulla scacchiera.

Il lunedì sera verso le dieci, quando ormai Alice era digiuna e senza sonno da più di quarantott'ore, il telefono squillò e lei notò subito che Maruska impallidiva: «L'hanno trovato...» Allungò la mano per prendere la cornetta mentre l'altra cadeva di schianto sul suo letto, piangendo per l'emozione.

Era la polizia: l'avevano rintracciato in un hotel di Parma, ancora vivo. Era stato subito trasportato all'ospedale della città. Lacrime strazianti di Mimì, lacrime dei figli, lacrime degli amici e di tutti quelli che avevano atteso e sperato. Il Vice fece venire una macchina con l'autista poiché nessuno di loro era in grado di guidare. Giunsero in piena notte all'ospedale, dove erano già stati chiamati i parenti di Alfiero: sua sorella, il cognato, i nipoti. Era in un letto alto e stretto del Pronto Soccorso, con le sponde laterali perché nell'incoscienza non cadesse, la mascherina d'ossigeno davanti alla bocca. Sembrava più magro e misero, con la barba di due giorni, ispida e grigiastra, e addosso il ruvido camicione dell'ospedale. Uno qualunque, proprio quello che non voleva essere.

Il medico di turno disse: «Ha preso un bel numero di pastiglie, ma per fortuna ha vomitato. Lo teniamo in osservazione».

Isabel decise subito. «Mamma, resto io con lui.»

Alice immaginò subito quali pastiglie doveva aver inghiottito, e infatti ne trovò alcune sul piano del comodino quando andò all'albergo per pagare la stanza e i danni che Alfiero aveva provocato: era un sedativo sonnifero che il medico gli aveva dato per tenere a bada lo stress. Non era il Nembutal dei suicidi di una volta o uno di quei barbiturici che non si trovano nemmeno più in farmacia, e se anche avesse inghiottiti tutti e quattro i blister della scatola non l'avrebbero ucciso.

Aveva lasciato una lettera sul comodino, ma la polizia l'aveva sequestrata insieme ai documenti e ad altri oggetti di sua proprietà. Lì erano rimasti i suoi vestiti e la ventiquattrore, ma non c'era traccia d'insulina.

Mentre Isabel restava accanto al padre, Alice andò con Gabriele alla polizia per dissequestrare gli oggetti di Alfiero e la lettera di commiato che era stata aperta. Dieci righe, poche delle quali avevano un senso, come questa: *...dovrai sistemare i miei soliti pasticci* e si riferiva ai suoi debiti che, affermava: *erano stati fatti con onestà* e intendeva dire di non aver derubato nessuno. Concludeva: *Resterà comunque abbastanza per far terminare gli studi a Isabel e per aiutare Gabriele.* Lei, sua moglie, era ovvio, non esisteva. E infine. *Ho bisogno di silenzio. Vi voglio bene.*

Pasticci, debiti, soldi. Quella lettera non parlava d'altro, salvo un blando commiato sentimentale. E non diceva tutto. Ma bastò a inocularle il virus del dubbio: davvero Alfiero voleva morire o quel suicidio era una finzione, una delle sue tante recite? Aveva l'insulina rapida, se davvero voleva andarsene. Che cosa c'era dietro quella rappresentazione? Era il solito maldestro casinista, vittima delle sue sregolatezze, oppure era lacerato da un conflitto che non aveva voluto rivelare? Con in mano la sua lettera che non le dava risposte, Alice si pose tutte quelle domande con freddezza, con lucidità. Non se la sentiva di tornare nella stanza del Pronto

Soccorso che Alfiero divideva con un tossicodipendente salvato da una overdose. Non provava più né ansia né pena, solo un dolore rabbioso. E voleva capire.

Alfiero cominciò a riprendere coscienza il mattino dopo, ma era ancora confuso e riconosceva a malapena i figli. Anche Alice era al suo capezzale, lo guardava e si chiedeva le ragioni di quella follia che aveva tutta l'aria di una sfida: «Rischio di morire: domandatevi perché». Voltandosi, intravide al di là della porta a vetri con la scritta «Medicina d'urgenza», una faccia tesa dall'apprensione: Maruska. Era arrivata fin lì, lei sola fra tutti i loro amici aveva preso la macchina e li aveva raggiunti. Alice sentì un po' di calore sgelarle il petto e uscì nel corridoio ad accoglierla.

Confusamente pensava: *Sarà pure invadente... ma è fedele*. Maruska l'abbracciò stretta, nel suo modo goffo e strappalacrime, ma per una volta quella foga non le diede fastidio; la voce dell'amica tremava quando domandò: «È fuori pericolo?»

«Pare di sì. Ma non è ancora del tutto cosciente. Vuoi entrare? Però ti lasciano solo pochi minuti.» Maruska era rimasta lì zitta e immobile, finché Alfiero aveva di nuovo alzato le palpebre e girato gli occhi verso di lei, ma senza dar segno di riconoscerla.

Ci pensarono le banche a chiarire i pasticci e gli enigmi di Alfiero, e fu per Alice una prova durissima: conti correnti e fidi bancari di cui non conosceva l'esistenza, cambiali e scadenze ignorate.

Era tornata a Milano; con l'aiuto di Daria e sulla scorta di ricevute e carte di credito trovate nel portacarte del marito scoprì che Alfiero non solo aveva esaurito i fondi, ma contratto pure prestiti per coprire i quali bisognava trovare altro denaro e subito.

Le carte di credito le rivelarono che durante le vacanze di Capodanno aveva speso una fortuna a Vienna, fra il soggiorno per due in un albergo di gran lusso e gli acquisti: oggetti d'antiquariato, loden e gioielli. Non era solo, certo non era solo in quella vacanza, e mandava a casa ogni sera messaggi telefonici dal tono spudoratamente malinconico. Risalendo alle documentazioni delle sue spese folli, Alice si rese conto che l'emorragia di denaro era iniziata circa un anno prima, scatenata certamente dall'euforia di un nuovo amore. I proventi delle sue pagatissime consulenze e gli anticipi già incassati sulla sua liquidazione si erano volatilizzati in vacanze miliardarie ad Amsterdam, a Berlino, a Parigi, a Londra (c'era anche traccia di un breve viaggio in Spagna con lei a Madrid, a trovare Isabel che era là con una borsa di studio). Ma con chi viaggiava Alfiero? Con una poliglotta, visto che non parlava nessuna lingua straniera e a malapena sapeva balbettare *good morning* o *what's the price*?

Per aiutarla in quel ginepraio, un cugino di Alfiero, notaio, gli fece firmare un'ampia procura con la quale Alice poteva agire: saldare i debiti, chiudere i fidi, bloccare i conti bancari, firmare in sua vece per radunare i pochi liquidi ancora esistenti. I direttori delle banche la trattavano con sufficienza: sembrava non avesse altro compito se non colmare i vuoti più immediati. Con terribile disagio dovette chiedere al Vice un anticipo sui futuri proventi di Alfiero per fronteggiare pagamenti che si portavano via tutto come un fiume senza argini. L'architetto Prandi era quasi sul lastrico e lei si teneva stretti i liquidi che ancora erano in salvo nel conto corrente per le spese di casa. Ma fino a quando sarebbero bastati?

Intanto Alfiero prendeva dalle mani di Isabel i primi cucchiai di brodo ricompensandola con occhiate adoranti. Anche Maruska era tornata a trovarlo: lo guardava commossa, quasi senza parlare: Alfiero era riuscito a stupire anche lei.

* * *

Solo adesso mi rendo conto che in quei giorni pensavo unicamente ai soldi e non avevo spazio per la pietà, rifletteva Alice. *L'unico, vero sentimento che provavo era il dolore straziante per la distruzione della nostra vita.*

Quel fallimento comprendeva la vanità di tanti sforzi, la dedizione inutile di trent'anni, dai diciotto ai quarantotto. Lei ci aveva creduto, nel matrimonio, gli aveva dato tempo, pazienza, forza, fiducia nel futuro nonostante le intemperanze e le balordaggini di Alfiero. Lei aveva cercato di arginare i suoi errori lasciando che brillasse davanti a tutti per il successo ottenuto, aveva seguito a passo a passo i loro figli che lui amava in modo plateale e narcisista offrendo regali e viaggi stravaganti. Gli piaceva impersonare, anche per Isabel e Gabriele, il modello dell'uomo arrivato, bello, giovanile, elegante, circondato da gente che gli altri, le mezze tacche qualunque, nemmeno potevano sfiorare. E loro lo chiamavano «babbone», anche se sapevano che era inutile parlargli perché non ascoltava. O forse ascoltava, ma gli bastava ricordarsi un appuntamento, voltarsi dall'altra parte, dedicarsi al nodo della cravatta, e già aveva dimenticato. Eppure lo amavano e lei stessa, mentre era fra le sue braccia al ritorno dal suo viaggio di Capodanno, gli aveva pianto sulla spalla dicendogli che era l'uomo più importante della sua vita. Non sapeva che c'era un'altra donna e quando l'aveva scoperto non si era neanche domandata chi fosse. Perché era già troppo il dolore di vedere a pezzi tutto ciò in cui aveva creduto.

Chi è l'altra? Una persona che per me non esiste. Potrebbe essere una ballerina del circo Togni o una duchessa della nobiltà romana, quelle che piacevano tanto ad Alfiero quando abitava in piazza Navona e frequentava politici e sottopancia di ogni colore. Io non ho nulla a che fare con lei.

Perciò ora, ricordando, si negava le emozioni di amore, di

gelosia, e persino di compassione. La sua non era la storia romantica di un amore spezzato, ma la vicenda squallida e triste di una donna buttata via, la cronaca amara dei giorni in cui correva dalle banche al Vice, dall'avvocato al notaio per salvare il salvabile, mentre Isabel assisteva Alfiero con la dedizione di un'infermiera. In quei giorni lei l'aveva visto poco, e quel poco dilaniata dallo stress e dal rancore. Quando lo guardava provava pena per la sua faccia smagrita, il suo sguardo incerto, l'azzurro dei suoi occhi che sembrava offuscato. Ma non trovava parole da dirgli: né in bene né in male.

S'incontrarono realmente, Alice e suo marito, la sera in cui Isabel lo portò dall'ospedale nella casa di famiglia che era appartenuta a sua madre e dove ora viveva sua sorella Jole. Alfiero non si aspettava quel rientro con tutti i parenti ad attenderlo nel grande soggiorno dove di solito si riunivano per le feste famigliari: era una beffa, per lui. Si sentì come un sopravvissuto, protagonista di una sconfitta. Era partito di lì giovane, con la baldanza di chi era sicuro di trovare fortuna, successo e una moglie ricca, e adesso tutti sapevano che a quasi sessant'anni era rovinato. Le altre sue visite, le altre feste in cui compariva trasformato in Babbo Natale con la slitta colma di regali non contavano più.

«Andiamo nello studio», disse ignorando tutti e avviandosi subito.

Alice domandò a Jole e ai figli d'esser testimoni a quel loro colloquio: era tesa, esausta, e voleva che rimanesse una traccia precisa delle loro parole nella memoria della cognata, di Gabriele e di Isabel.

Gli disse soltanto: «Alfiero, i matrimoni finiscono. Se il nostro è finito non tornare nemmeno a casa. Pensaci».

«No. Voglio tornare a casa», rispose invece lui, deciso. Non si era ancora reso conto che ormai lei sapeva tutto. Tutto fuorché l'identità dell'altra donna. O delle altre donne. E di questo non le importava di meno.

Rientrarono a Milano in macchina, la sera dopo. Alice pregò Gabriele, che guidava, di lasciarla a casa di Mimì per dormire da lei: non voleva vivere quel ritorno a casa col marito. Il pomeriggio precedente, seguendo una prassi burocratica inevitabile, lo psicologo dell'ospedale aveva convocato tutti e quattro per un colloquio chiarificatore. E davanti a tutti Alfiero aveva ripetuto con fermezza: «Voglio tornare a casa con la mia famiglia, a Milano».

Lo psicologo aveva alzato gli occhi guardando verso Alice, ma lei era rimasta in silenzio. Era troppo e troppo presto per rispondere a qualunque domanda.

2

Il *tradimento*, si ripeteva Alice, *non sta nell'avere un amante, il tradimento è ingannare l'altro facendogli credere che è amato quando non lo è. Apparenza, un universo di falsità.* E su questa falsariga era continuato l'intervallo fra i due atti del loro dramma, fra gennaio e Pasqua. Poi, a fine giugno, il sipario sarebbe calato con le firme sui documenti di separazione.

Ora Alice si domandava se quel dramma non avesse avuto anche risvolti da commedia, come quando si era celebrato il gran ritorno di Alfiero in occasione di una serata di gala alla Scala. Era una prima del *Così fan tutte*, cui eccezionalmente erano presenti il Capo, che alla Scala si vedeva di rado, e il Vice, con le rispettive mogli. Il primo aveva platealmente abbracciato Alfiero stringendolo al cuore ed esclamando: «Mio Dio, guai se tu ci fossi mancato!» e Alice si era chiesta se il presidente della World Wide avesse attribuito il tentativo di suicidio allo stress di mesi e mesi di reclusione in casa e poi ai processi che l'architetto Prandi aveva subìto perché complice delle loro malversazioni. Senso di colpa? Mah, forse. *O magari vuol davvero bene ad Alfiero, è un uomo sincero nell'amicizia.* Quanto al Vice, non le era sfuggito lo sguardo penetrante e freddo con cui scrutava il redivivo. Aveva mosso cielo e terra, per ritrovarlo. Vivo o morto. «Purché questa scomparsa non sia un rapimento», era il suo chiodo fisso. Perché Alfiero, in mano a chissà chi, poteva diventare un problema, un anello fragile e magari un'arma di ricatto nei confronti della World. Ma era andata bene, tutto si era risolto in un banale tentativo di suicidio causato da troppi debiti: quella era l'unica possibile lettura degli eventi, per ora. E adesso Alfiero tornava a vivere.

«Amore mio, dimentichiamo tutto. Adesso sono qui, sono a casa, con te. Senza di te non potrei vivere, lo sai.» Così le diceva, ma le sue parole sollevavano in lei echi confusi: le accoglieva con volontà, perché era lui a pronunciarle e sembrava sincero: perché non avrebbe dovuto esserlo? Lei non faceva domande, cercava di riaccoglierlo, perché questo è il matrimonio e lo si tiene in piedi insieme, ma nel profondo sentiva che il ritorno alla normalità richiedeva piccoli passi.

Suo marito ricominciava a lavorare per qualche ora, a rivedere amici e conoscenti, e sempre la voleva al suo fianco. «È anche una questione d'immagine», diceva, «quindi è bene che tu ti faccia vedere con me.» Perciò Alice aveva indossato il suo miglior abito da sera e l'aveva accompagnato alla serata rotariana nella quale erano ammesse le signore. Tutti erano stati affettuosi e cordiali, e Alfiero, al centro dell'attenzione, si sentiva un eroe.

Al rientro, e nelle notti successive, lui l'aveva cercata nel letto, e lei con affetto, con calore, con riconoscenza verso la vita, l'aveva assecondato. Era tenerissimo, le sussurrava accarezzandola: «Che bella pelle... ma ti rendi conto? È una vita che facciamo l'amore e mi piaci sempre tanto». In alcuni momenti gli venivano le lacrime agli occhi e quasi singhiozzava: «Senza di te non potrei vivere, non potrei». Ricordando, ora, Alice sentiva ancora il suo alito caldo sul viso e sul collo. E si domandava: perché? Perché? O meglio: per chi erano in realtà quelle parole d'amore?

La sera del compleanno di lei, una settimana prima di Pasqua, Alfiero aveva progettato una cena al *Savini* solo per loro due, ma lei protestò ridendo: «Sprecone! Facciamo festa in casa», e invitò sua madre e Daria. Maruska non era a Milano. Da quando erano tornati non si era più fatta viva e Daria spiegò: «È andata a Roma: la Rai ha acquistato i diritti di un suo romanzo per farne un serial televisivo, e mi pare che lei prenda parte anche alla sceneggiatura».

«Ce l'ha fatta!» esclamò Alfiero compiaciuto. «Maruska è straordinaria. Quando si pone un *target* non molla più.»

«Guadagnerà un sacco di soldi», osservò Alice mentre stava servendo il suo famoso spezzatino con le patatine intere, «è quello che vuole, no?»

«La Rai non fa ponti d'oro», ribatté suo marito, «ma paga in visibilità, in immagine. E Maruska, da vera professionista, questo lo sa.»

Una professionista, forse. Ambiziosa, certamente. Ma Alice avvertiva in lei qualcosa di nebuloso e di sfuggente, forse perché, nonostante le sue confidenze, sentiva di conoscerla poco. Quando Maruska non era presente non le mancava, e quella sera non c'era.

Il giorno dopo, era domenica, Alfiero annunciò che l'indomani sarebbe partito per Taormina dove l'architetto Biondi, che si occupava di ville storiche e restauri, aveva organizzato un convegno e gli aveva prospettato possibili consulenze. Lasciò il numero di telefono dell'albergo, perché, come al solito, non usava il cellulare, e aggiunse: «Comunque, vi chiamo io di sera».

Ciò che accadde non poteva prevederlo: una telefonata urgente dall'ufficio del Capo. Erano le nove del mattino. Isabel chiamò subito l'albergo chiedendo che cercassero l'architetto Prandi nelle sale del convegno, ma le risposero che non c'erano nessun convegno e nessun architetto Biondi, anche se c'era un architetto Prandi con la signora Prandi. E le passarono la camera.

«Ti hanno cercato dall'ufficio della presidenza. È urgente», lo avvertì la figlia.

«Bene, mi farò vivo subito.»

«È urgente», ripeté lei con uno strano tono. «Ma prima mi spieghi chi è la signora che si fa passare per tua moglie?»

«Isabel... che cosa stai dicendo?»

«Che lì non c'è nessun convegno, nessun architetto Biondi!... Ma ti rendi conto di che cosa ci stai facendo? A me... alla mamma... è indecente.»

«Come?» Alfiero alzò la voce, offeso. «Non disturbarmi più, Isabel, intesi? Altrimenti avverto che non mi passino le tue telefonate.»

Così, con quel tono, a sua figlia che l'aveva vegliato in ospedale giorno e notte per una settimana.

La vacanza in Sicilia durò altri dieci giorni. Alfiero era partito lasciando in casa banconote per cinquecento euro e scadevano i pagamenti della luce, del telefono, della donna di servizio. Il conto corrente era quasi a secco e per non andare in rosso Alice dovette chiedere un prestito a sua madre. Quando si rifece vivo, Alfiero pretese che Gabriele andasse a prenderlo all'aeroporto. Suo figlio lo vide arrivare solo, non insieme a quella misteriosa signora, tuttavia gli domandò con chiarezza: «Vuoi rientrare a casa o essere accompagnato a un altro indirizzo?»

«A casa.» E, non appena entrato, abbronzato e disinvolto, s'infilò nello studio, sedette nella sua poltrona di pelle e dichiarò: «Voglio la separazione, voglio essere libero».

Alice aveva guardato i suoi figli, l'uno e l'altra, prima di replicare: «Questa non è una decisione mia. Voi sapete che ho fatto tutto il possibile per salvare il nostro matrimonio».

Non le tremava la voce, non le tremava nemmeno un muscolo del viso.

Non parlò mai, né a Gabriele né a Isabel, di quel che avvenne dopo, più tardi, durante la notte: la sua estrema umiliazione. I suoi ragazzi non dovevano sapere e non seppero mai, ma quella notte rimase dentro di lei come un marchio di fuoco che continuò a bruciare inestinguibile. Perché solo un oceano di tempo, e forse nemmeno quello, avrebbe potuto placare quel dolore e quel furore. Cancellarlo, niente e nessuno. Alfiero l'aveva letteralmente sbattuta come fa un cliente con una prostituta, anzi peggio. Le aveva stuprato l'anima.

Quella notte mentre i ragazzi dormivano, Alice uscì dalla camera senza far rumore. In cucina, mise un goccio di Fernet in un bicchiere, vi aggiunse un po' d'acqua gelata dal frigo e lo assaggiò.

Ma perché il Fernet? si domandava, ironica: *Perché è la consolazione alcolica delle casalinghe o per digerire le parole definitive di Alfiero?* «Voglio la separazione, voglio essere libero.» Non capiva. *Poteva andarsene appena uscito dall'ospedale, poteva ammettere fin d'allora che fra noi era finita. Perché tutte quelle falsità, perché quelle stupide parole d'amore che nessuno gli chiedeva?... E far l'amore, e le proteste che la famiglia era la sua vita. Che io, io ero la sua vita. Avevamo finito per credergli... tutti e tre, io e i ragazzi.* Le sembrava uno scempio immenso quello che si era consumato durante gli ultimi mesi davanti agli occhi dei suoi figli. E una farsa vergognosa.

Le venne da ridere rivedendo Alfiero assiso nella sua poltrona inglese mentre proclamava la sua mozione di libertà con aria soddisfatta, ma poi storse la bocca perché quel liquore amaro non le piaceva, e non era per bere che si era alzata. Dalla porta dello studio filtrava, a livello del pavimento, una riga di luce. Alice attraversò silenziosa i pochi metri dell'ingresso e dischiuse l'uscio senza bussare.

Suo marito era ancora in poltrona, con una rivista in mano, alzò lo sguardo e la vide nel vano spalancato della porta: indossava una vestaglia di seta bianca, il viso era serio, scuro, deciso. Senza dire una parola Alice richiuse il battente dietro di sé, con cura.

Per evitare che i ragazzi sentano, pensò lui con un sogghigno compiaciuto. Era sempre convinto di saper leggere in anticipo le intenzioni e le mosse di sua moglie: dopotutto non era difficile, bastava fare due più due perché Alice era logica, senza fantasia. «Come vedi», le disse, «ti stavo aspettando.»

Lei non sedette, non si avvicinò nemmeno. «Voglio sapere perché mi hai mentito.»

«Quando?»

«A Parma, quando ti ho detto: se il nostro matrimonio è finito non tornare a casa, pensaci. E poi... anche in presenza dei ragazzi e dello psicologo. Tutte quelle menzogne: voglio tornare con te, con la mia famiglia. Ti ricordi, no?»

Lui alzò le sopracciglia: sembrava stupito e obiettò, calmo: «Ma io non ho mentito, ho detto soltanto quello che ti aspettavi di sentire. Quello che tutti si aspettavano di sentire».

«Tutti chi?»

Alfiero ridacchiò, come se la domanda fosse impropria. «Beh...» concesse, «tutti quelli che mi stavano intorno quella sera e anche prima, mentre ero in quel letto del Pronto Soccorso, lì lì per andarmene. E anche dopo, quando mi guardavano domandandosi: che cosa farà, adesso, il resuscitato? Tu, per prima. Tu che sei stata perfetta: non una parola di disperazione o di recriminazione... un *aplomb*, un tempismo a sistemare quei quattro pasticci che avevo lasciato in sospeso... Ti meritavi almeno che dichiarassi in pubblico il mio ritorno all'ovile, se non altro per non essere bollato di nera ingratitudine. E sei stata così chic da non domandare nemmeno perché e con chi avevo combinato tutto questo casino. Ammirevole.»

Con le sopracciglia corrugate Alice lo scrutava sempre più a fondo, come se il viso di lui potesse mostrare un barlume di verità che le parole negavano. Teneva le braccia conserte, strette, quasi l'aiutassero a sostenersi. «Non m'interessa con chi hai fatto bagordi, e il motivo lo conosco: non puoi fare a meno di sperperare il denaro che avrebbe dovuto essere la nostra sicurezza. L'hai sempre fatto, ma mai fino a questo punto.»

«Soldi miei, dei quali anche tu hai beneficiato», affermò lui, con orgoglio. «Ma hai poca memoria, Alice. Ti ricordi che cosa dicevi? Che con un manibucate come me tanto vale essere larghi nei conti. E così spendevi e spandevi, e non ti lasciavi mancare il meglio, carissima.»

Lei scosse la testa, infastidita. «Non sono qui per parlare di soldi: voglio capire.»

Ma Alfiero si sentiva così in vantaggio da mostrarsi tranquillo, almeno in superficie. «Tu capire qualcosa?» domandò sorpreso, quasi dolce. «Capire perché ero infelice? Perché mi sentivo stretto, frenato dalle tue briglie di casalinga?»

«Oh, per carità», sbottò lei, brusca. «Erano briglie lunghe, sciolte, se pur esistevano.»

«Sì che esistevano: eccome! Grette, implacabili, insopportabili. Tu non hai mai saputo che cosa sia avere un paio d'ali.»

Lei sospirò. «Ali per volare dove? Ma lasciamo andare. Tu i soldi non li hai fatti con le ali. E per tornare alla tua infelicità, tu stesso hai ammesso di non essere un uomo adatto al matrimonio. Sei un cane sciolto: i doveri, le responsabilità non fanno parte di te, della tua immagine. Tu eri nato per vivere come uno scapolo d'oro, con alle spalle una governante e una casa ben organizzata.»

«Ben detto: infatti c'eri tu a sistemare tutto. Ma quanto costavi!»

«Non barare: hai sempre fatto solo quello che volevi», lo rintuzzò lei, «e noi, in questa casa, siamo stati gli spettatori della tua *grandeur*.»

«Veniamo al sodo, Alice. Perché diavolo sei rimasta con me, allora? Trent'anni, non un giorno.»

Lei annuì lentamente, come a sottolineare quel consenso di anni e anni. Dai diciotto ai quarant'otto. Poi lo guardò come fa una madre con un bambino che non arriva proprio a capire. «Perché il matrimonio è una cosa seria, Alfiero. Perché abbiamo due figli, perché quando si assume un impegno si finisce anche per amarlo, quell'impegno.»

«E io sarei l'impegno? Ma va'!» rise lui. E soggiunse: «E cos'è questo amore? Tu non mi hai mai detto di amarmi».

Alice annuì ancora, e adesso quasi sorrideva ripescando nella memoria immagini lontane. «Sì, invece, che te l'ho detto», sospirò, «quando ero molto giovane, e ci credevo, al tempo di quelle che tu chiamavi le grandi parole romantiche, che dopo hai sostituito con un comandamento terra a terra.»

«Sarebbe a dire?»

«Non lo ricordi?» lo guardò bene negli occhi e lo sfidò. «Sono parole tue: 'Alice, la fedeltà è relativa, se incontri un bel c... vedi di non lasciartelo scappare'.»

«E tu ne hai approfittato», sottolineò lui, convinto.

«Così credi tu. E hai schiumato di gelosia.»

«Io?!» Alfiero si schiodò dalla poltrona, offeso. «Io geloso? Sei matta. Non sono mai stato geloso e per di più sapevo benissimo che non avresti mai abbandonato la tua postazione. Tu ci tieni, al tuo ruolo, e io ti ho dato modo di recitarlo bene, alla grande, non è così?»

«Sì ...sì», ammetteva lei, ironica. «Migliaia di pasti a tutte le ore, camicie impeccabilmente stirate come quelle dei tuoi amici miliardari che hanno la governante a tempo pieno, il tuo infinito guardaroba portato avanti e indietro in tintoria, la casa aperta ad amici e parenti quando pare e piace a te, i conti in rosso, il portafoglio spesso all'asciutto, i tuoi menù dietetici, le centinaia di iniezioni d'insulina a un'ora fissa della notte anche se cadevo di sonno... e ancora: accompagnarti a Ginevra per le tue visite di controllo, perché tu non spiccichi una parola di francese, e infine contemplarti quando ti rimiravi nello specchio, mentre pensavo, rassegnata: questo è mio marito, il mio bel marito che tutte m'invidiano. Perché tu sei bello, Alfiero, e non t'importa d'altro.»

«Hai dimenticato qualcosa, anzi molte cose», obiettò lui avvicinandosi, fronteggiandola ma senza sovrastarla perché non era più alto di Alice, «hai dimenticato i conti delle tue boutique, le vacanze negli alberghi a cinque stelle, i concerti, l'abbonamento alla Scala, la bella gente con cui ti piaceva sfoggiare il ruolo di moglie dell'architetto Prandi... e anche i due figli, due perché 'io' mi sono fermato, e, dulcis in fundo, le tre scopate settimanali che venivi a reclamare puntualmente.»

«Stavamo bene a letto», esclamò lei, così urtata da non accorgersi che la voce di Alfiero si stava alterando. «Il sesso faceva parte della vita e aveva un suo ritmo», e ripeté, «stavamo bene, a letto. Almeno così credevo.»

«Sì, ne eri convinta perché quello che volevi da me erano sesso, soldi e sicurezza. E li hai avuti, anche quando mi costavano uno sforzo disumano. Il letto soprattutto.»

«Il letto? Far l'amore con me era uno sforzo disumano? E come ci riuscivi?... Ma cosa dici?» Alice non era nemmeno offesa, era scandalizzata dal non senso di quelle parole, e incalzò: «E i tuoi 'amore mio senza di te non posso vivere'? E quel ripetermi: 'sei bella, sei qui, sei là, hai una pelle di seta' e tutte quelle bugie mostruose?»

«Guarda, Alice», fece lui con gli occhi azzurri dilatati, «guardami bene mentre ti dico la verità a cui tieni tanto: in questi ultimi anni scoparti per me è stata una tale fatica, una trappola, e tante volte avrei preferito farmi una...»

Lei indietreggiò, pallida, come se potesse sfuggire all'offesa crudele di quella parola non pronunciata. Le uscì una voce strozzata: «Perché mi hai cercato, perché mi hai voluto anche dopo l'ospedale... quando siamo tornati a casa? Tutte queste finzioni... perché, dimmi perché almeno!»

«Ma se è quello che 'tu' volevi!» E Alfiero la prese per le braccia scrollandola. «È bastato che ti toccassi ed eri lì, pronta... E io ce l'ho messa tutta per accontentarti. Mi guardavi con quell'aria da cane bastonato e io sapevo bene che l'unico rimedio, infallibile, era il lettone e via, dimenticare tutto e ricominciare! E invece no, Alice, questa volta no: se per vivere debbo scegliere fra me e te scelgo 'me' e me ne vado. E all'inferno tutti!» E con uno spintone la gettò con le spalle contro la porta chiusa.

Un lungo momento di silenzio seguì quel parlare concitato.

«Tu sei pazzo... sei veramente squilibrato», mormorò infine Alice. Vedeva una maligna luce di rivalsa nello sguardo di lui, una ferocia di animale debole che si ribella contro tutto ciò che crede sia stata la trappola, l'impedimento del destino: lei, lei che l'aveva sposato, che l'aveva impastoiato nella vita normale, lei che gli aveva tarpato le ali, gli aveva fatto fare i figli, l'aveva privato dell'imprevisto, dell'avventura, di tutto ciò che un fulgido, sognato avvenire era pronto a elargirgli. «E io che ho creduto tu volessi davvero restare con noi, con me e i ragazzi... che la tua fosse una crisi di smarrimento, ma che non pensassi di distruggere questa famiglia...»

«Che cosa distruggo? Cosa? Apri gli occhi: i figli sono già adulti e fra poco lasceranno anche te per vivere la loro vita. E io a cinquantotto anni ho il diritto a me stesso, a fare le scelte che non ho fatto a ventotto.»

«Quando ti ho conosciuto volevi sposarti», lo contraddisse lei con le labbra sbiancate, «cerca di ricordare bene, e volevi sposare me, quella che credevi una ragazza ricca.»

«Già, una ragazza bene, di una famiglia bene il cui padre mi vedeva come il fumo negli occhi. Non ero affidabile, per lui.»

«No, non lo eri. Sei venuto via da Parma dov'eri carico di debiti», continuò Alice, lucida, risalendo all'origine del rifiuto paterno, «e t'illudevi di far fortuna perché eri un bel ragazzo, e una come me, piatta e stangona come diceva mia madre, poteva leccarsi i gomiti a sposarti.» Rise con amarezza: «E non ti rendevi conto che avevi bisogno di una moglie che mettesse ordine nella tua vita. Una moglie che ti governasse, come ho fatto io, con pazienza e fatica. E ti sei pure lamentato che non sapessi farti anche da maggiordomo in una casa più elegante, di facciata, che appagasse la tua vanità davanti alla bella gente del tuo ambiente, tu, l'architetto Prandi, che poi architetto non è, ma è un faccendiere che commercia favori invece di restaurare ville».

«Ah, è così...» Alfiero l'afferrò con rudezza per un braccio e alzò il tono: «Sì, un faccendiere. E allora? Che cos'hai da dire? Non sono stato un buon procacciatore di soldi per te? Un procacciatore di soldi e di figli, non ti basta?»

«Sta' zitto, non urlare, non svegliare i ragazzi...» Improvvisamente un furore gelido le contrasse la gola, la voce divenne un sibilo: «Non ti basta quello che gli hai fatto soffrire in questi giorni? Ti dai alle scene isteriche anche l'ultima notte che stai qui? Perché hai voluto tornare? Perché non sei andato in albergo o dalla tua nuova donna?»

«Ah, è questo il punto, no?»

Lei scosse il capo con disprezzo. «No, non è il punto. Non m'importa chi sia, per me non esiste nemmeno.»

«Per te nessuno esiste oltre a te stessa e ai tuoi sacratissimi figli», esplose lui esacerbato. «Tu sei la stessa maledetta trappola dalla quale ho creduto di scappare andando via da Parma, tu sei come mia madre, la matriarca amata da tutti che ti piaceva tanto, e tu, tu volevi il matrimonio fino alla morte, con tanti figli e non solo due, e tutti i parenti intorno che ti ammirassero perché mi hai rimesso in riga. Ma l'uomo che te li ha dati, i figli, doveva anche starsene buono in un angolo, perché per le api regine il fuco può anche crepare.»

«Sei fuori di testa, Alfiero: non ragioni.»

Ma lui ormai era paonazzo e col fiato corto per l'emozione di quei rigurgiti oscuri che lo travolgevano, e le gridò: «Volevi capire, no? E allora fa' uno sforzo. O sei venuta qui con l'intenzione di portarmi a dormire nel lettone?» Si avvicinò a lei, che sgranava gli occhi sconcertata, e di colpo le afferrò la vestaglia e la spogliò con la brutalità di un uomo nel quale la collera ha svegliato la libido.

«Che cosa fai?»

«Ma se sei qui per questo! Dài, che una botta te la posso anche dare, una scopata d'addio, anzi, una scopata di buonuscita!»

«Lasciami stare, lasciami!» Alice cercava di liberarsi dalla sua stretta: gli puntò le mani sul petto ritraendosi, pronta a difendersi. «Ma cosa credi di fare? Cosa...» Era furiosa, schifata, le sembrava impossibile che lui volesse aggredirla.

«Dài che ne passerà del tempo prima che qualcun altro ti faccia questo servizio... non sei più di primo pelo, ormai...»

«Ti ho detto di lasciarmi!» Lei scalciò per liberarsi da quella stretta brutale e s'infuriò fino alle lacrime perché le mani di Alfiero, durissime, le facevano male, la stringevano mentre lui la sospingeva verso il divano. «Basta! Mi metto a urlare e sveglio i ragazzi! Vai a fottere la tua sgualdrina...» E di colpo si afflosciò lasciandosi cadere per sfilarsi dalle sue braccia, ma lui ormai l'abbrancava: la gettò sul divano e la tenne ferma; lei, oltraggiata e muta per non farsi sentire dai figli, si lasciò prendere, sopraffatta dall'umiliazione.

«Visto? Così almeno ti ricordi del nostro addio», sogghignò Alfiero quando tutto fu finito.

Alice stava a occhi chiusi per non vederlo. Lo sentì alzarsi, aprire l'uscio, andare in bagno, far scorrere l'acqua. Allora si lasciò scivolare dal divano, raccolse se stessa e la vestaglia calpestata sulla moquette e senza far rumore andò a rifugiarsi in camera sua.

Tutto questo rivide mentre stava supina a occhi aperti nella stanza dell'albergo di Sharm, aspettando invano il sonno e un po' di pace. E si rivide ancora curva e ammaccata, risentì sulla pelle l'acqua tiepida e consolatoria della doccia che però non lavava il terrificante oltraggio subìto, percepì di nuovo lo smarrimento profondo, di animale bastonato, di donna trafitta che si domandava perché.

Non glielo perdonerò mai.

Aveva pianto senza singhiozzi accucciata sul fondo della doccia mentre l'acqua le infradiciava i capelli, le portava via le lacrime. E né sonno né stanchezza avevano potuto attenuare quel dolore bruciante, quell'offesa che devastava l'intero senso della sua vita. Si era rannicchiata sul letto avvolta nell'accappatoio, aveva sentito colare le ore della notte come un umore vischioso, senza più la forza di pensare. Come quando, tanti anni prima, le crisi violente di emicrania la riducevano a una larva dolorante. Si lasciò passare addosso il dolore come un'onda lunga, lunga una vita.

Vide ancora, rivivendo quella notte cruciale con distante lucidità, la luce grigia del mattino profilarsi, aumentare fra le stecche delle tapparelle e alleggerire il buio della stanza, tingere di bianco la superficie del letto non disfatto, udì i passi di suo figlio che aveva dormito nel divano del soggiorno, poi un altro passo più pesante che la fece sussultare. Quindi la voce di Gabriele: «Vuoi del caffè?» e quella di suo marito: «No, preferisco prenderlo al bar». Si rivide alzarsi aprendo uno spiraglio dell'uscio per origliare, mentre si domandava se suo figlio si fosse accorto di ciò che era accaduto durante la notte. Udì lo scrocchio della serratura che veniva aperta, e ancora la voce di Alfiero: «Mi dispiace, Gabriele. Me ne vado. Ma tanto non ci perdiamo, noi. Noi continueremo a vederci».

«Dacci notizie.» La voce del figlio era tranquilla, quasi inespressiva.

«Vedi, Gabriele...» Sulla soglia Alfiero esitava, forse cercava di accorciare la distanza fra sé e il figlio, o magari solo di riempire quegli istanti vuoti, «tu devi capire: io ho dovuto rischiare di morire prima di trovare la forza di questo distacco. Adesso tocca a tua madre, *mors sua vita mea*. Mi dispiace, ma è così.»

Allora Alice sentì suo figlio ridere. Una risata breve, secca, d'incredulità. «Non ti dispiace, va'... ma non preoccuparti: Alice non è una che va a morire per questo.» E senza ostentazione gli chiuse la porta dietro le spalle. Si voltò e scorse sua madre appoggiata allo stipite della camera: aveva udito tutto.

«Alice non è una che va a morire.» Gabriele non aveva detto: la mamma. Aveva detto: Alice, una persona, piegata, sbattuta, dolorante, ma in piedi. In piedi, e divorata da una vampa d'odio pura, sanguigna, ardente come un incendio. *Non andrò a morire, Alfiero. Non per te.*

Suo figlio non le domandò nulla. Andò a prendere del caffè in cucina e glielo portò sul solito vassoio che usava al mattino. Disse soltanto: «Mamma, questa separazione è la tua fortuna».

3

Il mattino del suo secondo giorno di vacanza a Sharm Alice scese finalmente in spiaggia. Era presto, ma notò che c'era qualcuno sotto una grande tenda che copriva lo spazio per giocare a bocce e a freccette. Il mare si era ritratto di un paio di metri per la bassa marea, lasciando una larga striscia di sabbia umida, liscia, costellata da piccoli buchi. Un uomo di mezza età, accovacciato, giocava infilando una lunga cannuccia in quei buchi e stuzzicando i granchi che uscivano allo scoperto, piccoli, grigi e inferociti. Lui si divertiva a quella caccia incruenta: con pazienza snidava il crostaceo nascosto e quando lo vedeva uscire e scappare zoppicante in una corsa laterale rideva da solo, soddisfatto.

Alice, intanto, si appuntava i capelli alla nuca e infilava la cuffia preparandosi alla nuotata. Lo udì dire, a voce abbastanza alta: «Non sono buffi? Scappano esattamente nella direzione opposta a quella che è nelle loro intenzioni. Poi tornano indietro». Aveva parlato in francese.

Lei annuì, sorrise e corse leggera verso l'acqua. Poi, senza quasi turbare la superficie liquida, nuotò a lungo verso il centro della baia. Nuotava bene, era l'unico sport che avesse praticato nella vita. Non temeva l'acqua. «Mi sento anfibia», diceva. Quando ne uscì si avvolse nel telo di spugna e notò che l'uomo era seduto sotto il tendone accanto a un tavolino sul quale erano posati un libro e una scacchiera da viaggio. L'osservò di sottecchi: sembrava uno gnomo. La testa di capelli grigi, corti, il torace massiccio un po' arrossato dal sole, la curva del ventre espansa e a suo modo autorevole che scivolava in un paio di boxer blu, larghissimi. Le gambe robuste erano ancora bianche. Sentendosi osservato saettò verso di lei un'occhiata inquisitoria. Forse era seccato, ma in realtà anche lui, senza parere, la stava esaminando. Allora Alice si avvicinò, in silenzio diede un'occhiata alla piccola scacchiera e per un lungo momento valutò la posizione dei pezzi. «Posso muovere?» domandò rivolgendosi a lui in francese. «Con i neri.»

«*Bien sûr.*»

Lei mosse un alfiere per proteggere meglio la regina che era in posizione insicura. Si sentiva guardata, valutata. La sua intuizione, che tante volte aveva verificato, le permetteva di captare con certezza quando un uomo era interessato a lei, quale che fosse la sua età e il motivo dell'interesse, ma non immaginava l'analisi precisa che lo sconosciuto stava facendo della sua immagine: *Bella donna, più vicina ai quaranta che ai cinquanta. È di quelle che mantengono la giovinezza ma senza legnosità, anche se non si può dire che sia proprio un tipo latino.*

«Lei gioca a scacchi, vedo», le disse.

Alice gli sorrise. «Quando ero una ragazzina. Ero anche brava. Ho fatto qualche gara. Avevo colpo d'occhio, riuscivo a visualizzare subito la partita. Poi l'ho perduto con l'adolescenza.»

«Chi le ha insegnato a giocare?»

«Una maestra. E poi mio padre. Era piuttosto orgoglioso delle mie capacità.»

L'uomo socchiuse gli occhi, che erano grigi e sembravano

ingenui, e affermò: «Quando si ha talento per gli scacchi non lo si perde mai».

Lei scosse il capo. Aveva steso l'asciugamano sulla sabbia rossa e si era seduta. Alice indossava solo costumi bianchi, interi. La sua pelle, non ancora tinta dal sole, aveva una tonalità avorio. Al collo portava una catena d'oro a grosse maglie che non toglieva mai; alla chiusura stava appesa una medaglia con inciso un segno esoterico. Per lei non aveva alcun significato: gliel'aveva regalata Maruska, era solo dorata ma le piaceva.

«Il talento per gli scacchi», spiegò lui, «nasce da una struttura mentale particolare. Può andare in letargo, ma non lo si perde.»

«Il mio è svanito con l'adolescenza», ripeté Alice. E con naturalezza si trovò a conversare con quello sconosciuto, in una lingua che parlava bene ma adoperava poco, con la libertà che scaturisce dall'essere estranei. Gli spiegò: «Vede, l'adolescenza è una stagione difficile, soprattutto per una ragazza. È come se la vita la inondasse e la portasse via con sé. Affoga in qualcosa che non capisce, e molto spesso ne ha paura. Non c'è più posto per la lucidità richiesta dagli scacchi». Lei si era difesa da quell'ondata oscura e soverchiante respingendo inconsciamente la vita e i turbamenti che la opprimevano: anoressia. Sua madre si era accorta che mangiava sempre meno soltanto quando gli abiti le erano diventati penosamente larghi. Suo padre, spaventato e scettico sulle cure ricostituenti, l'aveva portata con sé in vacanza, loro due soli, in un paesetto dell'appennino emiliano dove abitava Ernestina, la donna che le aveva fatto da tata.

Alice, allora, aveva poco più di quindici anni, mangiava pochissimo il buon cibo di quel piccolo albergo che Ernestina e il marito gestivano durante l'estate, dormiva molto e faceva lunghe passeggiate nei boschi col padre e con un cane. Le sarebbe piaciuto portarselo a casa quel bastardino nero incrociato con un setter, ma Mimì non voleva animali in giro. C'erano voluti, poi, ancora tre anni per uscire da quella subdola indifferenza verso il cibo, ma per la prima volta, quell'estate, Alice aveva sentito una specie di benessere, di fiducia, nello stare all'ombra del padre.

«Le propongo una scommessa», disse l'uomo che giocava con i granchi, «una partita a scacchi nel pomeriggio. O domattina, se preferisce. È bellissimo giocare in spiaggia con quest'aria pulita, questo silenzio.»

«E su che cosa scommette?»

«Sul riapparire del suo talento.»

«Ma se n'è andato!» ridacchiò lei, divertita. «Ormai sono soltanto una casalinga *refoulée*, disoccupata.»

Lui, a quel punto, si era presentato formalmente estraendo un biglietto da visita dalla sacca: avvocato Bertrand Liebmann, 14 rue de Chartres, Genève. Uno svizzero tedesco, ipotizzò Alice dal cognome, francesizzato in quella città cosmopolita che lei conosceva bene. Non avendo con sé biglietti da visita, gli porse la mano: «Mi chiamo Alice Prandi, ma fra non molto tornerò a chiamarmi Alice Aloisi».

L'avvocato trattenne per un attimo la sua mano liscia ed energica. In quei due cognomi intuì subito il dramma di una separazione.

Il giorno seguente Alice scese in spiaggia dopo l'ora calda della siesta. All'ombra del tendone la brezza era piacevolmente tiepida.

«Allora si è decisa», esclamò Liebmann chiudendo il libro e voltandosi verso di lei. Le sorrise: «Vedo che ha fatto acquisti».

Alice non era in costume da bagno, indossava una *gellabah* di cotone bianco comprata la sera prima a Sharm, quel villaggio che si era quasi miracolosamente difeso dall'ondata di cementificazione, sebbene sfoggiasse una faraonica porta d'ingresso che sembrava di cartapesta hollywoodiana.

Sfolgorava di luci dalle vetrine assiepate e brulicava di ragazzi vocianti in due, tre lingue, che tiravano i turisti per il lembo della camicia. «Bella signora, magliette con cammello, corallo Mare Rosso, vestito egiziano?» E a pochi passi da lì stagnava il calore delle stradine poco illuminate che s'insinuavano verso l'interno e sentivano di spazzatura e di spezie, con le botteghe di alimentari che tracimavano fin sul selciato, traboccanti di datteri freschi, fave, arance delle oasi e guaiave, sacchi di lenticchie e aromi che t'imbalsamano le narici. E mentre cammini non t'importa se metterai i piedi sulla sporcizia incrostata o sulle bucce di melone, il vento caldo della sera primaverile sa d'incenso e ti rapisce di lì portandoti chissà dove.

Con grazia, Alice descrisse tutto questo all'avvocato svizzero, poi sedette sulla stuoia di paglia ripiegando i piedi nudi sotto l'orlo della gellabah. «Allora io gioco coi neri?»

«No, coi bianchi. Non veste sempre di bianco?»

Alice sorrise. Aveva i capelli sciolti che le ricadevano davanti su una spalla. Liebmann la guardava e non gli sembrava la donna del giorno prima; forse era questo che colpiva in lei: la mutevolezza. Ora fissava i pezzi schierati sulla scacchiera come due eserciti in battaglia e aspettava che lui facesse la prima mossa. «Gioca spesso da solo?» gli domandò.

«Se non trovo un antagonista col quale valga la pena.»

«E io, secondo lei, varrei la pena?»

«È già un bellissimo gioco stare a guardarla.»

Alice alzò la mano per muovere un pezzo, ma rinunciò e disse invece: «Stamattina sono andata nel deserto».

«Al monastero di santa Caterina?»

«Sì, ma mi sono fermata poco: troppa gente, quei preti ortodossi hanno la faccia arrogante, e il cespuglio che Mosè ha visto ardere assomiglia a tutti quelli che ci sono intorno.»

«Eppure», rimarcò lui, «hanno tentato di ripiantarne

qualche ciuffo altrove – rubato proprio a quella pianta –, ma non ha mai attecchito.»

«Lei allora ci crede.»

«Forse. E il deserto?»

Alice puntò un gomito sul ginocchio e appoggiò il viso sul palmo della mano. «Al ritorno ho fatto fermare l'autista lungo la strada e gli ho chiesto di aspettarmi. Sono scesa lungo una spianata di sassi, non sabbia, e ai lati rocce. Ho camminato per un po', forse cinquecento metri, e d'un tratto ho avuto la sensazione che quelle rocce si chiudessero alle mie spalle. Però sono andata molto oltre, dove non c'erano che pietre, sole a picco e uno spazio che non finiva più. Mi sono seduta in pieno deserto. Per un po'.»

Liebmann l'ascoltava immobile, fissandola. Vide un fremito subito represso passarle sul viso fra le sopracciglia, mentre riprendeva a parlare: «Ero là, sola, in un silenzio che mi assordava. Ho capito perché Gesù Cristo si è trovato addosso tutte quelle tentazioni, dopo quaranta giorni di deserto. A me sono bastati forse quaranta minuti. Ero ferma, e intorno mi danzava una sarabanda di diavoli: la mia stupidità, la rabbia, la commiserazione, l'impotenza ad agire, la desolazione... mi capisce? Sono questi i demoni che ti prendono alla gola. E non puoi far nulla, mentre vorresti essere potente e spietata, vorresti uccidere e non te ne vergogni... Uccidere, non sparare da lontano ma assalire alla gola, colpire, vedere il sangue e poi colpire ancora. E infine buttar via il corpo del nemico, e che sparisca, non vederlo più».

«Che uomo era suo marito?» chiese lui dopo una pausa, consapevole di fare una domanda che già si riferiva al passato.

«Perché mi chiede questo?»

«Perché lei ne stava parlando.»

Alice alzò il mento con un sorriso irridente. «Ma sì, tanto lei non lo conoscerà mai. Che posso dire?... Meraviglioso, un bell'uomo elegante, un vero uomo di successo...» Il sorriso irridente si curvò all'ingiù in una smorfia d'ironia: «Così bello, così vanitoso, così prodigo che quando passava per la strada più chic di Milano fermandosi davanti alle vetrine, negozianti e commesse che lo conoscevano uscivano a salutarlo. Per lui era come camminare sulla passerella d'una sfilata di moda».

S'interruppe e inclinò la testa di lato, guardando il suo interlocutore come se fosse interdetta dal suo silenzio. «Dico sul serio: Alfiero piaceva a tutti e soprattutto si piaceva. L'ho sorpreso una volta davanti allo specchio mentre si rimirava dicendosi: 'Come sono bello, come sono bello!' Incredibile? Eppure è la verità...» E continuò, divertendosi: «Si vestiva come pensava si vestissero gli inglesi e aveva arredato il suo studio all'inglese, con mobili in legno di quercia, tartan e una collezione di pipe. Quando ha deciso di tentare il suicidio perché stava affogando nei debiti, ha scelto un albergo a cinque stelle, il migliore della sua città. In realtà, poi, si era solo impasticcato, perché quelle pillole di sonnifero non avrebbero ammazzato neanche un morto».

«Lei ne parla continuamente al passato», osservò Liebmann, «come mai, visto che è ancora vivo?»

Ma Alice non rispose. Non ascoltava, presa com'era dall'abbrivio di quel parlare con uno sconosciuto, uno che non avrebbe più rivisto, un signor X dallo sguardo che sembrava sorpreso e persino ingenuo, un orecchio che l'ascoltava descrivere Alfiero dal di fuori, non più dentro l'unità di coppia che aveva determinato la sua complicità e il suo destino. «È vivo, certamente», annuì poi, «la tragedia non trova posto nel registro dei suoi comportamenti, al massimo lui arriva al melodramma. Vede, mio marito era perfetto per il suo ruolo: pubbliche relazioni, apparenza.»

«Ma sono importanti, lo sono sempre state.»

«In realtà erano solo un'adeguata copertura per quello

che il suo adorato Capo aveva intuito essere il suo vero talento: mio marito era un faccendiere di razza, i suoi interlocutori erano sempre grandi funzionari, politici di piccolo, medio o grosso calibro, e i vantaggi che proponeva erano commisurati all'importanza degli stessi. Diceva spesso, e senza cinismo: non c'è niente di più prevedibile che corrompere chi aspetta solo una buona offerta, è una legge di mercato.»

«Penso proprio che abbia ragione», ammise Liebmann, e domandò: «Lei, forse, non era d'accordo?»

Alice alzò le spalle. «Non ci ho mai pensato», rispose. «I soldi non sono governati dalla morale, ma dal vantaggio e dal buon senso.»

«Che cosa gli rimprovera, allora?»

«Il disordine e lo sperpero che hanno accompagnato la sua vita. Anche nei sentimenti.»

Come se avesse messo il punto, un limite invalicabile al discorso, Alice tacque. Troppe parole le erano uscite così, incontrollabili come le bolle d'aria quando ci s'immerge sott'acqua. Ora basta, ora fissava la scacchiera dove Liebmann aveva mosso, in fasi successive, il re e un cavallo. Rimase in silenzio a lungo, concentrata sulle possibilità e sulle eventuali risposte dell'avversario, poi, di colpo, vide il disegno successivo della partita, fece una mossa ardita che sguarnì la regina nera di un alfiere, perse un cavallo nella controffensiva, ma riuscì a vincere in sole cinque mosse.

«Ne ero sicuro», dichiarò Liebmann sorridendo.

«Che avrei vinto? Perché lei me l'ha consentito.»

«Non io», obiettò lui, sicuro, «non io. È la sua energia interiore che si è mossa.»

«Lei parla come mio figlio che fa meditazione.»

«Ha anche un figlio.»

«Due. Gabriele e Isabel.»

Liebmann si alzò con fatica dal seggiolino e sgranchì le lunghe gambe. Era massiccio, ma alto. Fece qualche passo oltre il tendone che ora intercettava il tramonto precoce. L'aria era calma e rosea e, a destra, il profilo roccioso del Sinai perfettamente nitido. «Peccato», disse d'un tratto.

«Che cosa?»

«Che io debba partire domani.» La guardò illuminata dalla luce radente che rimbalzava sulla medaglia dorata appesa alla catenella, si avvicinò e allungò una mano. «Permette? Tolga questa medaglia dal collo», l'avvertì, «se ne liberi: porta inciso un simbolo negativo.»

A quasi mezzanotte squillò il telefono in camera svegliando Alice che si era appena assopita.

«Scusami se ti chiamo così tardi», la voce di Isabel era incerta e stanca, «ma è stato qui il babbo nel pomeriggio fino a sera... e poi non sapevo se dirtelo o no. È venuto col traslocatore e ha fatto portar via tutto il suo studio. Nella stanza è rimasta solo quell'orribile tappezzeria di tartan.»

«Meglio così, avremo più spazio.»

«Oh, quanto a spazio... ti ha vuotato la casa. Ha portato via anche l'impianto hi-fi e tutti i compact. La tua musica, mamma.»

«E che altro?»

«Molti libri: 'tutti comprati da me', diceva prendendoli dagli scaffali.»

«E nemmeno li ha mai letti.»

«Ha arraffato anche l'argenteria che stava nel ripostiglio.»

Quella che serviva per la tavola durante le feste, pensò Alice.

«Spero che tu non abbia fatto discussioni inutili, Isabel», disse.

«Ma ti pare? Aveva già annotato ogni cosa su una lista lunga così, per non dimenticare niente. Badava a sottolineare: 'Tutto quello che vi lascio è roba che comunque ho comprato io'.»

«Anche il letto matrimoniale?» ghignò Alice a quel punto. Lo sapevano persino Isabel e Gabriele che l'appartamento in cui vivevano e i mobili erano stati il dono di nozze di Carlo Aloisi alla figlia. Alfiero aveva tempestato più volte che era ora di venderla, quella casa, per acquistarne un'altra che fosse all'altezza del suo successo, in un quartiere più elegante di quel viale anonimo e rumoroso. Ma Alice aveva puntato i piedi: quelle pareti erano il suo guscio, dichiarava. «Sì, il tuo guscio di tartaruga, non tieni a nient'altro», la sfotteva lui, stizzito. E sbattendo la porta aveva sempre l'ultima parola.

«Fra tre giorni sarò a casa e riorganizzeremo tutto», promise lei, per rassicurare Isabel e mostrare una parvenza di distacco da quell'agire indecoroso.

«Sì, mamma. Adesso dormi. Io vado a studiare, ho la tesina da consegnare a fine settimana.»

Dormi. Isabel le aveva deposto in seno le uova della propria inquietudine e adesso si rifugiava nelle sue dispense. Che tesina era quella che la teneva sveglia? Da quanti mesi non le domandava più dei suoi studi, della tesi di laurea, di lei stessa? Da quanto tempo non parlavano altro che di Alfiero, del tentato suicidio, dei debiti, delle menzogne, dei tradimenti, della separazione, dello sfacelo di quella famiglia che aveva abitato per trent'anni fra quelle pareti, che aveva vissuto difficoltà, gioie, problemi, amarezze, riprese, lutti, splendori, speranze, sempre restando unita? E lei, lei l'aveva voluta unita, lei aveva creduto in quel matrimonio: era stato la sua professione, il suo orgoglio, il suo impegno di vita, non aveva cercato altro, non aveva voluto altro. Era stato ben più che l'amore: era stato un destino scelto, assunto a mente lucida.

Aveva diciotto anni quando suo padre, impotente a dissuaderla, le aveva chiesto: «Ma perché vuoi sposare quello spiantato?» Ed era rimasto sbalordito dalla risposta di lei: «Perché mi piace fare l'amore con lui, perché mi ha fatto tornar la voglia di mangiare, perché voglio avere un marito e dei figli».

Ora sapeva che cos'era stato il suo matrimonio: una rappresentazione dietro la quale si apriva il vuoto. E si domandava: dietro le apparenze, dietro la decenza che nasconde delusioni e magagne, era forse così per la gran parte delle coppie? Facevano la loro parte, i buoni e i pessimi, strappandosi brandelli di battute come burattini che saltellano sulle tavole di un palcoscenico con dietro il nulla. Il nulla di una casa svuotata persino di musica, il nulla di una lista di oggetti da raccattare «perché li ho comprati io». Che miseria.

Rimase sveglia, seduta sul letto coi piedi nudi appoggiati alle piastrelle fredde, senza riuscire a muoversi. L'unico fruscìo percepibile veniva dal soffio d'aria che s'infilava dalla fessura della portafinestra accostata. Poi udì un'eco di voci straniere che parlavano nella notte, forse dal giardino sottostante. Che cos'era accaduto alla sua vita? Se la sentiva addosso come le macerie di una casa distrutta, a pesare sul suo corpo, diventato quella stessa casa sconciata e rapinata. Non c'è mai fine al dolore. Questo era peggio, molto peggio che laggiù in mezzo al deserto con la sarabanda di demoni che uscivano da lei dilaniandola, era una tristezza sconfinata in cui annegavano la rabbia e le domande. Un maledetto destino.

Eppure no. Persino sua madre, che in tutta la vita non aveva alzato un dito, che aveva rinunciato al suo sogno di grande sarta perché il marito non voleva lavorasse, e si era acquattata passivamente a farsi servire dagli uomini che aveva intorno, lei pure, Mimì, era convinta che il destino ognuno se lo fa da sé. E allora in cosa aveva sbagliato Alice per arrivare a quel fondo in cui si era spezzata le ossa? Si era comportata come un architetto sicuro dei calcoli per costruire una casa, e quella casa era crollata. Aveva creduto nel naturale, immutabile destino femminile e doveva toccare con mano che quella scelta univoca ormai non bastava più: scacco matto alla regina bianca, avrebbe detto Bertrand Liebmann. Senza re e cavalieri che la difendessero, la partita era persa. Restavano solo dubbi concreti e amarissimi: e se Alfiero non le avesse assicurato un assegno mensile per vivere? Chi poteva costringerlo a mantenerla, ora che i figli erano grandi? La legge funziona solo quando si vuole onorarla, e lui era abilissimo a svicolare nei suoi meandri. *Non lo farà*, si disse per rassicurarsi, *se non altro per non perdere la faccia*. Ma quanto le sarebbe piaciuto non dipendere più da lui, avere denaro suo o un lavoro suo, per sbattergli in faccia i suoi soldi. E invece doveva tacere e abbozzare. Che strano, era la prima volta che le capitava di formulare un pensiero come quello, lei che era abituata a prendere denaro prima dalle mani di suo padre e poi da quelle di suo marito, lei che tante volte si era sentita un palmo sopra le donne che lavorano, padrona com'era del suo tempo.

Ma non padrona della mia vita, concluse. *Mettiti in mente, Alice che ormai sei sola*. Sola, sola, sola... quella parola breve e desolata le riecheggiava nella testa, le faceva sgorgare dal petto tutta la commiserazione che in quei mesi si era negata per sentirsi più forte, perché gli altri, anche i suoi figli, non dicessero: povera, povera Alice.

Qui, qui posso piangere: tanto nessuno mi sente, e su quel pianto irresistibile, quasi liberatorio, calò finalmente un sonno confuso di sogni affastellati e senza senso. Si svegliò quando un barlume di luce, entrando fra le tende non accostate per la notte, le mosse la coscienza. Era indolenzita come se le avessero picchiato ogni centimetro del corpo. Si accorse che fuori faceva chiaro, si alzò e uscì a piedi nudi sul terrazzo. Si stirò respirando con tutto il corpo l'aria fresca dell'alba. La luce saliva a sinistra della baia e a destra tramontava Sirio sul profilo dentato delle montagne. Le palme vibravano appena e il mare era di madreperla.

Che meraviglia. Non c'è anima viva. Mise un costume da bagno, prese un asciugamano e scese nella spiaggia deserta. Entrò in acqua quasi con reverenza e si abbandonò tutta, viso capelli muscoli e ossa, a quel tepore accogliente, materno. A ogni bracciata le scorreva addosso come un fluido di vita, e mai un abbraccio di sua madre le aveva dato uguale conforto.

4

La casa non sembrava troppo sconvolta dal trasloco di Alfiero, quando Alice rientrò dopo la settimana a Sharm, o forse Isabel e Gabriele l'avevano soccorsa per ridarle una parvenza di continuità. Nel soggiorno si notavano ampi vuoti sugli scaffali della libreria e nell'angolo dove prima era alloggiata la sofisticata apparecchiatura hi-fi con la ricca collezione di CD e di cassette non era rimasto che uno squallore di prese e fili inutilizzati.

«Ha smantellato tutto», commentò Alice prendendo dal ripiano l'unico apparecchio rimasto: un modestissimo mangianastri a pile. «E pensare che lui non ha pazienza d'ascoltare nemmeno un'ouverture per intero.»

Ma il mutamento totale, il tuffo già nel futuro, un futuro che si presentava impoverito e inquietante, la colse sulla soglia dello studio. Non c'era più traccia di Alfiero, fra quelle pareti, in quello spazio da lui puntigliosamente arredato a sua immagine.

«Ho tolto i resti di tappezzeria e imbiancato tutto, anche il soffitto», spiegò Gabriele alle sue spalle. «Così è più pulito.»

Non erano solo le pareti bianche, disadorne, a sconcertarla, ma il vuoto, un vuoto che sembrava raddoppiare la cubatura della stanza, creare spazio; un lettuccio a branda, rifatto con cura, un tavolino pieghevole, una sedia e un armadietto di ferro riempivano appena quell'ambiente, sottolineandolo come una firma: la firma di Gabriele. «Mi sono ricordato di questi quattro mobili che stavano nel locale sulla darsena, al lago», spiegò lui, «e sono andato a prenderli. Più avanti potrai cambiare tutto, arredare come vuoi.»

«Sarebbe la tua camera questa?» domandò Alice.

«Sì, se credi. Per quando mi fermo a Milano.»

«Perché? Hai dei progetti diversi?» La voce di lei non suonava allarmata, ma trepida.

«Poi ne parliamo, mamma.»

Lei sembrò non dar peso a quelle parole, andò pensierosa fino alla finestra senza tende e guardò fuori per qualche minuto. «Quando la nonna si deciderà a vendere la casa sul lago», disse, «potremo portar giù qualche bel mobile.»

«Pensi di riuscire a convincerla?» Gabriele era un po' scettico. «Ma il locale della darsena e il motoscafo sono tuoi. Se ti occorre, puoi intanto cominciare a vendere quelli.»

Alice aveva sempre notato, in suo figlio, un'indifferenza anche affettiva verso gli oggetti, quasi una noia per il loro possesso, in tacito, stridente contrasto con il consumismo forsennato di suo padre e il piacere evidente di lei per le belle cose, i begli abiti, le belle inutilità. Ma quella stanza ridotta a una povertà più che monastica e quell'accenno distratto al motoscafo, che pure era stato il divertimento delle sue vacanze al lago, la turbarono come avvisaglie di un cambiamento che portava suo figlio lontano di lì. Eppure Gabriele viveva già da tempo fuori casa, e solo negli ultimi mesi ci era temporaneamente rientrato. Anni prima si era imbarcato in una convivenza difficile con una ragazza ex alcolista, Tamara, una creaturina fragile e patetica che periodicamente ricadeva in quell'invincibile dipendenza, e solo pochi mesi prima si erano lasciati: lei ricoverata in una comunità, lui rassegnato all'impossibilità di recuperarla a una vita a due.

«Hai notizie di Tamara?» chiese Alice, sollecita, perché provava pena e affetto per quella ragazza che le aveva messo la testa sulla spalla, e lei aveva assistito e curato senza mai illudersi che potesse diventare una nuora.

«Sua madre mi tiene al corrente», rispose lui. «Sembra che stia... bene. Finché dura.»

Alice guardò suo figlio e provò l'impulso profondo, ineludibile, di sapere, di domandare, di conoscere di più quel giovane uomo così taciturno, così misterioso, così diverso da suo padre, da Isabel e da lei stessa. Fisicamente assomigliava ad Alfiero, ma senza quella ingannevole baldanza che gli altri interpretavano come autentica sicurezza. Gabriele era stato sempre una porta chiusa, oltre la quale lei sola aveva talora intuito disagi o sofferenze che nessuno era stato in grado di leggere e che già si erano manifestate nell'adolescenza con strane febbri e profonde passività.

Suo padre gli voleva bene ma, in fondo, non era interessato a lui. E Gabriele, che era riuscito a malapena a finire il liceo, per farsi perdonare la mediocrità degli studi gli aveva chiesto di lavorare con lui. Alfiero se l'era cavata infilandolo facilmente in un'agenzia pubblicitaria di proprietà del Capo, dove il ragazzo aveva sopportato una volonterosa gavetta senza curare, però, di mettersi al passo con una masnada di colleghi furbastri e agguerriti. Alice ricordava quegli anni patetici in cui Gabriele cercava d'imitare esteriormente Alfiero, ne duplicava l'immagine fino al punto da vestirsi in modo simile al suo. C'era una foto, nell'album di famiglia, di suo figlio in blazer blu con camicia rigorosamente bianca e cravatta rubacchiata alla collezione «regimental» di Alfiero: il ragazzo stava fra il padre e il Capo, sempre sorridente, che gli teneva una mano sulle spalle. Lo sguardo di Gabriele, forse per effetto del flash, era incredulo e spaurito, ma negli ultimi anni era divenuto più calmo e riflessivo, e l'inquietudine che a volte lasciava trasparire aveva un fondo taciuto d'infelicità.

Aveva lavorato al suo meglio vendendo spazi pubblicitari fino a che Tamara, vivendo con lui, dipendeva dal suo stipendio. Ma subito dopo il ricovero di lei, doloroso e inevitabile, si era licenziato con una motivazione di poche parole: «Non voglio morire di corsa».

E suo padre, offesissimo, lo aveva bollato con altrettante parole: «Coglione, e adesso che cosa farai?»

Già, questa era la domanda che per qualche mese le vicende amare del tentato suicidio e della successiva separazione avevano accantonato e che quella sera, con tatto e quasi con timore, Alice rivolse a suo figlio.

«Mi hai accennato a dei progetti. Allora, perché non mi dici che cos'hai in mente di fare?»

Ma Gabriele non era abituato né a parlare né a essere ascoltato, perciò tirò via sobriamente: «Sto cercando di capire quel che va bene per me. Mi sono rimasti un po' di soldi dalla mia liquidazione e dalla vendita dell'appartamento. Io posso vivere con poco. Ho preso contatto con un centro di fisioterapia in Toscana. Andrò a fare un corso».

«Un corso? Ma... di che cosa?

«Il primo corso di una terapia particolare. Ho scoperto d'avere una energia speciale nelle mani.»

«Ma non mi dire! È roba da stregoni.»

Lui sorrise come se quell'obiezione non fosse nuova. «No, da sensitivi. È una caratteristica, un dono, ma bisogna imparare a modularla, a usarla.»

Lei rimase perplessa, ma frenò l'ironia nel formulare la successiva domanda: «Immagino che tu abbia scoperto questa dote frequentando il gruppo di meditazione». Da un paio d'anni, infatti, Gabriele andava a meditare con un gruppo di cui Alice non sapeva niente e che non le interessava. Era un'attività che, secondo lei, faceva parte del folklore giovanile, come i cantautori e le diverse tendenze del rock, così sgradevoli al suo educato orecchio musicale.

«In certo modo sì», rispose lui, «al gruppo di meditazione e non solo. Ho svolto delle indagini su questa mia peculiarità naturale, insomma... fa parte di una mia ricerca.»

«Ricerca di che cosa?» Aveva l'impressione che suo figlio si muovesse su un terreno a lei sconosciuto e che non voleva condividere. E allora osservò: «Hai già ventotto anni», come se quella cifra esprimesse un ritardo incolmabile.

«Già. Ma era impossibile che cominciassi prima.»

«E perché?»

Lui scosse il capo, a disagio, ma rispose: «Perché qui dentro, in questa casa, non c'era spazio che per Mammona».

Alice corrugò le sopracciglia sottili e scure come due accenti circonflessi.

«Fammi capire bene questa tua citazione», disse severa.

«Mammona... il denaro, il successo, l'apparire e via e via. Non ti ricordi? Sta scritto nel Vangelo: 'Non si può servire Dio e Mammona'.»

«Ma i soldi ci vogliono, anche per sopravvivere.»

«Giusto. Ma per vivere ci vuole un proposito, una motivazione: tutta qui, la mia ricerca.»

Lentamente lei si alzò dal gualcito divano di pelle su cui si era seduta per trent'anni e aveva allattato i suoi figli, guardò intorno come se quella parola, «ricerca», rivelasse tutt'a un tratto il tempo consumato, sparito, irrecuperabile che aveva invecchiato quell'ambiente. E la sua vita frantumata, ridotta a cenere, tanto da poterne salvare solo quelle parole scarne e fondamentali: «Ma i soldi ci vogliono, anche per sopravvivere». I suoi propositi, le sue motivazioni, erano cadute a una a una.

«Fai bene», osservò stancamente, «fai bene, se trovi una strada lontana da qui. Qui non c'è più niente.»

«Ci sei tu, mamma. E c'è Isabel.»

«Fra poco si laurea e ha già parlato di una borsa di studio in Spagna.»

Gabriele forse già lo sapeva perché disse solo: «È in gamba, la piccola».

Chiamava Isabel «la piccola», anche se era alta quasi come lui, ma quel vezzeggiativo discendeva dal momento, non dimenticato, in cui, bambino di cinque anni, l'aveva vista per la prima volta nella culla, rosea e delicata, nata da un parto veloce. «È piccola!» aveva gridato, sorpreso da una commozione che aveva fugato ogni ombra di gelosia: «È piccola come una bambola!»

«E lontano da qui», indagò Alice d'improvviso, «magari in Toscana, c'è per caso anche una donna?»

Suo figlio annuì appena. Il suo volto rasato e tuttavia scurito da un velo di barba ritornò per un attimo quello del ragazzo sincero e disarmato che una sera di molti anni prima aveva mormorato: «Sì, credo di essermi innamorato di Tamara, è così fragile, così bisognosa d'affetto». Anche ora ammise: «C'è una ragazza che ho conosciuto a Lucca. È una volontaria».

«Che cosa fa? Quanti anni ha?»

Lui si stupì della sua curiosità; raramente sua madre faceva domande, non era intrusiva, anche se non era chiaro se il suo riserbo fosse rispetto per l'intimità altrui o sostanziale indifferenza. Le rispose: «Insegna una ginnastica particolare e dedica un po' del suo tempo libero alle attività assistenziali».

Alice citò sorridendo: «Uccelli con le stesse penne volano insieme, come dice il proverbio inglese».

Anche suo figlio sorrise. «Lo so, ma non è sempre vero. Tu e papà, per esempio, non vi somigliate in niente.»

«Hai visto com'è andata a finire.» Mancavano cinque settimane alle firme che avrebbero sanzionato la separazione. «Quando parti?»

«Domattina.»

«E tornerai a festeggiare la fine del nostro matrimonio?» domandò lei con quell'ironia acre che a volte riusciva a tener distante il dolore.

«Ho già festeggiato rimettendoti un po' in sesto la casa», scherzò lui.

«Ah, la casa.»

Gabriele non poteva sapere quanto le fossero care e insieme dolorose quelle pareti, ingombre di mobili e oggetti che avevano visto il disegno stabile della sua esistenza, una casa per una famiglia, rimasta senza più immagini di conforto e di sicurezza. *Come farò a vivere sola in questa casa? Dovrei svuotarla di tutto quanto mi ricorda il passato, ma non posso buttar via tutta la mia vita, se no cosa mi resta?* Quello sgomento che le affiorava nel viso, negli occhi, era così percepibile che suo figlio ne fu toccato. Le si avvicinò e l'abbracciò stretta.

«Mamma...» intuiva l'estraniamento che stava sconvolgendola. «Mamma... la casa è tua, adesso. Cambiala, buttala per aria o tienila com'è... tocca gli oggetti uno per uno, sono cose tue, ti servono, non ti tradiscono.»

Che vista acuta aveva acquisito suo figlio nel leggere il dolore. Sentiva le sue mani intorno alle spalle: erano calde e ferme come quelle di un uomo che sa aiutare una donna. Le tornò in mente, in quel momento d'intimità con lui, il giorno in cui stava per uscire dalla clinica dopo la sua nascita. Alfiero, che in quel tempo era ostentatamente ateo e comunista, aveva deciso di non far battezzare il figlio. Lei, che non era religiosa, non voleva però che il suo bambino fosse privato di quel «segno» misterioso che lo inseriva nell'ambiente nel quale sarebbe vissuto. Era stata Mimì, sempre pronta alle soluzioni astute e surrettizie, a suggerirle: «Tu fallo battezzare di nascosto», ed era andata a parlare con il cappellano della clinica.

Già vestita per rientrare a casa, Alice aveva avvolto il suo neonato nella copertina bianca come in un abito battesimale, ed era scesa di nascosto fino alla cappella.

«Vorrei chiamarlo Gabriele, il secondo nome di mio padre», aveva detto al sacerdote.

«È un bellissimo nome», aveva convenuto lui, «un nome importante. In ebraico significa: eletto da Dio.»

«Ma davvero! Eletto... a che cosa?»

«Dio avrà un suo disegno... chissà quale. Ci penserà lui a rivelarlo.» E poco dopo l'acqua battesimale scendeva sulla testa piena di peli scuri del suo primogenito mentre Mimì, orgogliosa e beata, faceva da madrina.

Soltanto anni dopo Alfiero aveva saputo di quel tradimento, quando Gabriele era andato a scuola, ma già allora il suo comunismo sofisticato e ideologico stava svanendo nella vantaggiosa frequentazione di funzionari e politici che gli servivano da pioli nella sua arrampicata verso il successo. Poi era avvenuto l'incontro col Capo, che era diventato il sole del presente e dell'avvenire...

«Stai tranquillo», disse Alice a suo figlio, riconfortata da quel lungo abbraccio, «io e Isabel staremo bene qui. E poi...» aggiunse staccandosi da lui con dolcezza, «io sono contenta che i miei figli trovino la loro strada. Anche se siete lontani da me non mi sento sola.»

Lontano da me. Sola. Mancavano cinque settimane alla sentenza di separazione. Purché si consumassero in fretta. Ma il solo pensiero di rivedere Alfiero le torceva le viscere.

Staccò dall'armadio un abito di seta rossa a fiori sfumati color fucsia: seta fine, frusciante. La gonna larga fluiva dal corpino così attillato che, adesso, Alice non sarebbe riuscita a entrarci. Un vestito della giovinezza. Aveva una foto con quell'abito, mentre scendeva una scalinata, il passo lungo, il viso fiero, in luce, la gonna che si allargava come una corolla. Quella foto non gliel'aveva scattata Alfiero, né mai l'aveva vista.

Riappese l'abito e scelse un tailleur di lino chiaro. *Sì, questo va bene.* Si spazzolò i capelli, si truccò gli occhi con la matita e le labbra con il gloss. Era soddisfatta nel vedere il suo viso pallido e distaccato da qualunque emozione.

Per settimane aveva vissuto in un'ansia assurda, standosene quasi rinchiusa in casa e aspettando la data della separazione, atterrita dall'idea che per qualche inattesa ragione Alfiero si rimangiasse gli accordi finanziari stipulati con Daria. Temeva persino, se si fosse avventurata in centro, di incontrarlo. Non poteva permetterselo, non sapeva come avrebbe reagito se lui si fosse avvicinato. Forse si sarebbe sentita mancare dall'emozione, o forse sarebbe esplosa la pressione del suo rancore. *Firmerò la separazione senza guardarlo, senza vederlo, senza parlargli,* decise.

E quando le formalità furono superate, quando uscì dal Palazzo di Giustizia al fianco di Daria, scese lentamente i gradini come se rimettesse i piedi a terra in quel momento, scoprì la luce della mattinata estiva, i tram che sferragliavano, la gente che passava senza guardarsi.

«Sai che non l'ho visto?» disse a Daria che le camminava accanto.

«Chi?»

«Alfiero. Ho visto solo un'ombra che si chinava a firmare, ma non saprei dirti com'era vestito.»

«Lui ti ha guardato, invece. Sei sempre elegantissima.» La prese sottobraccio: «Vieni, andiamo a prendere un aperitivo da *Taveggia*».

«Da *Taveggia* no. Rischierei di reincontrare subito il mio ex marito. Magari con quella che presenta già come la sua seconda moglie.»

«Non l'hai mai vista?»

«Non so chi sia.»

«Ormai il più è fatto», affermò Daria, pragmatica, «hai il tuo assegno mensile per gli alimenti, inoltre, conoscendo bene la situazione attuale di Alfiero, ho anche ottenuto per te una discreta cifra, una specie di bonus sulla sua liquidazione.»

«Quella che deve ancora incassare, perché il resto...»

«E sei libera!» concluse Daria, impaziente.

«Libera?» Alice la guardò senza capire. «Se potessi fare a meno dei suoi soldi sarei libera, invece sono appesa come sempre alle sue follie. Se Alfiero continua a sperperare e a far debiti, potrà dimostrare che non può onorare gli impegni che ha preso... e sarà un altro naufragio comune. Non riesco a schiodarlo dalla mia vita, non riesco.»

Entrarono in un piccolo bar e Daria ordinò due cocktail di frutta. «Devi tirarti fuori da queste paure», suggerì.

«E come? Non ho un lavoro... sono solo un provetta casalinga e, sì, forse potrei fare la commessa in una boutique, visto che m'intendo di vestiti.»

«E perché no?» esclamò Daria con naturalezza. «Un lavoro, a volte, nasce dalle situazioni più imprevedibili.»

«Magari verrebbero tutte le mie ex amiche a comprare», e Alice ridacchiò a quell'ipotesi senza divertirsi, «giusto per spettegolare, e per vedere come se la cava la ex signora Prandi.»

«E ti sentiresti sminuita da quattro cretine?» domandò l'altra.

«Non so, non credo», rispose Alice, pensierosa. «Anche se in tutta la mia vita non ho mai pensato di dover lavorare fuori casa per vivere. Ho allevato i figli, li ho seguiti, ho fatto marciare la casa, tutto qui. Ma non ho mai desiderato di essere altro che una normale signora borghese.»

«La scelta delle nostre madri», commentò Daria, senza

ironia. «Ma adesso le donne non ci stanno più, e hanno ragione. Il mondo è andato avanti.»

«Tu credi? È vero che alcune delle mie amiche, anche fra quelle che adesso mi snobbano, hanno un lavoro. Ma io non le ho mai invidiate, neppure quando mio marito si riempiva la bocca di ammirazione esclamando: sono delle professioniste! Io, anzi, ero convinta di aver scelto la parte migliore. Adesso poco manca che debba vergognarmene.»

«Certo che no!» ribattè Daria con calore. «Resta il fatto, però, che il tuo orizzonte non è mai andato oltre la famiglia, i libri, la musica. Buon per te, finché hai potuto, ma forse non ti sei neanche accorta che nel frattempo le donne hanno fatto della strada: mentre tu allattavi i tuoi figli loro scendevano in piazza per il divorzio e per reclamare i loro diritti.»

«A me, quelle che bruciavano i reggiseni mi sembravano delle matte», ghignò Alice.

«Ma hanno sbraitato tanto da farsi sentire.»

«Dimmi, che cos'è cambiato quando un uomo ti pianta dopo trent'anni e se ne va con un'altra?»

«Può spezzarti il cuore, d'accordo. Ma ha più obblighi verso di te, e tu puoi tutelare i tuoi beni, e se hai dei figli la patria potestà è anche tua, dici poco? Insomma, resti sola ma puoi difenderti.»

«Nessuno lo sa meglio di te», ammise Alice.

«E c'è ancora un punto importante: se hai un lavoro tuo, un uomo ti rispetta di più perché puoi fare a meno di lui. È così in tutti i paesi, persino in quelli del Terzo Mondo.»

«Mi sono sposata giovanissima», mormorò Alice quasi giustificandosi.

«Lo so. Professione moglie: la mentalità di una generazione indietro.»

«Beh, mia madre ha dovuto lasciare la sua attività per salvare il suo matrimonio», rifletté Alice, «in compenso, però, in tutta la vita ha fatto e disfatto quel che le pareva.»

Daria sospirò scuotendo il capo. Guardava Alice, così elegante, la vera e propria immagine di una signora borghese consapevole di se stessa. E ne aveva pena, pensava a quanto sarebbe stato duro sbarazzarsi di quell'involucro ormai pesante. «Sei ancora scossa, ti capisco. Ma ti renderai conto che devi ragionare come un 'io' e non più come un 'noi'. Questa, lo so per esperienza mia e di tante mie clienti, è la cosa più difficile. Dovrai dare una svolta alla tua vita, guardarti intorno, incontrare gente nuova, buttarti fuori, non lasciare che i cambiamenti ti passino sopra la testa senza vederli. Osserva tua figlia, ti aiuterà a misurare come sono cambiate le donne.»

Isabel, la mia bambina che deve ancora laurearsi.

«Non aver fretta», aggiunse Daria, «e vedrai che, prima o poi, scoprirai che il lavoro si può anche inventare.»

«Ma io ho sempre avuto un lavoro, anche se non riconosciuto come tale.» E ammise con amarezza: «Il mio sbaglio è aver puntato tutto su una sola carta: Alfiero».

«Non sei la sola», constatò l'altra, «ma, come dicevo prima, le donne stanno cominciando a puntare su se stesse.»

Ad Alice sembravano solo parole che non scalfivano nemmeno la superficie del suo avvilimento, eppure era grata a Daria che tentava di mediare quel momento difficile. Prese il bicchiere con il cocktail di frutta e lo alzò: «Alla mia consigliera», brindò affettuosamente, «l'ultima amica che mi è rimasta».

«Che cosa significa: l'ultima amica?» domandò l'altra, intrigata.

«Significa che di tutta la gente che veniva a casa mia ai pranzi, alle serate, o che incontravo alla Scala e ai concerti... in questi mesi nessuno mi ha più telefonato. Nessuno. L'ho fatto io, li ho cercati io, ingenuamente: ho chiamato i Marchesi, i Gentilini, i Fàvero, Anna Bersanti e non so chi altro, persino Maruska Fortuna, tutta la gente che vedevo prima. Sì», ammise quasi con disgusto, «mi sono fatta viva io. Ma... erano impegnati, o stavano partendo, o addirittura credo si siano fatti negare al telefono. Nessuno di quelli che ho messo per anni intorno alla mia tavola ha voluto rivedermi.»

Daria ascoltava guardando nel bicchiere, assorta. «Ci sono passata anch'io», sospirò. «Per fortuna avevo il lavoro.»

«Mi hanno cancellato, non esisto più.»

«Vedi...» cercò di spiegare l'altra, colpita da quella delusione senza scampo, «una separazione non solo opera lacerazioni fra i due, ma fa a pezzi un ambiente. Ci sono amicizie o frequentazioni fondate sulla coppia, e quando questa si divide gli altri scoprono che la loro simpatia, o il loro vantaggio, era indirizzato a uno solo dei due. E quasi sempre a 'lui'.»

«Allora tutte le mie amiche venivano solo per Alfiero», concluse Alice, ironica, «persino Maruska, che avevo conosciuto io per prima, e mi stava addosso con le sue effusioni. Anche lei è latitante.»

Daria alzò le sopracciglia e non rispose subito. Poi scrollò il capo. «Sai, Maruska adesso sta rincorrendo il successo alla tivù.»

«Te l'ha detto lei?»

«Credo sia a Roma. Ma non hai visto la prima puntata del suo sceneggiato? Pare faccia un'audience straordinaria. Dagli un'occhiata: Rai due.»

«Ormai non guardo più la televisione», disse Alice. «Preferisco ascoltare musica, la poca che mi è rimasta.» Tuttavia domandò: «A che ora è?»

«Martedì, prima serata. Il titolo, mi sembra sia *L'amore impossibile*.»

Alice ghignò in silenzio. Maruska sapeva bene quali tasti suonare: quanti amori impossibili esistono? Almeno uno in ogni vita.

Cercò quel programma, la sera seguente, e fu sorpresa, quasi inquieta dal percepire strane risonanze dentro di sé. C'era un uomo, come protagonista della storia, un uomo imprigionato nei fili subdoli di un amore soffocante e senza sbocco dal quale non riesce a liberarsi, c'era la donna che lo teneva nella ragnatela, moglie o amante non era chiaro, e c'era l'amore nuovo, rigenerante come una sorgente fresca, impersonato dall'attrice giovane più amata in quel momento.

Il solito triangolo, si disse Alice, disinteressata. Ma nel piccolo schermo la vicenda convinceva con una veemenza passionale e patetica di sicura presa sul pubblico. *È abile. Maruska racconta come se fosse originale qualcosa che è banale come la vita.* Spense il video e si rifugiò in cucina a preparare un dolce per il giorno dopo: era il compleanno di sua madre, e Mimì aveva diritto a un po' di festa. Ma il pensiero insistente di Maruska non la lasciava, spostandosi dalla storia televisiva all'immagine corposa di lei, dalla presenza assidua di prima all'assenza di ora. Per quali ragioni, se non quelle che Daria aveva crudamente motivato?

Maruska era entrata in casa sua qualche anno prima, dopo un furtivo squillo di campanello, con in mano una valigetta-beauty di cosmetici.

«Sono una venditrice porta a porta della Orlon», aveva dichiarato con una soavità accattivante, «prodotti di bellezza di marca a buon prezzo.»

Era malvestita, con i capelli mal decolorati, e aveva negli occhi uno sguardo da cane affamato che disturbava Alice inducendole un sottile senso di colpa.

«Entri», l'aveva invitata, e aveva comprato una crema per le mani, due saponi alla lavanda e le aveva offerto un caffè.

La settimana dopo Maruska si era ripresentata con una scatola omaggio di campioni: ancora caffè, questa volta con due chiacchiere. Poi nuovi pretesti per altre visite durante le quali parlava di sé e dei suoi progetti.

«Sono una scrittrice. Non sembra, vero? E invece scrivo romanzi d'amore. D'altra parte, in questa vita difficile, che cosa si può dare alle donne per farle evadere se non le storie d'amore?»

«E li pubblica anche?»

«Scrivo da anni per una collana rosa tipo Harmony, con uno pseudonimo inglese, è un lavoro che mi rende discretamente perché io scrivo in fretta e ho un sacco di idee. Pagano male, ma mi è servito da allenamento. Adesso, però, sto anche pubblicando col mio nome, Maruska Fortuna.»

«È proprio il suo nome o ancora uno pseudonimo?»

Lei aveva sorriso e nel viso largo e un po' pacioso era passato un lampo di furbizia. «Quasi. Maruska è una versione un po' 'russa' di Maria, che è il mio nome, e Fortuna ce l'ho messo io. Non ci sta bene?»

«È un programma.» Maruska la divertiva.

«Vedi», e l'altra era passata subito a un 'tu' disinvolto e irresistibile, «vendere porta a porta mi serve anche perché è un osservatorio privilegiato su quello che considero il mio pubblico: le casalinghe, le uniche che si mettono a leggere quando sono sazie di tivù. Sono loro il target di un'autrice che mira al successo. Io ho ben chiaro che cosa vuole un certo pubblico: tivù più romanzi d'amore, ma che gli uni siano figli dell'altra e viceversa. Quando scrivo penso alla televisione e faccio in modo che i miei personaggi diventino 'gente di casa', come quelli che si vedono nelle soap opera.»

«Interessante», aveva commentato Alice: quella venditrice di cosmetici era proprio imprevedibile.

Guardando verso la libreria che teneva tutta una parete Maruska aveva dichiarato: «Sei una che legge Proust».

«Da che cosa lo arguisci?»

«Non dal fatto che hai la *Recherche* completa sul terzo scaffale, ma da come parli, come ti vesti, dalla tua gentilezza un po' algida...»

«Algida... questa è divertente! E invece sono anch'io una casalinga.»

«Allora avrai pure tu i tuoi sogni.»

Senza sapere perché, con la sincerità immediata che talvolta capita d'avere proprio con un'estranea, Alice aveva risposto: «Uno solo: fare la moglie, vivere per la famiglia».

«E ti basta?»

«È quello che ho sempre voluto.»

«Allora tuo marito è un uomo fortunato.»

«Chissà. Non è detto che si condividano gli stessi sogni.»

Così, su una traccia di quasi intimità che aveva scatenato in Maruska premure affettuose, era nata una frequentazione un po' invasiva, con pressanti richieste di consigli: «Tu che sei così elegante, dammi qualche buon indirizzo, tu che hai così bei capelli, mandami dal tuo parrucchiere!» E poi, con soave modestia: «Vorrei regalare a tua mamma un paio dei miei romanzi rosa shocking», come definiva lei i suoi libri, che coniugavano romanticismo e horror. E una sera, per caso, aveva incrociato Alfiero.

«Perché non resta a cena?» l'aveva invitata lui con la cordialità di uomo abituato agli estranei. E mentre Alice serviva a tavola (la domestica filippina smontava alle sei) lui si era divertito ad ascoltare la «venditrice di profumi e balocchi».

Quando Maruska parlava, la sua presenza goffa scompariva davanti alla sua intelligenza duttile e furba, capace di captare qua e là, ma con precisione, spizzichi di cultura altrui. Né Alfiero né Alice si erano accorti che Maruska aveva un fiuto sottile per il proprio vantaggio, che era bravissima nell'intuire ciò che gli altri si aspettavano dicesse, che faceva propri i luoghi comuni condivisi dai più e sapeva maneggiarli con una disinvoltura senza dubbi. A poco a poco la presentarono ai loro amici sofisticati, che la consideravano snobisticamente come il buffone di corte, un po' sciattona nell'aspetto, un po' volgare quando raccontava barzellette spinte, ma arguta quando mimava le sue avventure di venditrice porta a porta. Alfiero, però, non la disprezzava. «Maruska si definisce una professionista», aveva osservato conoscendola meglio, «non so se abbia talento, ma grinta ne ha da vendere. Ed è quello che conta.» Era il massimo dei complimenti da parte di un uomo che misurava gli altri a suon di cifre.

Dov'era finita, adesso? Da quando Alice era partita per Sharm el Sheikh non si era fatta più sentire.

Non posso credere che mi abbia voltato le spalle come tutti gli altri, concluse Alice sbattendo la crema per la torta, *forse sta lavorandosi il nuovo ambiente per farsi degli amici. La tivù, dopotutto, era il progetto più importante della sua vita... Peccato non ci sia: Mimì l'avrebbe vista volentieri domani sera. Maruska le piace, l'avrebbe tenuta allegra.*

E invece non fu Maruska a far sentire la propria assenza, la sera seguente durante la festa per i settantun anni di Mimì Aloisi. Al momento di tagliare la torta, con lo spumante ben ghiacciato nei bicchieri, la festeggiata si bloccò con la flûte in mano, girò uno sguardo afflitto sui cugini e sui nipoti e lo fermò su Alice dicendo: «C'è qualcuno che manca, questa sera», e ne chiedeva conto a lei.

Alice s'irrigidì, con la bocca secca. «Chi, mamma?»

«Lo sai anche tu, figlia mia. Manca tuo marito. Io non mi do pace che se ne sia andato.»

Tutti gli altri tacevano, sbigottiti dal pallore di Alice e dal suo silenzio.

Lei posò il bicchiere prima del brindisi augurale e rispose: «Non dovevi dirlo, mamma. Non in mia presenza». E le voltò le spalle per andarsene.

Era sulla soglia del soggiorno verso l'ingresso quando la voce di sua madre, lamentosa e colpevolizzante, la raggiunse. «Che cosa non posso dire? Che ad Alfiero io voglio bene? Che è stato il miglior genero del mondo? Come un figlio, più di un figlio! Che ancora mi telefona e stamattina mi ha mandato dei fiori? Tu non l'hai mai capito», e guardava la figlia con il compianto negli occhi, «tu non hai saputo tenertelo, tu non l'hai mai fatto sentire importante... non sei mai stata neanche gelosa! Se mi avessi ascoltato, lui sarebbe qui, con noi... e non con quella sgualdrina che di sicuro gli ha dato più corda di te!»

Alice si era voltata e la fissava senza parole, con una nausea subdola per il veleno che il tiepido amore di sua madre le aveva sempre versato nelle viscere. Non aveva senso contenersi, né tacere davanti alla stupidità di Mimì, che spargeva impunemente amarezza. Continuò a guardarla dritta in viso, avvicinandosi.

«Io», replicò in tono netto, «io ad Alfiero potrei dare un po' di corda solo per impiccarsi. Quanto ai tuoi consigli, mamma, ho ancora davanti agli occhi come hai reso infelice mio padre, che si è lasciato morire perché non sopportava più di vederti.»

Ci fu un breve trambusto mentre Isabel e Gabriele s'intromettevano fra loro due e Mimì strideva affannosa: «Chi sei tu per dirmi questo? Che ne sai tu di me che ho vissuto con tuo padre tutta la vita? Tuo padre che mi voleva nel suo letto persino prima di morire? Lui... lui non ti credeva nemmeno sua figlia, se non era per amor mio! Tu sei nessuno! Nessuno!» E ancora, gridando: «Tuo marito l'hai gettato tu nelle braccia di un'altra, e adesso sei sola! Sola!»

Qualche passo indietro, poi qualche altro passo nel corridoio fino alla camera da letto, e l'uscio che si richiudeva alle spalle di Alice senza rumore.

Chi sono io? Chi sono?

Spense la luce e sedette sul letto nella penombra appena alleggerita dai lampioni del viale. Silenzio e vuoto, dentro. Dopo un po' si accorse che di là, nel soggiorno, riprendevano le voci, si distingueva la risatina garrula di Mimì: brindavano, tagliavano la torta, come se le parole dette e udite, le parole di Mimì notoriamente eccessiva, non avessero peso: erano uno sfogo scombinato e irrilevante fra madre e figlia, pronte domani a riconciliarsi, erano storia vecchia sussurrata per anni dai parenti e finalmente seppellita con un morto. Da dimenticare come certi scheletri di famiglia.

Ma lei era ferita, lei doleva tutta, lei che non esisteva per nessuno.

Chi sono io?

Non era capace di guadagnare un soldo, non aveva, come Daria, un lavoro che le desse la misura di sé, non aveva mai cercato quel tipo d'indipendenza ma aveva creduto di meritarla lo stesso perché aveva fatto professionalmente la moglie. Ed era stata licenziata. Era disoccupata.

Soffocò dentro di sé, come se fossero un delirio, le insopportabili invettive di sua madre. *Non voglio nemmeno ascoltarla. Non voglio parlarle. Sono proprio nessuno, io?*

Alice li ha contati tutti, in questi giorni, i dati della sua solitudine: Isabel è fuori dal mattino alla sera perché sta studiando e raccogliendo materiale per la sua tesi, Gabriele è ripartito per la Toscana. Suo figlio non aveva detto parola, né fatto cenno alle parole imprudenti di Mimì, ma Alice sa che lo rattrista la sua incapacità a tollerare la nonna e a perdonare.

Niente più amicizie, scarse telefonate in arrivo, Alice ha

dovuto disdire le lezioni di inglese alle quali teneva tanto perché non può più permettersi questa spesa extra. Ma che cosa può permettersi ormai? Sta aspettando l'arrivo del primo assegno per rendersene conto concretamente. Il «bonus», come lo chiama Daria, è rimasto finora sulla carta e quando sarà disponibile basteranno luce gas telefono e condominio a mangiarselo; dopo aver pagato il trimestre di assicurazione sanitaria Alice potrà considerarsi praticamente all'asciutto. Sì, può sempre permettersi una dieta dimagrante di yogurt e frutta.

Ma non si lamenta. Anzi, ha avvertito una ripresa di energia e ha quasi osato pensare:*Sei libera, puoi decidere qualunque passo e qualunque progetto,* sebbene ancora non veda una via d'uscita dalla sua dolorosa confusione. La verità è che, per esistere, noi ci specchiamo negli altri. E lei si era specchiata soltanto negli sguardi di uomini: suo padre, Alfiero, Jean-François e qualche altro che le aveva rimandato l'immagine di una donna desiderata. Ma adesso? Lo sguardo di suo padre aveva fatto di lei una figlia per la quale era nell'ordine delle cose credersi amata. Le parole di sua madre, l'altra sera, non hanno avuto il potere malefico di radere al suolo questa certezza, e tuttavia Alice si domanda: *Qual è la verità? E quanto gli è magari costato accettarmi come figlia?*

Un mattino ha preso la macchina e messo sul cruscotto la carta stradale. Non è una gran guidatrice, è abituata a spostamenti brevi, da Milano al lago e pochi altri percorsi fatti centinaia di volte con sua madre, i bambini e i bagagli. Quel mattino invece, sola, non appena entrata nell'autostrada della Cisa ha scoperto un sapore di libertà, un modo più diretto di toccare il volante e di vedere intorno. Per arrivare a Monteluco ha sbagliato strada e per trovare l'alberghino di Ernestina e Piero ha sbagliato di nuovo. Per forza: la casa non ha più lo stesso aspetto, alzata di un piano, e la trattoria è diventata il ristorante *da Susy*, che è la loro figlia. Però, su un lato, c'è ancora l'orto come Alice lo ricordava, con il suo cancelletto verso il prato dove pascolavano due mucche.

Ernestina ha qualche anno meno di Mimì, tutti i capelli neri e neanche una ruga. Alice non la vedeva da un bel po' di tempo, l'ultima volta ch'era venuta a Milano Isabel aveva dodici anni. Ma così, a prima vista, nessuno la direbbe anziana, tanto è dritta, fresca e con lo sguardo vigile. Seduta nell'orto, sta spennando una dozzina di polli, con il grembiule pieno di piume. Se lo toglie per andarle incontro, esclamando: «Dev'essere successo qualche cosa perché tu arrivi fin qui!»

Si abbracciano, e subito Alice percepisce il suo odore che le viene da lontano: borotalco. Subito prende dalla borsa una confezione di lavanda, un regalino per lei. «Mi sono ricordata che ti piaceva.» Poi le racconta tutto di sé, di Alfiero, di Isabel e Gabriele, e mentre parla i fatti le si sgranano davanti con ordine e senza emozione fino alle ultime battute. Dopo, però, comincia a perdere i colpi e allora Ernestina l'interrompe: «Così adesso sei separata».

«Sì, da un mese ufficialmente. Dovrei tornare a chiamarmi Aloisi, come da giovane.»

«Ma 'sei' giovane.»

«Non sono più io, Ernestina.»

L'altra ha fatto un cenno della mano come a dire: eh, ce n'è abbastanza. Sono sedute su una panchina dell'orto, accanto al tavolo di pietra con i polli spennati e da spennare, ed Ernestina la guarda come quando, da bambina, Alice le diceva che era triste.

«Voglio farti una domanda.» Ecco il momento: Alice esita, ma sa d'esser venuta fin lì soprattutto per questo. «Mio padre: è vero che aveva dei dubbi su... sì, non credeva che fossi sua figlia?»

Lei sbotta subito: «Ma se sei la sua faccia!»

«Adesso sì, ma quando ero piccola? Forse non gli somigliavo tanto.»

Per qualche momento, Ernestina resta zitta. Poi: «Tuo padre è morto da un bel po' di anni, perché tiri fuori adesso questa storia?»

«Perché lui non può rispondermi, tu magari sì.»

Come se avesse intuito tutto, o almeno quanto basta, l'altra scuote la testa: «È stata tua madre, vero? Mimì parla sempre a sproposito».

«Ah, così tu sai.»

«So, e non so... tuo padre era troppo riservato per aprire bocca. Io ero molto giovane quando ero in casa vostra, ma avevo gli occhi aperti. E poi tua madre non nascondeva niente.»

«La relazione con quel suo odioso amico?»

«Sì, lui e gli altri. Mimì non è cattiva, certe volte le bastava che gli uomini si sdilinquissero per lei. È sempre stata così, le piaceva raccontare di tutti quelli che erano innamorati di lei e ogni tre mesi perdeva la testa per uno nuovo.»

«Questo l'ho sempre saputo. E anche papà lo sapeva, almeno così mi ricordo da quando ero grande. Ma prima?»

«Prima» era il tempo della sua preistoria ed Ernestina ne custodiva il ricordo e la verità come fanno certi testimoni che, dopo anni e anni, sono ancora reticenti.

«Non mi va di parlare del passato», disse, «e non so niente di sicuro.» Si guardò intorno come se cercasse qualcosa che la potesse aiutare in quel momento difficile. E si alzò. «Aspetta qui. Non ti ho neanche offerto da bere.»

«Non importa.»

Ma l'altra, decisa, entrò in casa, riempì due bicchieri con

succo di frutta e li portò fuori su un vassoio. «Ti piaceva anche da bambina il succo di albicocca.»

«Piace anche a Isabel», disse Alice commovendosi improvvisamente a quel doppio ricordo. Poi reagì, brusca: «E allora, Ernestina: tu non mi dici niente. Che cosa vuoi farmi capire? Che magari sono figlia di quel farabutto amante di mia madre?»

«Ma quando mai!» Era incerta, accigliata, voleva tacere e Alice non glielo avrebbe permesso. Senza scendere nei particolari, in fretta, quasi per non pentirsene, raccontò: «Tutto è successo quando tuo padre è stato trasferito in Bassitalia e Mimì non ha voluto lasciare Milano. Lui tornava a casa una volta al mese, perché il viaggio era lungo e non c'erano aerei, ed è allora che lei è rimasta incinta. Di te».

«E con ciò?»

«Aveva dei dubbi: non lui. *Lei* li aveva.»

«E tu come lo sai?»

«Se l'è lasciato scappare, più di una volta. Quando sono arrivata a casa vostra tu eri piccola, avevi pochi mesi e Mimì non ce la faceva a starti dietro: non aveva pazienza. Ti chiamava 'questa frignona' e si lamentava: 'Se non era per mio marito io abortivo', e così, quando le ho chiesto perché, mi ha confidato: 'Non sono neanche sicura che sia figlia sua'.»

«Questo lei ti ha detto...» Alice era sconvolta, sbalordita.

«Va' a sapere, però, se lo pensava davvero. L'ho sentita troppe volte parlare e poi rimangiarsi quel che aveva appena detto. Un po' balorda lo è sempre stata.»

«E mio padre ne era innamorato perso. Credi che anche lui dubitasse?»

«Va' a sapere», ripeté Ernestina soprappensiero. «Magari Mimì si era lasciata scappare una parola... e lui non gliel'ha perdonata. Sai, i primi anni lui ti guardava poco, come se tu non esistessi. Anche quando hai cominciato ad andare a scuola stavi sempre attaccata alle gonne della mamma. Poi, verso i sette otto anni, è cambiato con te. È diventato affettuoso.»

«Sì, è cambiato. Io lo cercavo e lui si è accorto di me.»

Dopo una pausa durante la quale i pensieri di ambedue seguivano senza saperlo la stessa direzione Ernestina rammentò: «Ti ricordi quando ti ha portato qui, quell'estate che non mangiavi?»

«Sì, mi ricordo.» Alice rivide nitidamente se stessa, suo padre e il cane attraversare il prato che aveva davanti andando verso il bosco. «Mi ricordo bene.» Si accorse di respirare meglio, ora, come se in qualche modo si sentisse a casa. *Non ci sono mai certezze, anche papà ha dovuto toccarlo con mano.* Nessuna certezza, al di fuori di quel suo sguardo che finalmente scopriva nei lineamenti di Alice i propri, e dalla somiglianza la riconosceva come figlia.

«Mimì non cambierà mai», concluse Ernestina scuotendo il capo, «ha sempre troppa lingua e poco cervello. Tuo padre non le ha mai perdonato niente, ma non riusciva a lasciarla: ti rendi conto che inferno? E tu ci stavi in mezzo. Ma io sono convinta che lui non se ne sia andato di casa proprio per non abbandonare te.»

Ci stavo in mezzo. Fra lei e papà, allora. Fra Alfiero e la sua nuova donna, adesso. Io sono stata d'ingombro a tutti.

5

«PAPÀ mi ha telefonato per invitarmi stasera», annunciò Isabel. «C'è un concerto alla Scala diretto da Muti. Per beneficenza.»

«Ma bene. Sarà un concerto bellissimo», commentò Alice.

«Avrei preferito che te lo godessi tu. E poi sarà una faccenda elegante.»

«Puoi mettere dei pantaloni neri e una bella camicia di seta. E sopra, la mia giacca di shantung verde giada. È semplice, ma chic.»

«Avrei preferito che te lo godessi tu», ripeté Isabel. «Lo so che ti mancherà la Scala.»

«Beh, adesso ho la mia pay-tv», disse Alice, «il canale di musica classica è eccezionale.»

Era stato un regalo di Mimì per farsi perdonare la malaugurata uscita su Alfiero durante la festa di compleanno: le aveva mandato un installatore per collegare il suo televisore all'antenna parabolica sul tetto. «L'abbonamento è già pagato per un anno. Così avrai tutta la musica che tuo marito ti ha portato via», aveva aggiunto sua madre con la soddisfazione di chi sa d'aver ripianato non un torto ma due.

«Grazie mamma, ma non dovevi.»

«Dovevo dovevo. E adesso spero che tornerai a trovarmi.»

La musica val bene una messa, aveva commentato Alice fra sé. Ma la Scala le sarebbe mancata comunque. Amava quel teatro che aveva frequentato da giovanissima con suo padre, ma anche sola in loggione. Affrontava code di ore per comprare i biglietti. Poi, grazie alla sua posizione, Alfiero aveva avuto diritto a un abbonamento privilegiato. Come se l'era goduto, Alice. La Scala non era soltanto musica, era bellezza, era il profumo di una cultura che andava al di là dell'apparire, ma era anche l'eleganza delle serate di gala, quando lei si vestiva come per una cerimonia, con la cura e il piacere di chi fa parte dello spettacolo al di qua del palcoscenico. Alfiero non capiva gran che di musica o di teatro, per lui la Scala erano le poltrone accanto alle icone del potere, nella stessa fila con il Vice, il Capo e sua moglie, quando ci venivano. E se erano assenti, lui e qualcun altro ne facevano le veci.

Alice vestì sua figlia con lo stesso fervore con cui si era preparata in quelle sere ormai perdute, le mise alle orecchie due pendenti di cristallo che scintillavano a ogni movimento, le truccò le palpebre. «Meglio il viola, così esalta il colore dei tuoi occhi.» L'accompagnò fino all'atrio della Scala e poi se ne andò senza voglia di tornare a casa. Avrebbe fatto una passeggiata nel centro a guardare le vetrine rimaste accese per esaltare gli oggetti di desiderio nascosti nell'intimo di ogni donna. Non avevano pranzato, lei e Isabel, i preparativi avevano fatto scorrere il tempo fino all'ora di uscire.

Potremmo cenare insieme sul tardi al Blue moon, pensò Alice, ma subito si censurò: *No, non là. Non voglio rischiare d'incontrare Alfiero. A meno che non inviti lui Isabel...*

Quando tornò in piazza della Scala all'uscita del concerto si tenne un po' defilata, per non ostacolare un'eventuale serata fra padre e figlia. E invece vide arrivare Isabel di fretta, sola, che si guardava intorno con la faccia scura. Cercava lei. Non appena la vide il suo viso s'illuminò: le fece cenno, le corse vicino, quasi la trascinò verso il centro della piazza.

«Bello, bellissimo il concerto. Ma ho una fame! Ti ho preso il programma. Dài, andiamo a farci una pizza da qualche parte.»

Mentre si avviavano a braccetto, col passo gagliardo di due ragazze in giro per la città notturna, Isabel le parlò del concerto: «C'era un pezzo di musica dodecafonica un po' duro, in apertura, ma interessante. Io però preferisco Muti quando dirige i romantici, Brahms, Schubert... lo fa in un modo: li tiene in pugno come se fossero dei classici, mi capisci?»

Alice sorrideva: Isabel stava facendosi l'orecchio. Arrivarono in piazza san Babila. «Lì dietro la galleria», disse Isabel, «c'è un posto che di sicuro dev'essere ancora aperto.» E quando furono sedute a un tavolino in mezzo a gente giovane e vociante, ridacchiò: «Non eri mai entrata qui, vero? Come minimo tu e papà vi rifilavate in quell'antiquato *Blue moon* che non sa neanche fare le pizze».

«Qui va benissimo. Per star con te andrebbe bene anche McDonald's.»

Non le dirò niente, decise in quel momento Isabel, *che trovi lui il coraggio di confessarle chi è quella che chiama la sua seconda moglie.*

Alice si accorse che sua figlia la guardava con una tenerezza scoperta, quasi materna, ma non immaginava che cosa era accaduto...

Lì per lì Isabel non riconobbe la signora dai capelli biondi seduta accanto a suo padre. Notò dapprima la pettinatura rialzata, da gran parrucchiere, ma un po' démodé: l'altra stava girata a parlare con qualcuno. Poi si voltò e Isabel vide il suo gran décolleté, su cui era appoggiata una collana che sprizzava luce, poi il viso tondo, ben truccato. E al tempo stesso le giunse la voce, morbida e un po' ironica, e ben conosciuta: «Buona sera Isabel».

Suo padre, marpione, guardava ora l'una ora l'altra. «Era ora che v'incontraste», disse.

Maruska.

Isabel la fissava a bocca aperta e aveva la sensazione d'esser sospesa da terra, come se stesse cadendo adagio dal loggione fino in platea. Non cercò neanche le parole da dire. Pensò fulminea: *Mi alzo e me ne vado*, ma si sentiva pesante come se avesse ricevuto il colpo che sua madre doveva ancora ricevere. Maruska.

«E allora?» sollecitò lui. «Non si saluta? Prima o poi dovevate pur sapere chi è la mia seconda moglie.»

Dovevate. Lei e Alice, tutt'e due, legate e compenetrate come se fossero una sola persona nel dolore e nell'offesa. *Non gli darò la soddisfazione di sciuparmi questo concerto*. Distolse gli occhi, li fissò sul sipario e restò muta. Ascoltò, immobile nella poltrona, fino all'ultima nota. Quando le ovazioni al direttore e all'orchestra si spensero, s'infilò la giacca e si voltò verso suo padre. «Non è il caso che ti ringrazi», disse. E gli girò le spalle. Aveva fretta: forse sua madre l'aspettava fuori per cenare assieme. E non doveva, non doveva vederli.

Isabel si laureò il 10 ottobre con una tesi sul romanzo storico di Manuel Vázquez Montalbán. Una tesi di letteratura scritta a tempo di record. Alice l'aveva assistita copiando il testo nel computer e aiutandola nelle verifiche delle note e della bibliografia. Le era piaciuto farlo, tanto. E non solo perché lavorava per sua figlia, ma perché era come se lo facesse per un'Alice giovane, che a suo tempo non aveva colto questa possibilità. Rifletteva sul fatto che proprio l'esperienza della maternità le aveva aperto l'interesse verso la cultura. Non era ottusa e illanguidita dagli ormoni mentre aspettava Gabriele, si rammentava che proprio allora era scoppiata la sua passione per la *Recherche*: leggeva come se quel nutrimento intellettuale dovesse arrivare anche a suo figlio.

Aveva però qualche riserva sulla tesi scelta da Isabel. «Non capisco perché tu abbia deciso di preferire un argomento letterario», le disse, «visto che il tuo interesse è più orientato verso il teatro.»

«Sì, ma dopo il seminario con Ribeira, il docente di letteratura, ho cambiato idea. Così, quando mi ha offerto di aiutarmi in uno studio su Montalbán...»

«Hai accettato la tesi perché piaceva a lui.»

«Mi ha anche promesso un appoggio per un corso di specializzazione a Madrid.»

«Costerà un occhio.»

«Non con una borsa di studio, anche parziale.»

«Dovresti parlarne a tuo padre.»

«Vedremo, ma spero di farne a meno.»

Isabel era molto riservata nei confronti di suo padre, al limite dell'ostilità. Non le accadeva più di parlare di lui. Il giorno in cui aveva discusso la tesi di laurea era presente solo Alice, della famiglia. Gabriele era in Toscana, Mimì ad Abano con le sue amiche ottuagenarie. Era un po' contrariata, Isabel, per non aver conseguito il massimo del punteggio, ma comunque ci era andata vicino. Dopo la cerimonia presentò sua madre al relatore, il chiarissimo professor Raphael Gomez Ribeira, e chissà perché Alice se l'era immaginato un baldo quarantenne che affascina le sue allieve e invece si trovò di fronte un fragile signore di sessant'anni, alto, sottile, dagli occhi un po' velati. Parlava con voce quasi sussurrata, come se in anni d'insegnamento si fosse consunta. Lei si accorse subito che Isabel lo guardava adorante e che lui le restituiva lo sguardo con una sorta di dolcezza meravigliata. Alice non ne fu sorpresa: conosceva quel tipo di sguardo.

Nel pomeriggio madre e figlia partirono per Venezia: quel weekend era dedicato a festeggiare la laurea e furono giorni indimenticabili. Per Alice, almeno. Aveva portato con sé il registratore, perché dalla vacanza di Sharm in poi si era abituata a incidere qualche riflessione, qualche frammento di ricordi o di pensieri, e si era accorta di disegnare così una traccia della sua esistenza per capirla meglio.

Ora che aveva perso la vita di prima, Alice temeva a volte che la solitudine la inducesse a vivere quella di sua figlia. Una tentazione che può camuffarsi da affetto protettivo, ma che sottrae l'ossigeno ad ambedue. Aveva già patito su se stessa gli effetti di uno pseudo amore vampiresco: l'orribile, implacabile sentimento di sua madre. Con Gabriele questo pericolo non c'era, e non solo perché era lontano. Ma con Isabel aveva lavorato per due mesi gomito a gomito, si era sentita utile e amica; qualche volta sua figlia aveva dormito con lei nel lettone e Alice, sentendola respirare accanto, ricordava la beatitudine di quando l'allattava.

Quel fine settimana d'autunno a Venezia fu il coronamento del loro essere insieme, e forse ne sarebbe stata la chiusura. Perché dal giorno dopo Isabel si sarebbe allontanata, anche se per il momento continuava a mangiare e a dormire in casa. Ma quei due giorni madre e figlia camminarono per le calli, col sole tiepido, l'aria che rende fluidi i suoni e fa divenire terse come immagini le facciate dei palazzi e il loro riflesso nell'acqua.

Andarono alla Galleria dell'Accademia, e mentre Isabel lentamente si spostava da un dipinto all'altro, Alice, per una lunghissima pausa, si trovò fuori, in un altro tempo. Era lì, sentiva il pavimento sotto i piedi, ma era indietro, tuffata nelle ventiquattr'ore più felici della sua esistenza, dodici o tredici anni prima, il computo del tempo non aveva importanza. Era con qualcuno mai scomparso dalla sua vita, lì in quella galleria, e risentiva la sua voce che diceva: «Sei la donna più bella e intelligente che io abbia mai incontrato. Sei appassionata, sei ironica, sei elegante, sei colta... e sai entrare nella vita di un uomo e restarci per sempre come una scia luminosa. Non dimenticarlo, Alice. Non dimenticarlo mai, ci sono certezze che valgono più della vita, più dei sentimenti, più del tempo».

Questo le diceva quell'uomo, ma Alfiero l'aveva distrutta fino a farglielo dimenticare, fino a domandarsi, sgomenta, dov'erano i pezzi dispersi di se stessa.

«Mamma... cosa fai lì in piedi, imbambolata davanti allo stesso quadro?» Isabel rideva scuotendole un braccio. «Scommetto che non eri qui!»

«Ero qui, Isabel. Ero qui, ma in un altro tempo.» Sua figlia ebbe la delicatezza di non chiedere altro.

Più tardi, sedute al tavolino di un bar, dietro la punta della Dogana, Alice e Isabel si parlarono non come madre e figlia, ma come due donne, l'una ripescando frammenti nella memoria lontana, l'altra cercando uno spiraglio per la verità che le pesava sul cuore.

«Anni fa, tu eri piccola», raccontò Alice guardando lontano verso San Giorgio Maggiore, «avevamo affittato una casa qui a Venezia, la dividevamo con un amico di tuo padre e qualche volta ci venivamo insieme. Era una casa alle Zattere, qui dietro. Una vecchia casa che da un lato dava sul canale e dall'altro aveva un cortiletto con un cespuglio di rose addossato al muro. Ci si stava bene, ci si sentiva a Venezia come abitanti, non come turisti. Virgilio, l'amico che l'aveva trovata, lavorava a Milano come grafico in un giornale, ma già stava affermandosi come pittore. Tuo padre lo invitava spesso a cena. Era di casa, da noi.»

«Non mi ricordo di lui.»

«Avevi solo due o tre anni. Virgilio è stato un amico, un uomo col quale stavo volentieri.»

«E papà, magari, era geloso?»

Alice eluse la domanda. «Un fine settimana», continuò, «decisi di lasciare te e Gabriele dalla nonna e venni qui sola. Mi pare fosse primavera avanzata, comunque una stagione di mezzo, tiepida, come questa. Poche ore dopo arrivò qui anche Virgilio, che non sapeva della mia presenza. Lì per lì m'irritò, perché avevo bisogno di silenzio e di stare coi miei pensieri: la convivenza con tuo padre non era facile, in quel momento.»

«Perché?»

«Storie di politica e di lavoro», tagliò corto Alice.

«Papà, allora, era comunista, vero?»

«Sì. Aveva avuto il suo primo lavoro importante proprio perché era nel partito. E subito lui si era adoperato, come tutti del resto, ad ammanicarsi funzionari e politici sfruttando le conoscenze che sono sempre un patrimonio. Ma non voglio parlare di lui.»

«Torniamo a quel Virgilio che ti piaceva», sorrise Isabel, «o sbaglio?»

«Non la metterei così. Eravamo amici, parlavamo a lungo di libri, di arte, di cinema. Abbiamo trascorso qui, insieme, due giorni incantevoli.» Sorrise anche lei, le piaceva ricordare. «Stavo bene con Virgilio. Era un po' snob, ma aveva una sensibilità raffinata. Mi sentivo a mio agio con lui, e non perché gli piacevano più gli uomini che le donne. In quei due giorni mi ha guidato con mano sicura 'a guardare'. Guardare la città, i suoi colori, l'arte che è nata con lei. Questa città è tutta arte, e Virgilio me l'ha squadernata davanti come non l'avevo mai vista. Siamo andati per chiese, musei e pinacoteche, e a me che non avevo mai capito la pittura si sono aperti gli occhi. Davvero.»

«È a lui che stavi pensando poco fa», domandò la figlia, «mentre eri come in trance davanti a quel quadro nella Galleria dell'Accademia?»

«No, non stavo pensando a Virgilio», rispose Alice. E continuò, forse per distrarre l'attenzione di Isabel da sé: «Virgilio era un po' infatuato di tuo padre e Alfiero, da quel narciso che è sempre stato, gongolava, come se anche lui ne fosse invaghito».

Isabel alzò le sopracciglia, trasecolata. «Davvero? Papà invaghito di un uomo? E tu che cosa dicevi? E poi quel Virgilio dov'è finito?»

Sua madre scosse appena il capo: «Credo sia venuto un po' alle strette con tuo padre che ci giocava, sulla sua ammirazione. Devono aver litigato, e io ho perduto un amico intelligente».

«Ma davvero, quando eravate qui a Venezia, non hai fatto l'amore con lui?»

Alice ripeté. «Ma no! Era un amico. Non c'era sesso fra noi, non era quello il modo d'incontrarci. Io ho sempre preferito parlare con gli uomini che con le donne, e Virgilio era speciale.»

«Non l'hai più visto? Non hai più saputo niente di lui?» domandò Isabel, che mirava a tirar le fila della storia.

«No. Ho saputo che stava con un compagno ed erano venuti a vivere qui, a Venezia.»

«Potresti ritrovarlo.»

«No. Virgilio è stato come una cometa, un passaggio. Meglio che resti così. E poi: perché ricomparire nella sua vita? Chi ero, per lui?»

Era sempre lì, quella domanda: *Chi sono io? Chi sono stata?*

«Ma perché? Forse ti rivedrebbe volentieri.»

«No, non credo di volerlo fare. Questi giorni sono solo per noi due.»

Il sole stava declinando e sembrava banale accorgersi che un pulviscolo d'oro avvolgeva l'isola di fronte: Venezia è così, elusiva sia nella luce che nella nebbia. Alice taceva, era il turno di Isabel se c'era qualcosa di segreto, di intimo al quale dare parola.

Infatti la figlia cominciò: «Ribeira è del parere che dovrei iscrivermi a un seminario di letteratura che lui terrà per un numero limitato di studenti. Mi sarebbe utile per concorrere alla borsa di studio in Spagna».

Alice contrasse le sopracciglia, attenta. «Quando?»

«Terrà il seminario a casa sua. Fra qualche settimana. Saremo una decina, non di più, e non vorrei perderlo. Poi ci sarebbe uno stage all'Università durante l'estate, forse a Madrid, forse a Santiago.»

«Mi stai dicendo che pensi di proseguire con l'università?»

«Devo parlarne a fondo con Raphael, che può indirizzarmi al meglio.»

Lo chiama Raphael, notò la madre, ma preferì non sottolinearlo e si limitò a dire: «Non abbiamo molti soldi, ma vedremo di farcela lo stesso».

«Però posso anche lavorare.»

«E fare che?»

«Qualunque cosa. Ho letto un'inserzione in cui cercano una commessa per i prossimi due mesi prima di Natale. Io ci provo.»

«Una commessa?»

«In un negozio di scarpe per giovani, tipo calzature sportive. Oppure... oppure potrei anche lavorare un po' per Ribeira. I professori si servono sempre di studenti per le ricerche. Ma credo mi pagherebbe pochissimo», concluse ridendo, come se anche i pochi soldi fossero superflui.

Alice taceva sulla soglia di una domanda che stava spingendo dentro di lei, ma esitava perché le sembrava prematura, o forse inadatta al momento. Mimì avrebbe sparato con sicurezza, anzi con malizia: «Non dirmi che ti fa il filo, quel vecchio professore!» O forse era quell'ora quieta e dorata ad agire su di lei come un sedativo delle ansie future?

Anche Isabel taceva, e quel silenzio disteso, l'intimità con sua madre non rara, ma di una qualità diversa, quasi una complicità che permetteva tutto, le consentì di cavarsi dal petto quella pietra con un sospiro: «Mamma, c'è una cosa che vorrei dirti dalla sera del concerto alla Scala...» Vide che Alice si scuoteva, i suoi occhi scuri la rimettevano a fuoco, provò un impeto di compassione e di rabbia e continuò in fretta: «Preferisco tu lo sappia qui, mentre sei vicino a me. Dammi la mano, in poche parole ti dico tutto: la donna che il babbo presenta come sua seconda moglie è Maruska».

Gli occhi di Alice non si mossero. «Come l'hai saputo?»

«Me l'ha detto lui quando mi ha invitato alla Scala. Erano insieme. Credo mi abbia invitato apposta.»

A lungo Isabel aspettò che sua madre dicesse qualcosa. Alice aveva chiuso gli occhi e respirava adagio, come se fosse sprofondata dentro di sé. Quando si riprese, aprì il portafoglio per pagare le consumazioni e alzò la testa accennando verso la laguna. «Che bel tramonto, vero?»

Aveva poco spazio nel nastro del registratore ma doveva farci stare quello che le urgeva dentro. Maruska. Quando Isabel le aveva rivelato chi fosse la nuova donna di Alfiero quasi non ne era rimasta sorpresa.

Tutto quadra, invece: come ho potuto non accorgermene? Sono fatti l'uno per l'altra, due bugiardi. Il mio non è dolore, nemmeno gelosia, è rabbia per la mia stupidità. Come ho potuto non accorgermene? Come aveva fatto a non capire che Maruska, proprio lei, poteva ordire la tresca più banale, mettere i piedi nel luogo comune più ovvio, soffiare il marito a quella che diceva di considerare la sua migliore amica? Una storia da telenovela: l'aveva pensata, creata, vissuta. Voleva prendersi Alfiero, bello, elegante, mondano, amico di quelli che contano, un vero protagonista di romanzi di quart'ordine, di quelli che finiscono in gloria o con una morte sventurata.

E lei, Alice, che personaggio era in quella storia? Maruska cercava di somigliarle in qualche modo, copiava i suoi vestiti, andava dal suo parrucchiere, aveva persino imparato ad ascoltare i suoi CD e ad apparecchiare la tavola di gala come faceva lei. E intanto la inondava di moine, la studiava da vicino come si fa con un insetto che stai tenendo per le ali mentre hai già in mano lo spillone per infilzarlo.

Ma la stupida era lei, intelligente e stupida, così sicura del ruolo che si era conquistata a prezzo di tenacia. Perché misurava il valore di ciò che altri disprezzavano: essere una signora borghese, una moglie decisa a invecchiare con suo marito. *Forse quei due si amano, o solo si piacciono. Forse sono solo opportunisti.* Di sicuro si erano dati l'un l'altro quello che cercavano: lui aveva scelto la libertà con una donna indipendente, lei un uomo di cui fare a breve termine un marito. *Bravissima, Maruska, le seconde mogli sono le più fortunate*. A botta calda non la disprezzava, preferiva detestarla.

Un giorno quella falsa amica le aveva domandato: «Ma è vero che non hai mai detto 'ti amo' ad Alfiero?»

Alice aveva indagato, più con sorpresa che con irritazione: «Chi ti ha fatto questa confidenza?»

«Ma tu, mi pare... una volta, parlando. Mi avevi sconcertato.»

«Beh, quello che passa in un letto coniugale lo sa soltanto chi ci dorme», aveva ribattuto lei.

Ora constatava che Maruska doveva avergliela giurata, per quella frase arrogante. Così aveva deciso di dormirci lei, in quel letto. Ma non era la stessa cosa.

Stava lì, Alice, affacciata al balcone col giaccone sul pigiama a parlare nel registratore per vuotarsi di tutto quel veleno e perché Isabel non sentisse il suo sfogo. «Ti concedo al massimo un anno, Maruska Fortuna, perché il tuo grande amore scoppi in mezzo alle camicie mal stirate di Alfiero, nella carovana dei suoi vestiti da portare e riportare dalla tintoria, tra le sue intoccabili pipe e le sue fiale d'insulina, la sua marmellata inglese e le altre manie per la colazione del mattino, le mille bugie che ti servirà su un piatto d'argento e le diecimila esigenze che non ti lasceranno tempo e spazio per scrivere. Perché è così, Maruska: Alfiero bisogna perderlo per salvarsi. E io, forse, non ho fatto in tempo.»

Era stanca, tanto stanca e infreddolita, ma non osava rientrare nella stanza dell'albergo per non turbare Isabel addormentata. «E ce l'ho a morte con te, Maruska, che mi hai anche privato del sonno in una città dove la notte ti seppellisce nel silenzio. Ma al di là della rabbia, non ho sparso una lacrima per colpa tua.»

Sono passate settimane, da quando Alice ha saputo la verità, ma quei due, Maruska e Alfiero, stanno sempre là, presenti e impantanati in fondo al suo rancore. Qualche volta l'immagine di lei, maligna, riesce come un lampo a infilarsi persino in casa di Alice, che la rivede seduta alla loro tavola o sulla porta con in mano mazzetti di rose. Dozzinali, perché era tirchia e le comprava solo da qualche venditore a un angolo di strada.

«Io i soldi me li sono sempre guadagnati coi gomiti», diceva con una protervia che rivelava amarezze non digerite. «Io ho dovuto sfacchinare tanto, per andare avanti, che non mi è restato tempo per trovarmi un uomo.» E infatti si era presa il suo, che lei non si meritava perché, in fondo, era solo una moglie mantenuta. Che non si rispetta anche sedendo alla sua tavola.

Ma Alice non ha più tempo di detestare lei, o loro due insieme. Adesso deve abituarsi a vivere nelle ristrettezze e far sì che i suoi figli, ai quali sembra ancora che lei abbia pane e burro, non se ne accorgano troppo. Loro sono altrove, nei loro progetti, in un mondo precario e senza certezze ancora diverso dal suo. Come è difficile essere madre di figli grandi! Non riesce a vederli allontanarsi senza apprensione, ma non deve condizionare le loro decisioni con le sue paure. Gabriele è sempre in giro, alternando periodi di lavoro a un altro corso di specializzazione. Le sembra un esule senza casa, un uccello senza nido, anzi senza nemmeno un albero su cui posarsi. Isabel fa la commessa in un magazzino popolare di scarpe e mette da parte i soldi per pagarsi il soggiorno in Spagna, ma è di malumore perché il lavoro le impedisce di seguire il seminario del suo professor Ribeira. Si rasserena solo la domenica, quando va da lui a farsi dare le lezioni registrate che poi digita nel computer. Lavora di sera, mezza morta di sonno, e gli altri studenti le pagano quel servizio.

Alice, intanto, annega nei conti. L'assegno mensile di Alfiero è come la pelle dell'orso per le cavernicole: tira di qui e tira di là non riesce a coprire tutta la famiglia che le è rimasta. E non può tarpare le ali di Isabel che lavora come un negro e vuol continuare gli studi. Con amarezza, Alice deve ammettere che, fino al giorno prima, aveva tutto alla grande, nonostante i troppi debiti di Alfiero.

«Tuo marito è di nuovo nel mirino di un'indagine finanziaria», le annunciò Daria in quei giorni, preoccupata più di prima, «questa magistratura è implacabile e non so se stavolta il Capo riuscirà a coprirlo. Alfiero mi ha giurato che non ha mai avuto conti all'estero. Tu non ne sai niente?»

«No. E perché dovrebbe mentirti? Sei uno dei suoi legali!»

E invece le aveva mentito, e lei anche: quando andavano a Ginevra per curare il suo diabete, Alfiero mandava sempre Alice in banca. «Così io entro subito in clinica», diceva, «e guadagniamo tempo.» In realtà, non riuscendo a mettere insieme due parole di francese, si sentiva a disagio con quei funzionari multilingue che, secondo lui, lo guardavano spocchiosi.

Lei si limitava a prelevare qualche migliaio di franchi seguendo le istruzioni di Alfiero, e benché avesse la delega sul conto non aveva mai preteso di conoscerne la consistenza. Probabilmente lui l'aveva vuotato durante il periodo di follie all'estero insieme a Maruska. Chissà. *Ma forse qualche cosa c'è rimasto*, pensò ora. E quell'ipotesi a poco a poco divenne un chiodo nel suo cervello. *Forse c'è ancora del denaro disponibile e io sono qui a combattere con gli spiccioli. Sicuramente Alfiero non vuole si sappia di quel conto e comunque, ora che è di nuovo indagato, non è prudente, o forse non può, mettersi in contatto con la banca. Avrà il telefono sorvegliato, e anche il cellulare, che non ha più voluto adoperare perché ti dà una falsa sensazione di privacy. E in ufficio, di sicuro, terranno d'occhio i suoi movimenti. Però... può darsi che la cifra rimasta sia così scarsa che se n'è dimenticato. Lui ha sempre avuto delle signorili amnesie per i suoi crediti e i suoi debiti.*

Era una gran tentazione, ma dietro a quella ce n'era un'altra, più sotterranea e quasi inconfessata, una tentazione che scaturiva dalla domanda: «Ma io, chi sono io?»

Un sogno inquietante, una specie di incubo, la visitò quella notte come un'oscura risposta a quella domanda. Sognò di dormire nel letto matrimoniale, il lettone di cui lei e Alfiero dicevano ridendo: «Ce lo porteremo nella tomba», e avvertiva il corpo di lui addormentato come una presenza tiepida, vicina e nota, anche se non era a contatto del suo. A un tratto l'aveva sentito muoversi e, guardando dalla sua parte, sotto il risvolto del lenzuolo aveva visto un coccodrillo. Non ripugnante, non schifoso. Un coccodrillo dalle squame pulite, colorate e lucenti che la guardava e quasi le sorrideva. *È come il coccodrillo Lacoste*, aveva pensato Alice nel sogno, *ma è lui, è Alfiero*. E subito era stata travolta da un ribrezzo fatto di paura. Aprendo la bocca, il rettile le aveva preso un braccio in mezzo ai denti, senza farle male, ma penetravano nella pelle uno per uno, e la trattenevano.

Si svegliò sudata e atterrita. Ecco chi era lei, ecco dov'era: fra le zanne di un mostro che non appariva tale e che la teneva prigioniera. Le venne da piangere a singhiozzi disperati: «Non mi libererò mai di lui, mai mai!» Il bel coccodrillo elegante che aveva dormito nel suo letto, ora la perseguitava anche nei sogni.

6

IL viaggio era comodo anche nello scompartimento di seconda classe, il treno svizzero scivolava morbido e veloce. Dal finestrino Alice guardava la luce diminuire dietro le colline che all'orizzonte costeggiavano il lago. Era quasi arrivata. Quante volte aveva ripetuto quel percorso con Alfiero, in prima classe e vagone ristorante, da quando era riuscita a convincerlo che tutti quei chilometri in auto lo stancavano troppo. Arrivavano, come ora, nel tardo pomeriggio. Lei scendeva nel solito albergo, piccolo e nemmeno troppo costoso, e lui andava subito alla clinica dove aveva già prenotato telefonicamente il ricovero. Digiuno e prelievi il mattino dopo. E Alice, prima di raggiungerlo, andava in banca a rifornirsi di franchi.

Ora nessuno sapeva del suo viaggio, né sua madre né Isabel alla quale aveva motivato la sua assenza con una visita a Lucia, l'amica romana che da pochi giorni era divenuta nonna. Per un attimo aveva ipotizzato di parlarne con Daria, ma una voce prudente che veniva da lontano l'aveva dissuasa.

«Ricordati che un avvocato non si fa scrupoli nemmeno con un amico, se si tratta di favorire un cliente», le aveva insegnato suo padre con il realismo di un uomo che ha diretto una banca, e Alfiero era pur sempre un cliente dello studio di cui Daria Fusi era socia, mentre Alice era solo un'amica.

Diventiamo tutti cinici quando si tratta di soldi, aveva concluso lei con rammarico.

O forse l'aveva sorpresa l'impazienza di Daria di fronte alle sue proteste per il ritardo di Alfiero nell'invio dell'ultimo assegno mensile. «Ma che cosa ti aspetti?» aveva reagito brusca l'avvocatessa, «la separazione non è mai un taglio netto fra i due, è sempre un processo con qualche periodo liscio e civile e altri di guerriglia. Il denaro negato, o in ritardo, è sempre un'affermazione di dominio sull'altro che l'aspetta. Quando addirittura non serve come vendetta. Ma non credo sia il tuo caso. Semplicemente Alfiero spende troppo, e quindi va in rosso.»

Quando addirittura non serve come vendetta, rifletteva Alice realizzando la verità di quell'ipotesi. I soldi: l'unico mezzo per mettere in ginocchio Alfiero. E anche Maruska. Ma quell'idea era fantastica come una chimera.

«Non ti conviene pressare Alfiero in questo momento», l'aveva avvertita Daria, «ha altro cui pensare: è stata aperta una nuova indagine che lo coinvolge in prima persona e che al Capo non piace proprio. Se scoprisse che Alfiero ha agito in modo avventato, magari alle sue spalle, potrebbe lasciarlo andare a fondo.»

«Non credo che Alfiero abbia commesso degli illeciti contro la World», obiettò Alice, «e poi lo sanno bene che ha persino rischiato una condanna pur di non rivelare dei retroscena in cui il Capo e anche il Vice erano implicati.»

«Ma non è in una botte di ferro: adesso ci sono di mezzo nuove ambizioni politiche, e tutti vogliono rifarsi la verginità. Perciò Alfiero potrebbe diventare il capro espiatorio: le indagini stanno sfrucugliando tutte le sue mosse, soprattutto quelle finanziarie, correlate o meno a quella dannata immobiliare e ai politici che vi sono implicati. Insomma: tu sta' buona e io vedrò di ricordargli anche tuoi alimenti.»

Come si fa a star buoni quando i soldi per vivere scarseggiano? Daria non se l'era mai domandato e nemmeno immaginava che Alice, in quei giorni, rimpiangesse di aver spesso rifiutato che suo marito le regalasse dei gioielli. *Almeno adesso li potrei vendere o impegnare*, ma il Monte di Pietà era solo un ricordo d'altri tempi. Lei possedeva solo un orologio di un certo valore, un Bulgari con il quadrante bianco, particolare che accresceva il suo pregio perché ne era stato prodotto solo un numero limitato. Un regalo di suo padre. Ah, sì: c'era nel portagioielli anche una lunga catena d'oro con un pendaglio di smalto blu e una fede di piccoli brillanti che lei non portava mai: un dono di momenti migliori, per la nascita di Gabriele. Per Isabel, poco desiderata dal padre, non c'erano stati regali alla madre.

Entrare in uno di quei negozi in cui i mercanti comprano a peso oro e gioielli l'aveva umiliata. *Ha dilapidato tutto con Maruska e adesso mi fa elemosinare gli spiccioli per vivere. Solo a Vienna ha speso milioni mentre io ero sola, a casa, ad aspettarlo*. Faceva di tutto per non rimestare in quelle fangose memorie che le scatenavano dentro una rabbia sorda. E tuttavia non dimenticare serviva anche a tenerla viva, lucida e combattiva. Aveva venduto la lunga catena d'oro con il pendaglio di smalto e la fede di brillantini ed era uscita dal negozio di pessimo umore, ma col portafoglio un po' più gonfio. *Il Bulgari di papà non lo vendo prima di sapere cos'è rimasto su quel conto svizzero. Sempre che esista ancora*, si ripeteva per proteggersi dall'eventuale delusione.

Domani, domani avrebbe saputo. E forse avrebbe anche ritrovato i propri passi in quella via appartata, residenziale, fiancheggiata da piccoli alberi, fino a quella villa stile liberty con la cancellata a disegni d'epoca e la targa di ottone sabbiato: Studio Medico prof. Jean-François Perrin. Aveva suonato a quel cancello molti, molti anni prima, seguendo il consiglio di un medico agopuntore, deluso per non esser riuscito a sedare la grave forma di emicrania che l'affliggeva dalla nascita di Gabriele: «Una emicrania ribelle come la sua credo che solo il professor Perrin possa curarla», le aveva detto. Alice era scettica, non credeva più di trovare un rimedio, ma quell'emicrania micidiale l'assaliva a tempi sempre più ravvicinati e per tre giorni di crisi la costringeva al buio, digiuna e intontita da farmaci inefficaci, a desiderare solo di morire. Solo per questo aveva tentato, e non sapeva di andare all'incontro più sconvolgente della sua vita.

Basta: deciderò domani se rivederlo, concluse. Era già quasi buio quando scese dal treno e raggiunse l'albergo che aveva prenotato. Cenò in un self service vicino dicendosi che Isabel si sarebbe trovata più a suo agio di lei in quel locale per studenti e turisti. *Devo dimenticare le abitudini di prima*, si propose, mentre si serviva da un vassoio di aringhe e patate in insalata. Ma anche l'indomani si svegliò inquieta: sentiva alle spalle la traccia di un sogno ch'era scomparso lasciando una nube grigia. *Non bisognerebbe mai incrociare una questione di soldi con un ricordo così intenso come quello di Jean-François*. Il rischio era un doppio stress, ma non aveva scelta. Quel desiderio acuto di rivederlo dopo tanti anni non rispondeva forse alla domanda: chi sono io? *Nessuno come un uomo che ti ha amato può ridarti l'immagine di te stessa*. Ma era così o non era anche quella un'illusione che l'avrebbe lasciata orribilmente sola?

Si vestì con cura, un tailleur autunnale di lana pelosa bianco avorio: un abito di classe aveva sempre il potere di darle una sensazione esteriore di sicurezza. Lasciò liberi i capelli dopo averli spazzolati fino a farli crepitare, e fra un gesto e l'altro, quasi fosse in ascolto di una voce interna che la guidasse ritrovò ancora le parole di suo padre: «Non fare il primo passo se prima non hai chiarito l'obiettivo. Ma poi: va' fino in fondo». Lui aveva fiducia nel suo carattere.

«Ecco la *Reine blanche*!» esclamò l'avvocato Liebmann uscendo da dietro il lungo tavolo e avvicinandosi a lei.

«Ma non giocavo coi neri?» replicò Alice restituendogli la battuta.

«Una sola volta, e lei è così luminosa che non ha nulla della regina nera.»

«Ho qualche dubbio», scherzò Alice.

La sua mano rimase per qualche secondo in quelle lisce di Liebmann che la trattenevano calorose mentre lui diceva: «Lo sa che ho pensato a lei, recentemente?»

«E come mai?»

«Telepatie misteriose. Forse preparavano la sua visita.»

Bertrand Liebmann non somigliava più allo gnomo che in spiaggia giocava a stuzzicare i granchi nelle loro tane di sabbia; il doppiopetto grigio, di gran taglio, lisciava con garbo la sua mole agile e la camicia azzurrina si rifletteva nei suoi occhi chiari. Anche l'ambiente dava un risalto preciso alla sua figura: non un pesante arredo di tipo avvocatesco ma uno studio arioso, con scaffali di libri alle pareti, il tavolo di teak e, fuori, una vista dall'alto che spaziava fino al lago.

«Anch'io ho pensato a lei», rivelò Alice. «Sono qui a Ginevra con l'intenzione di rivedere un vecchio amico e mi sono detta: non posso non salutare il mio avversario di scacchi.»

«Davvero?» Poi la scrutò più da vicino: «Perché è così guardinga? Come se stesse già giocando a scacchi».

Alice rise, liberata da un invisibile disagio. Accanto alla finestra, su un tavolo basso, stava una scacchiera di cristallo con i pezzi disposti come se una partita fosse in corso. «Gioca ancora da solo?»

«Qualche volta», rispose Liebmann tornando al suo posto dietro il tavolo. «Sieda, la prego», e accennò alla poltrona collocata davanti a lui, «e mi racconti il vero motivo che l'ha condotta da me.»

«Vorrei essere qui come cliente», ammise lei «ma non mi posso permettere un professionista del suo livello. Perciò le chiedo un favore.»

«Si consideri qui come amica.» Continuò a guardarla, anzi a contemplarla mentre apriva la borsa, cercava un documento e lo spiegava prima di porgerglielo. *Bella donna*, si disse confermando il ricordo che ne aveva. Quella di Alice non era una piacevolezza banale, ma qualcosa che si poteva chiamare «bellezza perenne», capace di superare la giovinezza. E in lei si percepiva anche una sorta di fuoco nascosto, frenato ma non spento dall'intelligenza lucida. Bertrand Liebmann aveva uno sguardo singolarmente acuto nell'osservare i suoi interlocutori.

Alice gli porse il documento. «Vorrei sapere se questa procura, che il mio ex marito ha firmato lo scorso mese di gennaio, è valida anche qui in Svizzera.» Indugiò un attimo prima di aggiungere: «So che lui aveva un conto alla sede centrale della Banca del Giura, qui a Ginevra. Gli serviva per pagare delle cure mediche molto costose senza dover sempre esportare valuta. Ora temo che ci sia rimasto ben poco, ma anche quel poco mi servirebbe». Tirò un lungo respiro e a denti stretti ammise: «Il cosiddetto assegno per gli alimenti è giusto sufficiente per sopravvivere e mia figlia, che si è appena laureata, vorrebbe frequentare un master universitario in Spagna».

Si domandò perché mai metteva in primo piano le ambizioni di Isabel, quasi si vergognasse di essere costretta a vivere in ristrettezze. E per reagire a quel disagio sbottò: «Vivere è meglio che sopravvivere, non crede?» e vide che Liebmann annuiva con un lieve sorriso.

«Perché il suo ex marito le aveva dato questa procura totale?»

«È stato prima della separazione. Era nei debiti fino al collo e ha tentato il suicidio. Mentre lo curavano in ospedale ho dovuto prendere le redini della situazione, pagare i debiti, restituire i prestiti alle banche... non è rimasto quasi nulla.»

«E di questo conto com'è venuta a conoscenza?»

«Quando venivamo qui per i suoi controlli medici ero io che andavo in banca e prelevavo il necessario per pagare la clinica. Avevo una delega, ma non ho mai saputo quale fosse la consistenza del deposito.»

Liebmann sembrava sconcertato, ma i suoi occhi brillavano di malizia. «Devo crederle? Una donna priva di curiosità: è quasi inammissibile.»

«Non ho mai indagato nel privato di mio marito», rispose Alice, decisa, «sesso e soldi sono il massimo della privacy.»

«Lei è una donna molto orgogliosa», osservò Liebmann, «e credo di averglielo già detto. Questa procura, comunque, è anteriore alla vostra separazione. Nel frattempo il suo ex marito potrebbe esser venuto qui, aver chiuso il conto o revocato la sua delega.»

Freddamente Alice rifletté: «Potrebbe, ma è molto improbabile. In questi mesi, è vero, ha cambiato casa e ha cambiato moglie, ma è di nuovo pesantemente indagato per una speculazione immobiliare. Ha ottimi avvocati, ma...»

«Continui.»

«Non è più un personaggio importante come prima. Ormai dal suo brillante passato si porta dietro più guai che successi. Sono persuasa che, se avesse dei soldi qui, farebbe di tutto per tenerli nascosti. Anni fa è stato per mesi agli arresti domiciliari, col telefono sorvegliato, niente cellulare, niente passaporto... insomma: Alfiero sa che quando è in mezzo alla buriana è prudente non muovere un dito.»

«E non può supporre, invece, che sia lei a...»

«A ficcare il naso?» ridacchiò Alice. «Non mi crede abbastanza intelligente, e abbastanza arrabbiata.»

«E allora», concluse Liebmann, «non resta che appurare se la sua delega funziona ancora.» Intanto valutava i termini della procura che Alice gli aveva sottoposto. «Vede, non so se questa procura possa venir presa in considerazione qui. In ogni caso si ricordi: occorre far coincidere l'interesse della banca con il suo.»

«Che cosa significa?»

L'avvocato fece un cenno vago con la mano. «Se sono rimasti solo qualche migliaio di franchi, non c'è problema: si possono prelevare anche con questa procura. Ma supponiamo che lei trovi una pentola colma di dobloni d'oro...» e Liebmann rise recuperando la sua astuta fisionomia di gnomo. Quindi cercò un numero sull'agenda, prese il cellulare e parlò con qualcuno in tono confidenziale. Alice lo sentì dire: «Si tratta di un'indagine assolutamente privata, un favore per una cliente che è anche un'amica. Bene», e prese nota di un appuntamento. Poi guardò soddisfatto lei che taceva. «Domattina potrà vedere se vale la pena di dare scacco matto a suo marito», disse con quella sua aria scaltra e divertita. «Ma ci pensi bene: lo vuole fare? E soprattutto: sa prendere delle decisioni rapide?»

Alice sentì un brivido frizzante, una sensazione sconosciuta: era sicura che lo gnomo stava prendendola per mano.

* * *

Aveva davanti a sé un pomeriggio intero, e una serata. Liebmann l'aveva invitata a cena, ma avevano rimandato alla colazione del giorno seguente. Anche se aveva allontanato da sé l'avvocato Liebmann e i fantomatici soldi di Alfiero, Alice non riusciva però a godere quella che altre volte le era sembrata una solitudine piacevole. Nessuno sapeva che fosse lì, che camminasse per quelle strade perplessa e insicura di ciò che stava per fare. Ginevra era sempre stata, per lei, una città inquietante, l'unica in quel paese razionale che aspirasse a una *grandeur* poco svizzera, una città che lei non amava e che tuttavia per anni era divenuta il luogo dei suoi desideri. La immaginava da lontano e ripercorreva quella strada privata come la prima volta, come la seconda, come l'ultima. Ma forse non era l'ultima perché, oggi, in questo pomeriggio di attese, aveva calpestato di nuovo le foglie autunnali degli alberi e sostato davanti alla targa di ottone notando subito che vi era stato aggiunto un nome: dott. Kristin Fluga.

Bene: la bella norvegese adesso ha il nome in ditta, la discepola di un tempo ora doveva essere un medico esperto e conosciuto per affiancare il suo nome a quello notissimo di lui.

Con un po' di apprensione Alice aprì il cancello, salì i cinque gradini di marmo, suonò aspettando di sentir scattare il battente della porta. Come sempre. L'ingresso era lo stesso, più simile a quello di una casa borghese che di uno studio medico; subito a destra trovò ancora la segreteria. Ma la ragazza, giovanissima, non era più l'efficiente signora di mezza età che ormai riconosceva la voce di Alice al telefono.

Quando si rivolse a lei: «Vorrei parlare con il professor Perrin, se possibile», la ragazza ebbe un'esitazione, come se fosse sorpresa o non capisse la richiesta.

«Il professor Perrin?» Poi, per uscire dall'incertezza, le propose: «Vuole accomodarsi intanto nella saletta?»

«Se il professore è impegnato posso aspettare. Gli dica soltanto il mio nome: Alice Prandi.»

Pochi minuti dopo, si spalancò una porta. Non quella dello studio di Jean-François, ma quella del laboratorio accanto. Sulla soglia c'era lei: Kristin Fluga. «La prego, venga», e le tenne aperto il battente per farla passare. Il laboratorio era diventato un altro studio, il suo studio: con le pareti bianche e i mobili candidi, nordico come lei. «Noi ci siamo già conosciute», esordì la dottoressa Fluga, «molti anni fa: lei era una paziente del professore.» Il suo viso era pallido e liscio come un tempo, ma dodici anni (o erano di più?) avevano steso sopra quel marmo una patina che lo offuscava: Alice aveva la sensazione di vederla attraverso una trama grigia.

«Mi ricordo di lei, dottoressa. Immagino che il professor Perrin non ci sia. Non ho telefonato prima perché l'intenzione era solo di salutarlo.»

«Il professor Perrin non riceve più. Non abita nemmeno più a Ginevra.»

Alice ebbe un'esitazione nel domandare: «Da quanto tempo?»

L'altra scosse appena la testa. I capelli così chiari da sembrare scoloriti le ricaddero su una tempia dando a quel lieve movimento una tristezza drammatica. «Da ormai quattro anni. Si è ritirato nella sua casa in Provenza: credo che lei ricordi dov'è. Ma non vede che pochi intimi.»

Credo che lei ricordi dov'è. Come si può dominare una vampa improvvisa che ti brucia il collo e la fronte? Non c'è che da restare immobile e aspettare che sparisca. Alice si sentì allo scoperto davanti agli occhi di Kristin Fluga.

«E come sta?»

«Come un uomo che ha dimenticato se stesso. La malattia non è stata precipitosa e non l'ha devastato come accade a molti altri. Vive in campagna, è accudito... io vado a trovarlo, ma spesso non mi riconosce.»

Una pausa di silenzio, freddo, dilagante.

«La sua meravigliosa intelligenza», proruppe poi Alice senza frenarsi, «la sua mente strepitosa, il suo spirito...»

Kristin Fluga alzò la mano per fermare le parole e mosse appena la testa: si percepì subito, dal gesto e dalla voce, che aveva decantato le sue emozioni. «Lo so, è difficile da accettare. Per me, poi... Lui è stato il mio maestro, mi ha lasciato la sua più autentica eredità.»

Alice taceva, sopraffatta a poco a poco da una sensazione di tristissima impotenza: Jean-François aveva lasciato entrambe da molto, molto tempo; Jean-François era già in un altrove irraggiungibile. «Avevate tanto in comune», mormorò. Ricordava Kristin Fluga quando era entrata nello studio da giovane laureata. Aveva intuito subito l'affinità elettiva fra l'uomo famoso e la sua taciturna assistente. Come un piccolo satellite accanto al luminare, Kristin aveva costruito il suo futuro in quel rapporto di discepola adorante, fino a condividere con lui esperienze, ricerche, e divenire a poco a poco il suo alter ego.

«Avrei voluto vederlo, salutarlo», mormorò ancora Alice, «dirgli che in questo momento critico della mia vita mi ha di nuovo salvato. Come allora.»

Kristin la guardò sorpresa, ma Alice stessa non sapeva perché avesse pronunciato quelle parole: le erano balzate su dal buio degli ultimi mesi come se qualcun altro le avesse pensate e fossero, in realtà, la vera ragione di quel suo cercare Jean-François.

«Aveva una grande ammirazione per lei, signora», dichiarò Kristin col tono di chi si riferisce a qualcuno che è partito, scomparso e del quale resta la memoria. Poi, chinandosi verso Alice con un tono intimo e complice, sussurrò: «La prego: lo ricordi com'era allora: per noi è rimasto quello. Qualche volta un uomo si allontana da tutto, anche da se stesso, prima ancora di andarsene. È un mistero, mi creda».

Né Alice osò pronunciare il nome della malattia, né Kristin Fluga lo menzionò. Era come se le due donne salvassero un'immagine, ognuna per sé, elevandola al di sopra di una realtà irrimediabile e desolante.

Alice si trovò poco dopo in strada, a camminare guardando in terra le foglie accartocciate, e a domandarsi: *Che cosa custodisco, io, di quell'uomo che ha perduto se stesso?*

Potrebbe continuare tutta la notte a parlare di lui. E di quanto l'ha amato.

La prima volta che andò a incontrarlo, dolorante per una crisi di emicrania non ancora superata, quasi non mise a fuoco la sua fisionomia. Ma la sua voce sì, la registrò subito nella memoria; la sua voce che spiegava, prescriveva, confortava con la sicurezza dell'esperienza: «Starà meglio, ma non subito, non sarà una terapia breve né facile. Ma abbia pazienza col suo cervello che soffre: deve lasciargli il tempo di orientarsi abbandonando il dolore». Parole strane che Alice non capiva ma accettava. Da quel primo incontro tornò con un grumo di speranza nella mano che lui aveva stretto.

Poi era trascorso un mese. Le due ultime crisi di dolore erano state meno violente, ma uno dei farmaci le procurava degli effetti collaterali pesanti. Telefonò allo studio per chiedere un controllo e la risposta fu immediata: «Venga, l'aspetto».

Innumerevoli volte, riandando con la memoria a quel tempo, Alice ricordò che era quasi primavera. L'inizio, quando gli alberi sono ancora spogli e il disgelo è solo nell'aria. Aveva freddo e la pelliccia la scaldava appena. Mentre gli parlava, lui, il grande medico, la guardava attentamente, e lei perdeva il nesso fra le parole. Lo «vedeva» per la prima volta, ma i particolari si fissarono nella memoria profonda, inconsapevole: quello che sovrastava tutto era il suo sguardo intenso, dolcissimo, rivolto a lei, a lei. Alice si sentiva esistere sotto quello sguardo, non c'era più solo la malattia, o il dolore, c'era lei.

Non rammentò che cosa le disse, rimase in silenzio ad aspettare mentre lui correggeva la terapia sostituendo il farmaco con uno nuovo. Infine la raggiunse la sua voce: «Mi permette di rivederla stasera, al suo albergo?»

Era incredibile, perché niente le sembrava più naturale di quelle parole. Voleva lei, proprio lei. Non era più una paziente, era Alice.

Gli rispose: «L'aspetterò al bar».

Ma non si fermarono al bar nemmeno per pochi istanti: insieme, senza parlare, raggiunsero l'ascensore per salire in camera. Alice non seppe mai dire a parole quale fu la qualità magica del loro incontro. Era sesso, era amore. C'era tutto, tutto quello che si può chiedere e avere: la passione, la dolcezza, il piacere più oscuro, un fervore accecante, e l'abbandono istantaneo di tutto ciò che non era quel momento. L'amore può avere tante intensità, ma quella forza primordiale, assoluta, lei non la conosceva. Così grande da travolgerla, da travolgere tutti e due. E, dopo, un misterioso e delicato pudore rendeva quella vicinanza imprevista un'intimità condivisa, un'atmosfera che già apparteneva alla loro vita. Non era stato l'incontro d'amore con un essere sconosciuto, ma con qualcuno di ritrovato. Anche per lui.

D'allora l'aveva amato, ma forse l'amava prima, senza conoscerlo e senza saperlo. Ognuno ha dentro di sé un'immagine precisa, completa, assoluta, dell'amore. Non è un ideale, eppure lo è, ma ha le sue radici nel corpo. Per Alice era il corpo a riconoscere un uomo, mentre la mente può essere abbagliata dalla sua persona. Una mente debole avrebbe potuto perdersi, nell'incontro con Jean-François, divenire succube e schiava. Ma non lei. Lei aveva sostenuto la presenza di quella personalità fortissima, di quell'uomo geniale, l'aveva sostenuta standogli di fronte come donna, profondamente femmina. Forse misurava solo adesso la fatalità di quel riconoscersi, forse allora l'aveva vissuto con la semplice forza della vita, del sesso, della gioia. Si sentiva libera, senza possessività. Amava un uomo che non era suo, che a ogni incontro la voleva di più e le dava di più rivelandola a se stessa, suscitando, fin nel profondo delle sue cellule, la certezza più preziosa: quella di essere. Lei, Alice, che non era stata amata dalla madre, che aveva ricevuto un affetto paterno viziato dal senso di colpa, lei che aveva sperato nell'amicizia coniugale di Alfiero senza riceverne nemmeno una briciola, lei che non aveva terminato gli studi perché consumata dall'anoressia, aveva ricevuto in dono, da Jean-François Perrin, la certezza di essere bella, la laurea per la sua intelligenza, il premio Nobel per la sua femminilità.

Gli parlava della sua vita e dei suoi figli, anche di Alfiero e dei suoi successi, e lui le confidava serenamente che da tempo, ormai, era finito il suo matrimonio con una collega che la carriera aveva risucchiato in America. E le descriveva con poesia sua madre, della quale era stato l'ultimo figlio, e il prediletto. Alice vide anche una foto di lei, incorniciata d'argento, sul camino della sua casa in Provenza: una donna bellissima, con un lungo abito bianco e un collier di perle stile Belle Époque, i capelli scuri e ricciuti come quelli di lui.

Quella casa in Provenza era di sua madre, Jean-François l'aveva ricevuta in eredità quando lei si era spenta, molto molto anziana, tra quelle stesse mura. Che destino: ora lui ci stava sopravvivendo. Ed era giusto così, perché a quella casa, a quella terra era legato come a una radice che niente poteva svellere: né il denaro né il successo. Il professor Perrin andava all'estero solo in occasione di congressi o di vacanze, e anche lo studio a Ginevra lo giustificava dicendo che quella città era più francese che svizzera.

Alice aveva trascorso due giorni in quella casa, era stato uno dei loro incontri più lunghi, avvenuto in estate, mentre Alfiero era a Roma a cenare nelle terrazze dei Vip dove incontrava i suoi politici. Due giorni in Provenza di cui lei aveva assorbito i colori, il profumo di lavanda, gli ulivi argentei e i cipressi neri contro la terra rossastra, le ombre calde di quella casa che non aveva perduto la struttura rustica ma era vecchia ed elegante, stipata di ricordi, colma della vita di lui. Lei era sicura che, anche ora, quella casa poteva dargli pace.

Se avesse potuto parlargli come un tempo, gli avrebbe detto: «Non sei mai stato mio, ma l'amore non è solo appartenersi, è darsi quello che ci siamo dati senza chiedere contropartite alla vita. Adesso, proprio adesso che la mia vita è andata in pezzi, ho capito che quest'Alice di cui mi hai dato l'immagine è salva. Nessuno, né un Alfiero né una Maruska, possono distruggerla».

Una recita, si propose, *dev'essere una recita sobria, calcolata e credibile. Attenta, Alice, a non nominare la separazione*. Aveva preparato le sue strategie nell'ultimo scorcio della notte, ormai sveglia. *Per fortuna ci sarà Liebmann con me*. La prospettiva di affrontare il direttore della Banca del Giura al buio, senza la minima idea di ciò che avrebbe trovato nel conto, la teneva sulle spine. *Potrebbe anche essere un saldo in rosso, come nelle tre banche di Milano*, e quell'ipotesi la raggelava: non aveva dimenticato la fredda arroganza dei loro funzionari che la squadravano come chi, in bancarotta, sta sull'ultimo gradino della credibilità. Ma ora si sentiva protetta dalla presenza di Liebmann.

Si truccò con particolare cura per attenuare la stanchezza del viso dopo una notte senza riposo e constatò, come se fosse di buon auspicio, che il grigiore del giorno prima si era diradato nel cielo addolcito da un sole luminoso.

«Ho preparato il terreno perché suona strano che lei non sappia nulla di un conto sul quale ha una delega», la informò Liebmann incontrandola. E l'avvertì: «Durante il colloquio io farò solo qualche breve intervento: sta a lei intuire la mia linea di pensiero. Come quando si gioca a scacchi».

O come quando si gioca al gatto e la volpe, pensò lei sorridendo silenziosa a quella reminiscenza infantile. E Pinocchio chi era? Forse quell'autorevole signore un po' spocchioso davanti al quale sedette insieme al suo avvocato?

«Dunque lei, signora Prandi, desidera prendere visione della situazione patrimoniale...» esordì lui cerimonioso.

«Sì. Non conosco gli ultimi investimenti di mio marito prima della sua malattia e del tentativo di suicidio», precisò lei, seria.

«Quando è accaduto questo... evento?» domandò l'altro evitando la parola malaugurante.

«All'inizio di gennaio. Mio marito è salvo... per miracolo, sebbene molto compromesso.»

Il direttore fece un cenno del capo combinato sapientemente con un'espressione che chiedeva di più.

«Una grave depressione bipolare», rispose lei, sobria. «Alterna momenti di euforia incontrollabile ad altri pericolosamente bui.»

«La mia cliente», intervenne Liebmann a quel punto, «ha dovuto prendere in mano la situazione finanziaria del marito...» fece una pausa significativa, «grazie a una procura totale che le è stata conferita. Ma solo ora ha potuto dedicare la sua attenzione a questo conto estero.»

«Siamo a sua disposizione», disse l'altro, «visto che la sua delega è tuttora valida a compiere ogni tipo di operazione. Qui c'è...» e aprì la cartella che prima stava compulsando, ma Alice lo fermò con un gesto delicato e sorridendo sporse la mano.

Prese i fogli, li spiegò perché anche Liebmann vedesse, e lesse delle cifre così impreviste, così esorbitanti da non poterci credere. *Respira!*, s'impose sentendo defluire il sangue dal viso, *respira e continua a guardare come se niente fosse.*

Niente? Dieci milioni di franchi, cioè pressappoco sei milioni di euro, circa dodici miliardi delle vecchie lire... Si voltò lentamente verso Liebmann e gli sussurrò: «Sarebbe interessante sapere da dove vengono questi tre bonifici e quando».

Liebmann disse, imperturbato: «Bisognerà risalire alle transazioni bancarie, è possibile».

«Da una banca del Liechtenstein», rispose il direttore. «Circa un anno fa. I bonifici erano in dollari, poi convertiti in franchi svizzeri.»

«Ma non è un deposito amministrato», osservò lei.

«Non abbiamo avuto altra disposizione che di cambiarli in franchi», spiegò il direttore, «e questo prima che il denaro arrivasse.» Guardò una scheda e precisò: «Non abbiamo più avuto, in seguito, nessun contatto con l'intestatario del conto».

«Infatti sono venuta io in banca, una sola volta, per un prelievo», disse Alice, «circa a metà estate, quando ho accompagnato mio marito a un controllo medico.» *Circa un anno fa*, rifletteva intanto seguendo una deduzione che agli altri sfuggiva. *Che cosa stava accadendo un anno fa?*

Alfiero era stato scagionato dalle ultime indagini, aveva ripreso i suoi contatti e Maruska era entrata nella sua vita:

le vacanze ad Amsterdam e a Londra. Ma come mai non si era fatto più vivo con la banca, come se non esistesse? Era un rebus, ma forse c'era una risposta: Alfiero non voleva che nessuno, né Maruska né la World, sospettasse l'esistenza di quel denaro. Di nuovo si girò verso Liebmann in cerca di consiglio e d'ispirazione.

«Lei ha la possibilità di agire liberamente su questo patrimonio», dichiarò l'avvocato, rassicurandola. «La sua delega è valida.»

«Un momento», frenò il direttore, «la delega della signora, però, non le consente di chiudere il conto. E, in ogni caso, può disporre solo in modo favorevole all'intestatario del conto stesso.»

«Come sarebbe a dire?» domandò lei.

«Che se volesse spostare il patrimonio altrove ci sarebbero delle difficoltà. Occorrerebbe il consenso del titolare, cioè di suo marito.»

Liebmann sorrise a quelle precisazioni formali. Dietro quegli scrupoli si poteva agire in libertà. Fece un cenno d'intesa ad Alice ma lei non mosse lo sguardo, il suo viso rimase fermo e inespressivo. *È una giocatrice astuta e fulminea, e questa volta la partita si gioca fra lei e il suo ex marito.*

«Ma io non ho affatto intenzione di muovere il patrimonio dalla banca», disse infine, e respirò rilassata come se nella vita non avesse fatto altro che maneggiar miliardi. Dodici miliardi di lire, preferiva contarli così, nella vecchia moneta alla quale era ancora mentalmente abituata: se la testa non le girava voleva dire ch'era attaccata saldamente al collo. Riguardò le cifre precedenti a quei misteriosi bonifici. Non arrivavano a quarantamila franchi. Il colpo grosso di Alfiero era quello.

Restituì il foglio al direttore. «Vorrei un quadro di questa situazione, per il *file* del mio avvocato. D'ora in poi ogni comunicazione della banca dovrà essere indirizzata a lui.» Quindi lasciò trascorrere almeno trenta secondi e mentre i due uomini si domandavano che cosa pensasse li guardò entrambi come per chiedere lumi e aiuto. «Mio marito ha ricevuto nei giorni scorsi un nuovo avviso di garanzia: è imputato in uno grosso scandalo immobiliare. Le indagini sulla sua situazione patrimoniale potrebbero arrivare fin qui?»

«È improbabile», replicò il direttore, «ma molto dipende dal tipo d'indagine e dalla tenacia degli inquirenti. Una banca è come una tomba, ma non ci sono certezze assolute.»

Liebmann annuì.

«È un rischio che non possiamo correre», dichiarò lei.

«Tuttavia non può nemmeno azzerare il conto», le rammentò l'altro.

«Conosco i limiti della delega», ripose lei, impaziente, «e non ho alcuna ragione di trasportare altrove tutto questo denaro.» Si chinò verso Liebmann e gli sussurrò confidenzialmente: «Come mi avevi detto? Bisogna far coincidere l'interesse della banca con il mio, no?» Quindi respirò profondamente, quella boccata di ossigeno le andò al cervello sgombrandolo di ogni altro pensiero e, come se leggesse in un progetto già elaborato con chiarezza, decise: «Io vorrei lasciare sul conto circa ventimila franchi liquidi, di altri ventimila ho bisogno subito e quindi li prelevo. Il resto, intendo dire tutto il resto, dev'essere scisso dal conto e gestito dalla banca. Bisogna pure che questi milioni di franchi non stiano a dormire e diano dei frutti. Mi suggerisca un piano di gestione interessante, direttore. Ma sia chiaro: per mettere al riparo questo patrimonio da eventuali inchieste, il nome di mio marito non deve comparire nell'investimento gestito, che va intestato esclusivamente a me. Nessuno potrà accedervi».

«Ma... non si può cancellare il passaggio di tutto quel denaro dal conto», tentò di obiettare l'altro.

«Immagino», ammise lei. «Ma ciò che conta, e lei lo sa, direttore, è confonderne le tracce in modo che non sia facile reperirle. È anche nel vostro interesse, e non è difficile, per voi. Cominciamo da un contratto di gestione semplicemente cifrato. Una cifra, direttore, un bel numero che solo io, lei e l'avvocato Liebmann conosceremo. Non è forse possibile?»

Tutto era possibile, trattandosi di dieci milioni di franchi.

«C'è una sottile, affascinante ipocrisia nei rapporti fra banche e clienti», disse Alice a Liebmann più tardi, mentre uscivano dalla banca dopo aver ultimato tutte le formalità. «Io ti guardavo, guardavo il direttore e me stessa. Tutti e tre eravamo su un palcoscenico per una recita a soggetto: come sistemare dieci milioni di franchi in quaranta minuti. Era persino divertente.»

«Per te, soprattutto. Ma non ti credevo così agile in queste decisioni.»

Si sorrisero. La loro complicità nel mettere a segno quell'operazione bancaria si esprimeva, ora, in quel «tu» confidenziale.

«Mio padre, che è stato un brillantissimo direttore di banca, mi raccontava problemi e dietrologie finanziarie. Gli piaceva parlare con me, non potendo comunicare con mia madre che ha il cervello di una cicala. Per di più ho dovuto rimediare ai conti in rosso di mio marito, che dalle banche si è fatto dare prestiti rimettendoci la camicia.»

«E adesso che gli hai dato scacco matto, come ti senti?»

Alice eluse la domanda e lo prese sottobraccio. «Ieri sera ero tristissima perché speravo d'incontrare un amico che invece è sparito nell'ombra, e non può essere raggiunto. Ma oggi, oggi ho giostrato con un nuovo amico accanto: grazie.»

Andarono a colazione insieme e Liebmann insistette per pasteggiare a champagne. «Bisogna festeggiare, in una giornata come questa.»

«Che rendita potranno darmi, in un anno, quei dieci milioni di franchi? Devo sapere di che cosa posso disporre senza toccare il capitale.»

«I tassi sono molto bassi. Diciamo il tre per cento, visto che hai scelto una gestione molto tranquilla. Ma potrai cambiare in seguito.»

«No, no», il cervello di Alice faceva rapido delle operazioni aritmetiche, «non voglio preoccupazioni o problemi di Borsa che sale e scende. Il denaro mi serve, ma non tanto da idolatrarlo. Credo che trecentomila franchi l'anno basteranno, per me, i miei figli e, se occorresse, anche Alfiero.»

Liebmann la guardò perplesso. «Prima o poi il tuo ex marito ti chiederà conto di quei soldi.»

«Lo so.»

«E defraudare un uomo che mette il denaro al primo posto può essere molto pericoloso.»

Alice sospirò, Liebmann aveva ragione, ma non conosceva i retroscena e meritava un chiarimento. «Poco fa mi hai domandato come mi sento, dopo aver dato scacco matto al mio ex marito. Beh, è stato uno scacco molto amaro. Scoprire tutti quei soldi mi ha fatto toccare con mano che Alfiero non ha mai avuto fiducia in me, mai, in tutti questi anni di matrimonio. Però non ho nessuna intenzione di defraudarlo, se mai di proteggerlo.»

Ora l'avvocato non sembrava più perplesso, ma incuriosito.

«Ascoltami, Bertrand», continuò lei, «ti chiamo per nome come un amico, vuoi? Grazie. Ascoltami bene: in quei pochi minuti, forse cinque forse dieci, in cui mi sono resa conto di quella che tu hai chiamato 'la pentola piena di dobloni d'oro', io ho capito più verità, sul mio ex marito, che non in trent'anni di matrimonio.» Alice s'interruppe per cercare il filo analitico che dipanasse la sua intuizione, quindi lo seguì a passo a passo: «Alfiero ha ricevuto quelle rimesse di denaro dal Liechtenstein, circa dodici mesi fa. Non so da chi e non m'importa di sapere, ma suppongo si tratti di tangenti o comunque di guadagni illeciti. E li ha tenuti segreti, segretissimi. Mi domando se non dovesse dividerli con qualcuno. Con chi? Lo ignoro, ma è chiaro che questo malloppo doveva, e deve, restare nascosto. Tuttavia, qualcuno poteva avere dei dubbi e io suppongo anche chi potrebbe essere».

«Dubbi?»

«Sì. Dubbi che mettevano in forse l'onestà di Alfiero nei confronti del gruppo per cui lavora, o magari del partito.»

«Quindi c'entra anche la politica.»

«La politica c'entra sempre con i soldi, e il mio ex marito lo sa: ha sempre pascolato in quella penombra fra potere e corruzione. Tanto è vero che, preso dall'euforia, ha dilapidato decine e decine di milioni con la sua amante senza toccare però quel deposito, ma dando fondo ai proventi delle sue consulenze e ai prestiti ottenuti dalle banche. 'I suoi pasticci', come li ha chiamati nella lettera scritta prima del tentato suicidio: i pasticci e i pochi spiccioli che mi aveva lasciato da gestire. Poi, perché fosse chiaro che era disperato e senza un soldo, ha inscenato la recita del suicidio. Fin qui mi pare che tutto sia logico.»

«Come dietrologa, sei intuitiva», osservò Liebmann, intrigato. «Ma su quali dati ti basi?»

«Io conosco bene Alfiero», rispose Alice, «ma ti confesso che dubito sia lui il regista di tutta la sceneggiata.» Si chinò verso l'amico posandogli una mano sulla mano: «Credimi, so riconoscere gli uomini intelligenti. Il mio ex marito è un faccendiere persuasivo: è furbo, anzi furbastro, ma non ha molta materia grigia».

«Allora hai anche idea di chi tira le fila alle sue spalle.»

«Forse. Il burattinaio potrebbe essere la sua nuova compagna. E non accusarmi di gelosia. Anzi, se fosse così, le riconoscerei il merito di aver ordito una trama da romanzo, come quella dei bestseller che scrive.»

«Romanzi?» Liebmann scoppiò in una risata. «Ma davvero credi che sia tutta una trama, tutto un piano?»

«Potrebbe, potrebbe. Maruska Fortuna, che conosco bene, ha abbindolato Alfiero, e sai come ha conquistato la sua fiducia? Con il fatto di essere una professionista, una donna che sa guadagnare soldi, e non una moglie parassita come me.»

«Gli avrebbe suggerito un piano», rifletteva Liebmann, non convinto. «Quindi tutto sarebbe calcolato e voluto.»

«Il tentativo di suicidio serviva a stornare i dubbi di chi pensava di indagare a proposito di quella o di altre tangenti: è chiaro che chi cerca di ammazzarsi perché è sul lastrico non può avere miliardi in banca. Tutto quadra: Alfiero sapeva bene di essere quasi al termine della corsa, cioè alla fine della sua carriera. Perciò deve aver approfittato del proprio ruolo a danno del gruppo immobiliare di cui fa parte. E quelle rimesse dal Liechtenstein ne sarebbero la prova. Da dove verrebbero, altrimenti?»

«La procura giudiziaria sta indagando su questo groviglio di interessi pubblici e privati?»

«Ci prova. Ma anche qualcun altro, più vicino ad Alfiero e più importante, può muovere delle pedine. E scoprendo quei soldi incamerati quasi certamente a danno della società potrebbe documentare la sua malversazione, distruggere il suo credito all'interno del gruppo dirigente. E questa sarebbe davvero la sua rovina.»

Liebmann, però, non era convinto. «Un tentativo di suicidio», obiettò, «è un mezzo estremo. Ha sempre un margine di rischio.»

«Sì, se uno si spara un colpo», replicò lei, cinica.

«Che cos'ha fatto, invece? Pillole?»

«Tre blister di sedativi. È stato male, ma i medici hanno escluso che potesse morire.»

«Magari lui non lo sapeva.»

«Conosceva benissimo quei sedativi, li prendeva per dormire. E di quelle pastiglie deve averne buttate via un bel po' prima d'inghiottire quel tanto necessario a vomitare e spaventare tutti.»

«Ha spaventato anche te?» domandò Liebmann, guardandola fisso negli occhi.

Alice non li abbassò, e quello sguardo diceva la sua rabbia, il suo rancore, la sua amarezza. «Sì, e non me lo perdono.»

«Allora brindiamo allo scacco matto che gli hai dato stamattina», propose lui versandole champagne.

Ma lei bagnò appena le labbra nella coppa, pensierosa. «Ci sono circostanze», soggiunse poi, «capaci di rivelare, imprevedibilmente, un aspetto di noi stessi che magari non ci piace.»

«Io ti ho ammirata, invece», affermò Liebmann, «sei stata rapida nelle decisioni e senza scrupoli. Ho visto spesso uomini perdere l'aplomb mentre rapinavano milioni di franchi.»

«Credi che io abbia rapinato?» reagì lei, sorpresa.

«No. Hai saldato un conto col tuo ex marito, un conto che certamente aveva un pesante passivo.»

«Sì, è così. Grazie per averlo intuito», e Alice si rilassò prendendo qualche sorso dalla flûte e gustandolo, mentre pensava: *Gli è costato dodici miliardi quello stupro*. E sorrise a Liebmann, guardandolo con stupefacente dolcezza. «Tu non hai idea di che cosa significhi, per me, avere un amico intelligente, un uomo che mi capisce.»

«Che cosa intendi fare con quel denaro?»

«Sostenere mia figlia che ha deciso di continuare gli studi universitari e aiutare mio figlio che, secondo me, non ha la minima idea di che cosa fare nella vita. Non toccherò il capitale e non mi metterò a vivere da miliardaria. Non m'interessa. Verrò ogni sei mesi a prendere quanto basta dagli interessi maturati.»

«Prudente come il serpente.»

«E non smetterò certo di strepitare quando il mio ex è in ritardo con gli alimenti.»

«Ma avrai pure qualche desiderio personale, qualche sogno.»

«Sì», ammise lei, ancora sorridendo, «voglio andare due settimane in una beauty farm a rimettermi in forma.»

«Un sogno così piccolo? Così femminile? Quasi quasi non ti somiglia. C'è un famoso centro di fitness sull'altra riva del lago: potresti realizzarlo subito, il tuo sogno minimalista.»

«Bertrand: sono qui in incognito e voglio tornare subito a casa. Ma non illuderti: non ti sbarazzerai facilmente di me. Ormai sono una cliente del tuo studio.»

Lui diventò serio e l'avvertì: «Quando il tuo ex verrà allo scoperto, evita ogni contatto e avvisami».

«La banca sa che sei il mio legale, questo mi rassicura. Ma forse non sarà solo il mio ex marito a indagare su quel tesoro blindato. Vedremo. E adesso, godiamoci il poco tempo che ci resta.»

Sì, era poco, ma bastava. Per attardarsi un'ora dopo la colazione parlando della città e di come Alice non la conoscesse anche se ci era stata molte volte. Per domandare a Liebmann di accompagnarla alla stazione.

«È una mia debolezza: non mi piace partire sola o arrivare senza che qualcuno mi aspetti. Non ho mai fatto un viaggio in un paese in cui non ci fosse qualcuno che già conoscessi e fosse in attesa di me. Certo non sono molto avventurosa...»

Liebmann scosse la testa, sorridendo, e Alice continuò: «Solo a Sharm el Sheikh non conoscevo anima viva. Ma vedi come il destino mi aiuta? A Sharm dovevo incontrare te».

7

ALICE non aveva ancora infilato la chiave nella serratura che Isabel aprì il battente dell'uscio e rimase sulla soglia, tanto che lei dovette fermarsi senza entrare.

«Arriva così tardi il treno da Roma?» La domanda era ironica, quasi aggressiva.

Più sorpresa che irritata, Alice fece cenno alla figlia di scostarsi ed entrò in casa. «Non capisco questo tono.»

«E io non capisco le bugie. Ne ho avuto abbastanza di quelle di papà. Ho telefonato a Lucia, ieri, ed è caduta dalle nuvole.»

«Infatti non ero da lei. Non ero a Roma.»

«Ah. E dove?»

Alice stava togliendosi la mantella, poi la giacca del tailleur, infine si levò le scarpe. «Mi porti le pantofole, per favore?»

«Spero almeno che il tuo viaggio sia andato bene», mugugnò Isabel, incerta, «ma un'altra volta... a chi volevi nasconderlo? A me?»

«A nessuno», rispose Alice sedendosi pesantemente sul divano, «ma vedi, volevo starmene un po' sola e probabilmente non mi sono ancora persuasa di essere libera, di non dover dare delle giustificazioni.»

«Scusami», mormorò Isabel. «Avevo bisogno di parlarti, e con Lucia mi sono sentita così stupida, in imbarazzo. Adesso, poi, non sapendo dove ti fossi cacciata, ero anche in pensiero.»

«Hai ragione. Ma io stessa ero molto incerta se andare o no a Ginevra.»

«A Ginevra? Dove andavi con papà per le analisi?»

«No. A vedere una persona.»

«E l'hai trovata?»

«Purtroppo no», e Alice si alzò inquieta. Non voleva ammucchiare menzogne o silenzi, ma non desiderava parlare. Si mosse per andare in cucina. Non aveva cenato, era stanca ma non aveva fame. «Ho voglia solo di un caffè americano. Lo prepari tu? Non troppo forte, mi raccomando.»

Ci voleva quella pausa, con il piccolo rumore delle tazze e dei cucchiaini, la caffettiera americana di vetro in mezzo al tavolo, il fornelletto acceso, l'acqua che bollendo saliva diventando vapore, gonfiava la polvere bruna e soffice del caffè facendo sbocciare un aroma penetrante ma delicato. Un rito domestico che placava l'atmosfera turbata, e la ricreava intima. Isabel mise le zollette di zucchero nelle tazze mentre ascoltava la domanda di sua madre: «Perché avevi così urgenza di parlarmi al punto da cercarmi a Roma?»

La testa di Isabel descrisse prima due piccoli «no», poi si piegò da un lato. Gesti inconsapevoli che Alice conosceva bene e che equivalevano a un dialogare silenzioso con se stessa. Ma la ragazza rispose soltanto: «Così...» poi si distrasse a guardare il caffè emerso nella boccia di vetro, infine lo versò insieme a una risposta precisa: «Ribeira vorrebbe sapere se frequenterò il corso di specializzazione a Madrid. Lo terrà lui, il prossimo anno. Mi procurerebbe un incarico nella biblioteca dell'Università. Come precaria, naturalmente. Ma intanto potrei concorrere a una borsa di studio per l'anno seguente».

«Hai già deciso, mi pare», l'interruppe Alice. «È questa la strada che vuoi? Non è una strada facile.»

«Lo so. E non mi basterà la borsa di studio, a Madrid. Neanche per vivere al minimo.»

«Se è questo che desideri, ce la faremo. E non mendicare favori.»

Isabel s'inalberò. «Da Ribeira? Ma lui mi offre già tutto il suo sostegno. Sono la sua *scholar* più dotata, mi porta in palmo di mano...»

«Mi fa piacere», commentò Alice notando come sua figlia si scaldava, s'illuminava.

«Chiedere qualcosa a mio padre è inutile», affermò Isabel decisa, e sua madre notò che non lo chiamava più papà, o il babbo o il babbone.

«Ti ho detto che ce la faremo. Rassicura il tuo professore che tua madre è ben felice di vederti proseguire gli studi universitari, se è questo che vuoi.»

«Perché dici 'se'?»

«Perché talvolta si pensa di prendere una strada ma in realtà ci sta a cuore qualcos'altro.»

Isabel taceva e Alice si rese conto che era inutile bussare alla sua porta perché aprisse, doveva piuttosto bussare alla propria, lei che in tutta la vita non aveva parlato mai di sé e di Jean-François, addirittura evitando di mettere il suo nome davanti al cognome quando lo citava come medico. E con chi, se non con Isabel, poteva ascoltare la propria voce parlare di lui, farlo uscire da quel silenzio e da quella memoria che nemmeno lui possedeva più?

Domandò a sua figlia: «Vuoi sapere chi era la persona che speravo d'incontrare a Ginevra? Vai in camera mia: nel mio armadio, in basso, c'è una cassettina di metallo con un lucchetto: portala qui».

Isabel tornò poco dopo con quell'oggetto in mano e un piccolo sorriso malizioso: «Mamma, abbiamo dei segreti?»

Alice manovrò il lucchetto a cifre e l'aprì. Nella cassetta c'erano poche cose: una fotocolor, a stampa, di lei con il vestito di seta rossa mentre scendeva la scala di quello che sembrava un giardino, qualche cartolina, e un foglio di rivista piegato.

«Questa tua foto non l'ho mai vista», disse Isabel, «non è quel tuo vecchio abito di seta? Ma dove sei? Che posto è?»

«Il giardino di una casa in Provenza.»

«E quel giornale?»

«È il *Nouvel Observateur*», rispose Alice spiegando la doppia pagina, «un numero del 1988. Quell'anno il professor Perrin aveva parlato, a un congresso di Lione, della sua nuova terapia del dolore. In Francia la notizia aveva avuto un gran rilievo.» Nella pagina c'era una foto di lui, non grande ma nitidissima.

«È lui che volevi rivedere?» domandò Isabel.

«Sì...» Alice sollevò dal fondo della scatola un foto più grande e la spogliò dalle due veline che la proteggevano. Quel viso fiero, virile, un po' tagliente nella struttura angolosa delle ossa, ma così intenso nello sguardo, balzò come se avesse ripreso vita lì, in quell'istante, e interrogasse le due donne con una contegnosa dolcezza.

«Però...» disse la più giovane, sbalordita.

«Già...» E Alice sorrise di quella reazione. *Lo ricordi com'era allora. Per noi è rimasto quello*, aveva sussurrato Kristin Fluga. Le donne che hanno amato lo stesso uomo possono diventare complici nella memoria.

«Questa immagine in bianco e nero», spiegò Alice, «è stata ricavata da un'altra pubblicata da un giornale. È stato un procedimento un po' complesso, e il tecnico della fotografia non era sicuro che riuscisse. Ma io ci tenevo tanto ad averla.»

«Quando l'hai fatta fare?»

«Oh, non è molto. Mi sono trovata sola, in questa casa,

e pensavo di esporla in una bella cornice. Ma poi l'ho tenuta qui dentro.»

«Perché?»

«Avrebbe suscitato delle domande alle quali non potevo rispondere altro che così: è un uomo al quale devo la vita.» Guardò sua figlia con aria molto disarmata e aggiunse: «Non una, due volte».

«Fammi capire: gli volevi bene?»

«L'ho amato. Sempre.»

«Mi pare di ricordare che andavi a Ginevra, quando stavi male.»

«Sì, lui mi curava. Ci siamo visti là ma anche in altri posti: qui a Milano, a Firenze, a casa sua in Provenza, a Venezia...»

«Per quanto tempo?»

«Circa quattro anni, ma ci potevamo incontrare di rado.»

Con un riso un po' nervoso Isabel osservò: «Allora non sei stata proprio una moglie fedele».

«Sì che lo sono stata: fedele al matrimonio, e come!» Alice era seria, diretta e dura nel discolparsi: «A tuo padre non importava niente della mia fedeltà a letto. Lui era libero e trasgressivo, e se ne vantava. Quando tu, da piccola, sei stata molto male, io per due mesi sono rimasta giorno e notte in ospedale. Puoi immaginare che cosa provavo... Ero sfinita dall'apprensione. Non avevo né desiderio né energia per il sesso, ero troppo angosciata per aver voglia di fare l'amore. E sai che cosa mi disse tuo padre, chiaro e tondo? 'Se incontri un uomo che ti piace, che ti stimola, non lasciartelo scappare'».

«Così ti ha detto?»

«Con parole volgari, però. E allora, perché avrei dovuto riservargli la mia fedeltà, un valore che disprezzava?»

Isabel era ammutolita.

Non è una verità facile da accettare, pensava sua madre guardandola, *Alfiero già da tempo non è più il babbone, e adesso è anche l'uomo che disprezza i sentimenti.*

Per Isabel era una lezione dura ma coerente con quella che suo padre le aveva inflitto al telefono, da Taormina, quando l'aveva sorpreso con un'altra donna: «Non disturbarmi, altrimenti avverto che non mi passino le tue telefonate».

«Certo che ci ha trattato proprio male», constatò infatti, amareggiata. «Spero che non tutti gli uomini siano come lui.»

Alice contemplò a lungo l'uomo che la guardava dalla foto. Rammentò: «Quando ho incontrato Jean-François ero sposata e avevo due figli, eppure ora mi rendo conto che non c'è grande differenza fra me allora, e te adesso. A un certo punto della vita si è in attesa di un uomo che ti guardi e ti riveli a te stessa, e se questo avviene... è una gran forza quella che ti ritrovi dentro, una immagine di te che nessuno può più distruggere».

Isabel taceva, pensierosa. Forse dubbiosa. Infine domandò: «Che cosa aveva, lui, di così speciale?»

Sua madre rispose: «Era intelligente, era bello, era colto, sapeva parlare e sapeva fare l'amore. Ma soprattutto era un uomo che aveva il mondo dentro di sé. Non pensava a se stesso, quando era con me: stava con me, mi domandava e mi parlava, mi capiva. Era un maestro e un amante, ti rendi conto? Due cose che raramente vanno insieme».

«Sì, è vero, raramente. Aveva molti anni più di te?»

«Quasi una ventina. Era nel pieno della maturità senza essere anziano.»

«Un limite molto sottile», osservò Isabel soprappensiero.

«Ma non ha molta importanza l'età. Ci sono uomini che sono tutti corpo e giovinezza, ma non sanno darti neanche quelli.»

«Come tuo marito?» insinuò Isabel, provocandola.

«Oh, da quel punto di vista stavamo bene», concesse Alice, «anche se lui adesso lo nega. Il famoso lettone ha funzionato, avevamo mantenuto le nostre abitudini coniugali e facevamo sesso con affettività, con tenerezza. Io gli volevo bene, ero una buona partner.»

«Già: partner, non amante.»

«Giusto.»

«Ma tu...» e Isabel si agitò nel formulare la difficile domanda, «tu non hai mai pensato, o desiderato, di andartene con quell'uomo che amavi?»

«E lasciarvi tutti? Alfiero e voi, i miei figli? No, mai. Io ho sempre amato i miei figli, la mia casa, la mia vita.»

«Come puoi dire questo!» gridò quasi Isabel, «se noi siamo stati l'ostacolo fra voi due: fra te e il grande amore. Perché se ami un uomo veramente vuoi stare con lui, e non solo oggi ma domani, sempre!»

«Tu non puoi capire...» replicò Alice, colpita da quell'impeto. «Voi non eravate l'ostacolo. Perché quell'amore, quell'uomo, per me, sarebbe stato troppo. Non potevo reggere quel coinvolgimento, quel livello emotivo e persino quel tipo di felicità per più di pochi giorni alla volta... devi credermi, Isabel: era così. Quello che Jean-François mi dava non poteva essere la quotidianità, era... era l'assoluto nell'istante. Non so come spiegarti, ma quando lo lasciavo, quando ripartivo, ero ricca, piena, beata... e tornavo a casa a occuparmi dei miei figli e a spazzolare i vestiti di mio marito.»

«Se non fossi tu a dirlo non ci crederei.»

«Un amore così ti fa scoprire qualcosa che non sapevi di avere. Ti rivela a te stessa. È raro, è come sentirsi vicino a Dio, se Dio c'è.»

«Mi spaventi, quasi.» Isabel era sbalordita. Guardava sua madre come se la scoprisse in quel momento. «Ma ti rendi conto?» e scuoteva la testa con un sorriso incredulo: «Tu sei un'inconsapevole romantica».

«Forse. Non so. Ma anche per lui, per Jean-François, era così», soggiunse Alice. «In un certo senso io ero la chimera, la donna diversa che lui cercava perché ogni tanto, nella sua vita di tutti i giorni, aveva bisogno di un altro profumo, di un altro splendore. Tant'è vero che poi arrivò nel suo studio una giovane dottoressa, una norvegese taciturna e riservata con la quale lui condivideva il suo lavoro, la considerava sua discepola, le voleva bene.»

«E magari ci faceva anche l'amore!» esclamò Isabel, pungente.

«Non so quale fosse il loro rapporto, non me lo sono chiesto. Kristin era sicuramente una compagna per la sua ricerca e per la sua scienza. Io ero altro. Gli uomini sono poligami, Isabel, e a voler essere sincere lo siamo anche noi. Non è opportunismo, credimi, è la realtà.»

«E dell'altra, che ne è stato?» domandò sua figlia che come sempre voleva tirare tutte le fila della storia.

«L'ho incontrata ieri a Ginevra. Kristin Fluga ha ereditato da lui lo studio e la fama. Però ha avuto anche il dolore di vederlo spegnersi a poco a poco.»

«Ma non è morto!»

«No. Ha una malattia che gli ha intaccato la mente e la memoria.»

«Orribile!»

«Molto, molto triste», mormorò Alice. «Speravo che continuasse a invecchiare lucido e vigoroso. Chissà ora per quali spazi sta vagando la sua mente, o se il suo è un sopravvivere opaco, senza ricordi, senza dolore...» *...come in un'isola vaga, lontana, in una pallida serenità*, terminò fra sé non ricordando dove e quando avesse letto quel verso, o se l'avesse solo sognato.

Ora Isabel si era alzata, sembrava presa da un'irrequietezza che le faceva misurare lo spazio limitato del soggiorno: tre passi avanti e tre passi indietro.

«Quando vi siete detti addio?» chiese.

Sua madre la guardò sconcertata. «Non ci siamo mai detti addio, mai. Ci sarebbe stata un'ultima volta, lo sentivamo. Ma quale? Quando è arrivata non lo sapevamo, e io ho vissuto le ventiquattr'ore più felici della mia vita, a Venezia, da un tramonto all'altro. Siamo stati a dormire nella casa alle Zattere, ma svegli fino a tardi a parlare e ad amarci. E al mattino ho aperto gli occhi accanto a lui che mi guardava, lo ricorderò finché vivo, e sorridendo mi ha indicato sul soffitto il riflesso d'acqua dal canale vicino. Aveva aperto la finestra per vedere quella fantasmagoria luminosa e ascoltare il fruscio liquido nel silenzio.»

Alice s'interruppe e si accorse che Isabel aveva gli occhi lucidi. «E quella sera siete ripartiti e non vi siete più rivisti», concluse la figlia.

«Già.»

«Era a lui che pensavi quando ti sei incantata davanti a quel quadro all'Accademia?»

«Era lui.»

«E non hai mai avuto paura di perderlo.»

«Paura? No. Ma a quel punto la vita ci stava allontanando, non si poteva contrastarla. Quello che ci siamo dati, però, è rimasto. Spero che anche lui ne abbia un barlume di ricordo.»

«Non ti sembra tutto terribilmente triste?»

«Triste è il modo con cui tuo padre mi ha ingannato», replicò Alice. «E come se n'è andato: per potersi liberare di me mi ha dovuto calpestare.»

Con le sopracciglia aggrottate, pungente e aggressiva come un giudice, Isabel la sfidò: «Se lui ti avesse parlato del suo amore per Maruska, tu l'avresti capito? L'avresti lasciato andare?»

«Isabel!... Io non l'ho mai legato a un destino che lui rifiutava. Io gli ho voluto bene, l'ho curato, assistito, gli ho dato una vita famigliare che non apprezzava perché non gli era congeniale essere marito e padre. Ma lui aveva comunque bisogno della sicurezza che viene dalla famiglia, anche se nutriva delle fantasticherie sul genere di vita che credeva di meritare e sulla donna brillante e ricca che avrebbe dovuto essere al suo fianco. Credi che non lo sappia?»

«Una come Maruska?»

«Forse. Di sicuro non come me. E se mi avesse parlato senza mentire, come si fa con un'amica che ha vissuto con lui per trent'anni e gli ha dato due figli, credi che mi sarei aggrappata ai suoi pantaloni?»

«Non capisco perché non l'abbia fatto», mormorò Isabel, «ma non serve domandarselo o domandarglielo.»

«No: ha preferito distruggere la strega cattiva. Che sarei io.»

Lentamente, con una corrispondenza di gesti che sembrava voluta ed era semplice quotidianità femminile, Alice e Isabel tolsero la caffettiera dal tavolo, ripiegarono la tovaglia, l'una richiuse la cassetta con le foto, l'altra spense il CD la cui musica era rimasta in sottofondo alle loro parole. La madre pensava: *Isabel è commossa, anzi scossa. Ma se il professor Ribeira è rimasto ancora all'orizzonte, significa che non è pronta per confidarsi.*

A un certo punto, inaspettatamente, Isabel disse: «È meglio che tu non metta in cornice quella foto. Per via di Gabriele. Non è uno al quale si possano raccontare delle storie intime».

«Credi? È vero, si fa fatica a comunicare con lui», ammise Alice.

«Non so perché», osservò la figlia. «Non che sia moralista, o forse sì. Insomma: a lui sembra sempre che noi ci accontentiamo di compromessi.»

«Noi chi?» domandò Alice intrigata.

«Noi donne. Lui, no. Lui è puro e sicuro. In realtà credo non si sia mai innamorato.»

«E Tamara? La sua ragazza?»

Isabel alzò le spalle con una specie di sorridente tolleranza. «Tamara era la sua buona azione.»

In quei giorni, subito dopo il ritorno dalla Svizzera, il pensiero di tutti quei miliardi acquattati in una cuccia ben difesa era confortante. Alice visualizzava quella sensazione come una finestra illuminata da una luce calda, un rettangolo dorato nella penombra. Li chiamava miliardi, fra sé e sé, anche se le lire ormai si stavano consegnando al passato, ma la parola stessa «miliardi» dilatava la loro luminosità e li moltiplicava facendoli diventare uno sterminato tappeto di banconote. *La mia pentola di dobloni d'oro*, sorrideva Alice, rammentando Bertrand che aveva inventato quell'immagine da favola.

Ma non c'era altro di cui sorridere: Mimì non la cercava più come prima, cicalava con le sue amiche ottuagenarie, Daria si era dileguata insieme alle amicizie di un tempo ormai così lontano da sembrare quasi non vissuto, Gabriele era in Toscana, Isabel stava tutto il giorno a fare la commessa ed era così stanca, a cena, da covare un malumore da sfinimento. Una sera non tornò a dormire a casa e lasciò un messaggio sulla segreteria telefonica per avvertire di non aspettarla, ma senza spiegazioni. Il giorno seguente Alice la cercò al mercato di calzature, ma le risposero che si era presa un giorno di permesso. Isabel si fece viva solo la sera, per la cena, e prima che sua madre aprisse bocca le dichiarò: «Sono stata a casa di Raphael».

«Anche oggi?»

«Dovevo parlare con lui, chiarirmi le idee e decidere.»

«Hai dormito con lui?» domandò Alice. E poiché la figlia non rispondeva aggiunse: «Se è il tuo primo uomo cerca di non mitizzarlo. Fare l'amore non significa impegnare la vita».

Isabel sedette a tavola e sgranocchiò un grissino. «Forse per te è così, ma non siamo tutte uguali.»

C'era una riserva nei suoi confronti in quelle parole? Alice si sentì strana e impacciata mentre diceva: «Spero sia stata una bella esperienza».

«Meglio della prima di sicuro», replicò Isabel e con un ghignetto aggiunse, «sai, quel mio compagno d'università con cui stavo l'anno scorso era troppo attento alle sue esibizioni per preoccuparsi di me. Raphael, invece, è dolcissimo.»

«Ti senti a tuo agio, con lui», osservò Alice, comprensiva.

Semplicemente Isabel dichiarò: «Ne sono innamorata», e sua madre avvertì, con un sussulto, che quella realtà le scoppiava davanti al viso come un lampo lancinante. Quell'uomo... e la sua bambina, quell'uomo grigio e consunto, che sembrava nato prima dell'altro secolo, quanti anni poteva avere più di lei? Venti, no, almeno trenta, e teneva nelle mani la sua vita giovanissima. Perché mai aveva detto a Isabel che in amore l'età non conta?

«Mamma... sei diventata tutta rossa: che cos'hai?»

Il sangue alla testa, il cervello confuso, gli occhi offuscati: perché, se Isabel aveva parlato d'amore, perché lei pativa quell'oscura aggressione?

Sua figlia si era alzata da tavola per avvicinarsi a lei. «Non te l'aspettavi, vero?»

Alice non rispose e vide lo sguardo di Isabel accendersi di tenera malizia. «Per te sono sempre e solo la tua bambina: non è così?»

«Non è questo... o forse sì, è anche questo.» La voce le usciva con sforzo: voleva esser sincera e aveva paura di sbagliare. Quando aveva incontrato Ribeira il suo istinto di donna aveva letto la complicità fra i due, l'ammirazione. Ma l'amore, no. Non per Isabel, e forse nemmeno per quel vecchio signore. Cercò di riprendersi e domandò: «Stai bene con lui?»

«Sì, stiamo bene insieme.»

«È sposato?»

«È vedovo. Ha dei figli. Già adulti.»

Loro non la vedranno di buon occhio, ipotizzò Alice, fulminea. E si spaventò. *Che cosa vado a pensare? Sarà una storia che finisce, non ho dubbi.* Ma aveva bisogno di tempo, almeno un tempo minimo per orientarsi. Isabel invece non le lasciava spazio, perché dichiarò: «Io vorrei stare con lui».

«Ma... non stai correndo troppo?»

«No, non proprio vivere sempre in casa sua. Solo nei fine settimana, quando Raphael è libero e io anche.»

Alice respirò un po' più leggera. «Come farai? E tutto il lavoro col computer per i tuoi compagni di seminario? Dovresti almeno lasciare il supermercato delle scarpe.»

«No. Non voglio che Raphael pensi: per stare con me molla subito il lavoro.»

«Ma è un posto qualsiasi che non t'interessa.»

«M'interessa quel po' di soldi che posso guadagnare.»

Alice s'innervosì: «Ma il tuo professore non t'ha mai detto che così perdi tempo?»

«No. Lui, anzi, apprezza le mie scelte.» Accigliata, Isabel aggiunse: «Se anche domani decidessimo di vivere insieme io vorrei mantenere la mia indipendenza».

Alice rifletté in silenzio su quella risposta. Sua figlia era proprio di un'altra generazione e lei, invece, era figlia di Mimì, per la quale non esisteva altro destino che dipendere da un uomo. «Forse hai ragione», ammise. «Anche perché questo tuo innamoramento sarà probabilmente una fase di passaggio.»

«Che vuoi dire? Che durerà poco?»

«Si può benissimo vivere una storia pur sapendo che prima o poi finirà.»

«Ma non è amore, allora!» esclamò Isabel. «Se un sentimento è amore si stende all'infinito. Ti sembra stupido pensare 'è per sempre'?»

«Mi sembra poco realistico», obiettò Alice. «Ma hai ragione: ognuno ha bisogno delle sue verità e delle sue illusioni.»

«E della sua dignità», concluse Isabel con una battuta secca.

Già l'atmosfera si era intorbidata in quello scontro che rivelava le loro diversità prima mai affiorate: madre e figlia vicine nei sentimenti, ma distanti e persino opposte nelle fondamentali scelte di vita.

«Non te l'aspettavi», ripeté Isabel sospirando. «Eppure tu più di ogni altro potresti capire.»

Alice scosse la testa come ad anticipare la sua risposta: «Il rapporto fra me e Jean-François era del tutto diverso».

«Perché ogni amore è diverso», replicò Isabel.

«Imparagonabile», sottolineò Alice.

«Hai ragione, mamma: i paragoni non dicono niente sulla qualità degli uomini e dei sentimenti.»

«Però... tu sei molto giovane. E questo rapporto potrebbe rivelarsi...»

«Un'infatuazione?»

«Non dico questo», ribatté Alice in tono vivace. «Forse fa parte ancora della tua maturazione, e quindi non dovresti investire troppo a lungo termine. Potresti soffrire, o far soffrire.»

Isabel rise: «Non è che t'importi di lui! Comunque ho intenzione di vivere questo amore come la vita mi chiede di viverlo. E... *que serà serà*».

Sua figlia non aveva bisogno di sicurezze o era convinta di averne? Alice sorrideva fra sé di quel *que serà serà* ma tremava anche all'idea che quell'uomo minuto, dolce e disincantato, potesse succhiare la vitalità di Isabel, il fervore dei suoi vent'anni, invecchiandola. Alice guardava sua figlia con un affetto incapace di distacco; da quando era nata, in tutte le fasi della sua infanzia e della sua adolescenza, le era parsa più bella delle sue coetanee, e in realtà Isabel era più bella di Gabriele, i suoi occhi grigi svariavano verso il blu come quelli del padre, il suo corpo era dritto e slanciato, ancora un po' immaturo ma naturalmente elegante negli atteggiamenti. *In questo mi somiglia*, constatava Alice, compiaciuta. Ma in realtà chi era Isabel, al di là del suo giovane involucro, della sua apparenza di ragazza bene, intelligente e gentile, un po' introversa e, in definitiva, misteriosa?

Erano già a letto, ognuna nella propria camera, quando pigolò il cellulare di Alice. Gabriele, da dove chiamava?

«Mamma, domani sarò a Milano. Vorrei chiederti un favore: posso ospitare un amico nella mia stanza? Io dormirei nel divano del soggiorno.»

«Ma certo. Preparo tutto. Come stai?»

«Benissimo. E tu? E la piccola?»

«È qui. Vuoi che te la passi?»

«Grazie, sì. Sicura che non ti disturbo domani?»

«Ma scherzi?» Alice chiamò Isabel e si accorse che rispondeva al fratello pensierosa: sì sì, d'accordo. Che cosa si dicevano? Gabriele era divenuto molto attento alle sfumature e alle parole, stava cambiando sotto i suoi occhi anche se, o forse perché, lo vedeva di rado. Suo figlio, come anche Isabel, le sembrava diverso dai suoi coetanei. Ma com'erano, in realtà, i suoi amici, i compagni del nuovo lavoro, quelli con cui andava a meditare, e che dopo Tamara, la sua buona azione, erano entrati nella sua vita?

La vera sorpresa giunse il giorno dopo quando Gabriele arrivò verso sera portando l'ospite: un prete di mezza età dai capelli grigi, corti, gli occhi e il viso scuri. Salutò la padrona di casa con le palme congiunte.

«Lui è padre Thomas», lo presentò Gabriele, «arrivato dall'India qualche giorno fa. Nel suo paese, un villaggio dell'Andra Pradesh, il padre raccoglie i bambini di strada, che non hanno nessuno, ed è qui per cercare aiuti da chi ha buona volontà.»

Mio figlio ha trovato un'altra buona azione, pensò subito Alice, delusa. Si aspettava quasi, e avrebbe preferito, che Gabriele le portasse in casa quella ragazza lucchese di cui non conosceva il nome. Anche Isabel, però, doveva sapere qualcosa di quel religioso, perché quando arrivò di lì a poco lo salutò quasi con effusione: «Ah, lei è il famoso padre Thomas! Allora questa sera ci farà vedere i suoi bambini!»

Gabriele gli aveva organizzato una serata nella sede del Centro di meditazione che da anni frequentava a Milano e padre Thomas aveva con sé delle diapositive che illustravano l'opera faticosamente iniziata da lui negli ultimi tempi: un centinaio di bambini abbandonati che vivevano in capanne di paglia distrutte a ogni stagione dei monsoni e sempre ricostruite. Rifugi precari, fragili ripari che sperava di sostituire con un tetto vero e una scuola.

«Il progetto per la scuola e per delle casette semplici, in economia, ce l'abbiamo già», spiegò Gabriele quando furono a tavola, «l'avevo chiesto al babbo qualche settimana fa in vista del viaggio di padre Thomas, e oggi me l'ha dato.»

«Tuo padre?» Alice era infastidita come da un'intrusione.

«Ha aggiunto anche un bell'assegno. Ci siamo visti oggi.»

«Magari un assegno in rosso», minacciò Alice, sorridendo. Ma il prete, che evidentemente parlava e capiva solo l'inglese, non colse quel commento caustico che sfumò nel silenzio. Mangiò una minestra e poche verdure, rispondendo con lentezza alle domande di Isabel e sorridendole con gli occhi scuri. Il suo viso poteva essere quello di un orientale o di un europeo del sud molto abbronzato. Alice si sorprese a scrutarlo e lui se ne accorse. Allora Gabriele intervenne domandandole: «Perché non vieni anche tu a questa conferenza? Così ti rendi conto di quanto c'è da fare per questi bambini».

Lei reagì subito, sempre sorridendo: «Non voglio correre il rischio d'incontrare tuo padre. Però posso contribuire».

«Ti ringrazio... ma so che hai dei problemi di soldi.»

«Tutti abbiamo problemi di soldi», replicò lei, ambigua.

Quando tornarono dalla conferenza, soddisfatti perché avevano raccolto un bel contributo, Gabriele trattenne sua madre nel soggiorno dove lei gli aveva preparato un letto di fortuna nel divano. «È stato un peccato che tu non ci fossi, il babbo ha illustrato il progettino della scuola corredato anche da un preventivo per i costi. Padre Thomas ne è entusiasta.»

Alice s'immaginava Alfiero nel suo nuovo personaggio di elargitore di beneficenza: come doveva piacergli! «E c'era anche lei?» domandò.

«No. Il babbo, supponendo che potevi esser presente anche tu, credo abbia voluto evitare.»

«Può tenersi le sue delicatezze: ci penso io a non incontrarlo», dichiarò Alice, sprezzante.

Gabriele la guardava accorato. «Mamma... così resterai piantata nel tuo rancore, immobile... non farai un passo avanti.»

«E a che cosa mi servirebbe fare questo passo avanti?»

«Forse... ti servirebbe a vedere il vostro vissuto anche dalla parte di lui.»

Alice lo fissò esterrefatta, scandalizzata, sgomenta. «Dalla parte di lui?» E poiché suo figlio taceva gli gridò in faccia, travolta da una rabbia subitanea, forsennata: «Ma non capisci che non voglio più vederlo? Mai più! Né pensare a lui, né ricordarmi che esiste: niente! Chiuso!»

Gabriele replicò, pacato: «Non vuoi vedere lui o non vuoi vedere quello che avevi in comune con lui?»

«Non ti capisco.»

«Prova a pensare: avevate tanto in comune. La tua rabbia è di aver perduto tutto e il tuo orgoglio sta nel non volerlo riconoscere.»

«Io vedo chiarissimo nella mia vita, e anche nella sua», replicò lei, con arroganza.

«E allora non ti sei mai domandata quanto denaro il babbo abbia profuso in questa casa rispetto a quello che ha buttato? Quanto ne avete sciupato insieme, mentre gli chiedevi agi e sicurezza alla grande? Il superfluo, mamma, il superfluo. Avevate in comune lo stile di vita che vi eravate scelti, e lui ora te lo ha tolto. È questo che non puoi tollerare?»

«Ne avrei anche diritto, non credi?»

«Appunto, la pensi così. E l'ho sempre saputo, prima ancora di accorgermi che per me volevo una vita diversa. Ti ricordi di quando ero ragazzo, avevo quelle strane febbri e avrei sempre dormito per non andare a scuola? Non sapevo che cosa mi mancava, e se anche l'avessi saputo voi non potevate darmelo perché non lo possedevate: tutti e due.»

«E che cosa?»

«Adesso lo so», dichiarò Gabriele con una gravità quasi drammatica, «tutto ciò che ha valore al di fuori dei soldi.»

«Sei un ipocrita!» sbottò lei, offesa. «Tutto si compra col denaro: anche tu e il tuo padre Thomas ne andate in cerca!»

«Certo, mamma. Ma noi restiamo dei questuanti, noi chiediamo per gli altri.»

«Non voglio fare passi verso di lui. Non voglio vederlo.»

Eppure, qualche giorno dopo, toccò proprio a lei, ad Alice, cogliere d'improvviso, non vista, un'immagine di Alfiero e di Maruska insieme. Non abbracciati, non trionfanti in mezzo agli amici che avevano snobbato lei, la ex moglie, dopo la separazione. Semplicemente erano seduti al tavolino di una pasticceria, gli occhi negli occhi, come una coppietta che non vede altro.

Era andata in centro, più che per lo shopping, per guardare un po' di vetrine come piaceva tanto a Mimì, e dopo aver esaurito quelle di piazza San Babila si era incamminata su per Montenapoleone, fermandosi alle luci degli stilisti, dei gioiellieri, di tutti coloro che producevano per l'apparenza e la bellezza, per l'effimero e la seduzione, per il prestigio e per il potere.

Anch'io potrei permettermi, adesso, e senza chiederlo a nessuno, la maggior parte di queste cose... Ma non desiderava niente, anzi, il chiarore confortante dei miliardi lontani, diventati pure cifre che producevano uova d'oro, cominciava ad attenuarsi, a scemare come quando in una scenografia, a teatro, si vedono abbassarsi le luci. *Le luci della ricchezza*, pensava Alice senza troppa attenzione a quel che vedeva. *Ma è stupido dire che non fanno la felicità, perché la felicità non esiste.*

Era entrata nella pasticceria per scaldarsi con un caffè, anche se il pomeriggio ormai invernale non era freddo, e mentre lo sorbiva dalle tazzine di porcellana sottile senza quasi percepirne il sapore, girò gli occhi e li vide.

Stavano seduti a un tavolino nella zona a sinistra del banco, separata da chi consumava in piedi da due piante di benjamin. Maruska con i capelli biondo miele lunghi, sciolti a toccare le spalle come una ragazza, Alfiero nella sua giacca di tweed nocciola, con la sciarpa di cachemire color cacao che lei, Alice, gli aveva regalato. Prendevano una cioccolata a cucchiaiate con la golosità dei bambini e non parlavano, ma sembrava fossero sempre lì lì per ridere. Avevano in viso, anche i colori dei bambini: le guance un po' arrossate, gli occhi lucidi.

Erano felici, orrendamente felici.

Primavera

8

*Q*UASI *un anno, quasi un anno di felicità.*

Si annunciava di nuovo la primavera e Maruska aveva comprato dieci piccoli vasi di primule già fiorite, costavano pochissimo e ciascuno aveva un colore diverso. Li aveva allineati sul davanzale fra i vetri e l'inferriata e tutte le mattine contava i boccioli che si erano aperti.

La casa di Maruska era un loft a Porta Ticinese che lei aveva acquistato su consiglio di Alfiero qualche mese prima che iniziassero a vivere insieme. Nell'attesa lui l'aveva ristrutturato senza alterarlo troppo, evitando quindi di dargli i connotati di una casa borghese. «Tu sei un'artista», aveva stabilito, «io un architetto, la casa ci deve andare come un vestito.»

L'angolo più appartato, con la finestra a inferriate che dava su un cortile interno, era riservato al caos di Maruska. Un caos lavorativo di cui Alfiero rideva, perché sulla grandissima tavola-scrittoio insieme al computer, alla stampante e al fax c'era una catasta di cartelline in cui lei stipava tutti i ritagli stampa che colpivano la sua attenzione, più quattro dizionari, tre mini-enciclopedie e un accumulo di quotidiani e riviste con titoli segnati in rosso, polverosi accumuli della sua buona volontà a leggerli «prima o poi».

Maruska lavorava molto: ore e ore di attenzione concentrata talora solo per prendere appunti, più spesso correndo con le dita sulla tastiera del computer e poi fermandosi di colpo e a lungo, tanto che sul video comparivano delle immagini sottomarine di coralli e pesci tropicali che nuotavano in quel mare virtuale senza che gli occhi di lei li vedessero. Alfiero era sempre colpito dalla sua capacità di straniarsi dal presente. Lui, che aveva vissuto e lavorato soprattutto parlando, invidiava quella concentrazione assoluta. D'accordo: Maruska era una professionista del romanzo commerciale, non scriveva capolavori, scriveva storie d'amore e d'intrighi spesso improbabili ma molto televisivi, e questo limite per lui era confortante. Va bene avere nel letto un'autrice di bestseller, ma un premio Nobel sarebbe stato un po' ingombrante.

Gli era piaciuto improvvisarsi «creatore d'immagine»: l'aveva accompagnata in boutique di lusso e aveva scelto per lei vestiti e accessori. Ma si era accorto che a Maruska, in fondo, quel nuovo look non era congeniale.

«Guarda che io non assomiglio a tua moglie», diceva senza animosità, «sono piccolotta, faccio fatica a mantenere il peso perché mi piace mangiare e nei vestiti voglio star comoda.»

«Tuniche, i tuoi abiti importanti devono essere tuniche. Tuniche e gioielli. E lasciati guidare da me: hai bisogno di bella gente intorno. Fa immagine.»

Quando aveva visto il suo primo romanzo trasposto in un film televisivo di tre puntate, Alfiero le aveva predetto un lungo successo. E infatti ce n'era in programmazione un altro e in lavorazione un terzo del quale lei stava terminando la sceneggiatura.

«Dovremmo prendere un appartamentino in un residence a Roma», le aveva proposto, «visto che devi andarci così spesso.» In realtà Alfiero avrebbe voluto riguadagnare la brillante atmosfera romana nella quale aveva intessuto contatti importanti e mietuto successi insperati al tempo in cui fungeva da longa manus vellutata di quell'imprenditore in vertiginosa ascesa che era il presidente della World Wide. Maruska, però, aveva fiutato, senza che Alfiero lo notasse, che quell'epoca e quelle possibilità erano tramontate. L'architetto Prandi non era più il faccendiere principe, stavano nascendo altre star all'orizzonte politico e imprenditoriale, meglio quindi che lui stesse a godersi il suo crepuscolo, un po' defilato ma sempre accanto agli dei che ancora lo proteggevano. Per di più era tuttora compromesso nei complicati processi che un pugno di giudici portava avanti pervicacemente: da qualunque parte s'indagasse nell'ambiente immobiliare più corrotto il suo nome usciva come un marchio ricorrente.

«Ti stai adagiando nella nostra *honeymoon* domestica», la prendeva in giro Alfiero, bonariamente, «non ti facevo così 'casa e amici'.»

A tutt'e due piaceva invitare, e quando s'impegnava per un pranzo elegante Maruska dava fondo al suo gusto un po' kitch e un po' barocco, si divertiva ad apparecchiare con rutilanti tovaglie dai tessuti dorati, sui quali sovrapponeva una delicata trina rossa che si rifletteva sui bicchieri intarsiati acquistati a un'asta. Alfiero, osservandola, rammentava che mai Alice aveva tradito il suo stile elegante e impeccabile anche nel disporre i piatti, ma quel tripudio illimitato di Maruska gli piaceva: era nuovo, irrefrenabile e vitale. Le portate per quei loro inviti arrivavano sempre da un ristorante di lusso e lo champagne era millesimato.

«Così si vive alla grande, come piace a te», dichiarava Maruska vestendosi con una delle sue tuniche di seta a colori vibranti e e mettendosi al collo lunghe collane esotiche di perle, coralli e simboli magici. Una tenda di velluto, rossa come un sipario, separava in quelle sere di festa la zona pranzo dal caos del suo studio; nel soppalco, cui si accedeva con una scala a chiocciola, il letto giapponese con futon e guancialini in pula di riso aspettava i loro lunghi sonni tenerissimi.

«È la tenerezza che mi è sempre mancata», le confidò Alfiero una sera che erano andati a letto presto perché uno dei loro piaceri era chiacchierare sottovoce nella mezza luce colorata dai fantasmi del maxischermo televisivo. Di solito non parlava del passato, come se fosse limo che era meglio non agitare, e Maruska lo assecondava perché, sotto sotto, temeva i confronti e perché uno dei suoi diktat psicologici, che ricorreva spesso nei suoi romanzi, metteva in guardia i protagonisti dalla «orrida prigione del passato». Tuttavia, lei intuiva molte reazioni di Alfiero, e quanto Alice avesse fatto di lui l'uomo che era: trent'anni di matrimonio ti restano addosso come un destino anche se vuoi seppellirli. Meglio, forse, esorcizzarli parlandone.

Perciò quella sera gli disse, pensierosa: «Io, per molto tempo, ho ammirato tua moglie. Sognavo di essere magra come lei, di vestirmi come lei, di essere colta, raffinata come lei. Poi ho capito che quella meravigliosa donna non ti rendeva affatto felice e mi sono riconciliata con ciò che ho di buono in me. Io non sarò mai una sofisticata signora borghese, io vengo dalla campagna e in confronto ad Alice mi sento un po' maga e un po' contadina».

«Ma tu sei una maga-contadina», annuì Alfiero con trasporto, «di quelle che raccontano le leggende apprese dalla memoria della nonna. I tuoi romanzi mi fanno venire in mente quelle storie popolari. Tu sai leggere i tarocchi, come le fattucchiere che una volta predicevano l'avvenire, combinavano fatture, legavano gli uomini alle passioni e curavano la sterilità delle donne. Ce n'erano molte, nelle campagne intorno alla mia città. Anche mia madre andava da loro a farsi fare le carte.»

«Vedi? Abbiamo un passato comune.»

«Mi piacerebbe avere un figlio, da te», disse lui, meravigliandosi di quelle sue stesse parole.

«Siamo in ritardo, per questo», sorrise lei, «almeno per me.»

«Sì, ma perché non dirlo, almeno? La tenerezza è fatta anche di sogni illogici e irrealizzabili.» Era fatta anche del corpo di lei, soffice, liscio e caldo, più un corpo materno che appassionato. E andava bene così: a quasi sessant'anni Alfiero aveva un bisogno inconsapevole e profondissimo di tornare indietro a percepire delle mani materne.

«Ho voglia di sognare, e poi di scrivere», sospirò Maruska allungandosi nel letto e appoggiando la guancia alla spalla di lui. «Quando dormiamo così vicini i tuoi sogni passano nei miei, e al mattino li conosco. Tu non ti accorgi neanche di fare dei sogni bellissimi che io poi utilizzo quando scrivo. I sogni, Alfiero, sono l'altra parte della vita, ma è sempre vita nostra.»

«Vuoi dire che ci appartengono?» domandò lui, intrigato da quel discorso un po' magico, un po' arcano.

«È così: prima sogniamo senza saperlo e poi, a poco a poco, i sogni affiorano per farsi realizzare.»

Alfiero sorrideva nel buio, quelle certezze di Maruska lo incantavano. «Io ho lasciato trascorrere quasi tutta la vita senza realizzarli. Troppi anni, troppi.»

«Ma adesso?»

Lui aveva bisogno di tornare e ritornare sul passato quasi ruminandolo, gli sembrava di dover catalogare i suoi atti, anche quelli che non capiva perché erano confusi, nati da un malumore profondo, da una costrizione interna grigia come una condanna. Un giorno il presidente, quello che tutti chiamavano il Capo, gli aveva confidato, senza un perché: «Lo sai, Alfiero? Non riesco a trovare il tempo per provarmi un abito dal sarto. L'unica attività per cui il tempo esiste è decidere questo o quello. Ti par giusto?» Giusto o ingiusto, quello era stato il ritmo negli ultimi quindici anni, o venti? della sua vita. O addirittura da quando aveva lasciato Parma con due idee ben fisse in testa: aver successo e sposare una ragazza ricca.

«Sai, Maruska, quando ho sposato Alice mi è sembrato di mettere il piede sul primo gradino del successo. Me la ricordo bene, aveva un velo lunghissimo: è passata dalla mano di suo padre alla mia.»

«E sua madre com'era?»

«Vestita di lilla con un cappello grande così. Era molto più bella di Alice.»

«Mimì ti ha sempre voluto bene, mi hai detto. Te ne vuole ancora.»

«Sì. Ci telefoniamo di nascosto da Alice.»

Maruska rise. «E tu le mandi la limousine con l'autista per accompagnarla alle terme. Anche a me piace Mimì», aggiunse dopo una pausa. «Alice, invece, mi ispirava ammirazione e soggezione. Era una specie di modello astratto nel quale mi sforzavo di entrare senza riuscirci. Così alta, così magra, così elegante, così colta...»

«Sì: musica e libri a gogò. Leggeva Musil ascoltando il *Don Giovanni* di Mozart. La invidiavi?»

«Eh, aveva te.»

«Eppure», confessò lui prendendo una sigaretta e accendendola con un lampo che per un attimo esplose nel buio senza dissiparlo, «eppure Alice non ha mai detto di amarmi.»

«Ma va'!» E Maruska gli sfilò la sigaretta dalle labbra per spegnerla nel portacenere. «Lo sai che non devi fumare.»

«Voglio vivere felice, non vivere a lungo!» ribatté Alfiero protestando.

«Non ci credo, di Alice», riprese lei, ignorando la protesta. «Tutte le donne dicono 'ti amo' anche se non sono convinte fino in fondo. Ma lo dicono, non fosse altro che per il piacere di quelle due parole.»

«Ti giuro che è così», ripetè lui, «non me l'ha mai detto. Un giorno gliel'ho persino fatto notare.»

«E lei?»

«È caduta dalle nuvole. Ha risposto: 'Dopo trent'anni di matrimonio che cosa mi racconti?' E mi ha guardato come se fossi un bambino stupido.»

«Però, dopo trent'anni, si aspettava sempre che tu la scopassi almeno due volte la settimana», commentò Maruska, agra.

«Questo sì. Poteva digiunare, ma non stare senza sesso.»

«E adesso come se la caverà?»

Alfiero ridacchiò: «Non è più un problema mio».

Di colpo, Maruska puntò un gomito contro il cuscino e si sollevò per scrutare Alfiero in viso. «Ma tu, tu che hai dimostrato di saper guadagnare un sacco di soldi, perché ti eri messo in mente di sposare una ragazza ricca?»

«Quando si è giovani e belli...» e lui rise un po' di se stesso, «si pensa che una moglie ricca sia una specie di trofeo. E poi, Alice era di buona famiglia, era una ragazza molto chic.»

Lei scosse la testa. «Adesso, invece, ti sei innamorato di me che non sono bella, non sono chic, non sono nemmeno tanto ricca.»

«Ma tu sei miliardaria!» esclamò lui. «Hai tante di quelle ricchezze: tu sei indipendente, tu sei una professionista, tu sei capace di trasformare le parole in denaro, tu...» la voce gli si abbassò nella confidenza intima, «tu, per la prima volta nella mia vita, mi fai sentire protetto. Come dire... libero e al sicuro.»

«Anche Alice, però, si prendeva cura di te», mormorò lei pensierosa, «fin nei minimi dettagli.»

«Come una governante, una perfetta governante svizzera. E mi ha invischiato in una ragnatela di doveri. Sai che cosa spendeva per la casa in un mese? Una cifra che non bastava mai, perché Alice non faceva i conti delle uscite. Ogni volta che mi chiedeva soldi mi veniva voglia di buttarne via altrettanti.»

Maruska rise, abbracciandolo: «Ma tu sei sprecone!»

«E tu tirchiona.»

«Sono stata povera tanto tempo», spiegò lei, «e i soldi, l'hai detto prima, costano il tempo della propria vita.»

Ma Alfiero non l'ascoltava, scuoteva la testa in silenzio seguendo chissà quale pensiero. «Quel suo padre direttore di banca», sussurrò poi, «sì, mio suocero, mi ha sempre guardato come se avessi le pezze al culo. Regalavo dei gioielli ad Alice perché lui li vedesse. Dico sul serio. E non sai quante volte ho chiesto ad Alice di vendere quell'appartamento che lui le aveva dato in dote e dove non mi sentivo a casa mia. Ne volevo uno più grande, arredato da me come architetto, non con quel gusto piccolo borghese.»

«E lei invece?»

«Non ha mai voluto mollare quelle quattro stanze. È limitata, non sa pensare in grande e non ha mai avuto fiducia in me.»

«Qualche volta», rifletté Maruska, «una donna può essere attratta da un uomo ma non fidarsi di lui, specialmente se viene da un ambiente molto diverso dal suo.»

«Ma Alice non discendeva mica dalle costole di Giove!» replicò lui, risentito. «La mia famiglia non era meno della sua, in più loro avevano solo la spocchia... No, non si tratta di questo. Alice, per esempio, aveva simpatia e affetto per mia madre. E in un certo senso si somigliavano.»

«Si somigliavano?»

«Sì, nel modo di manipolare gli altri e far prevalere la loro volontà a ogni costo. Donne che vedono solo se stesse, e ti tengono rancore se non le assecondi.» Adesso il risentimento nel ricordare era così palese che lo agitava, gli incrinava quasi la voce: «Io, da mia moglie, mi sono sentito usato. Voleva più figli, non gliene bastava uno, e gliene ho dati due. Voleva la sicurezza e gliel'ho data subito, anche al prezzo di adattarmi a un posto da quasi travet procurato da suo cugino. Se non fosse stato per gli appoggi del partito e poi per la fiducia del nostro presidente sarei potuto morire di frustrazione, affannandomi a cercare delle occasioni fra politici di basso profilo che si danno tante arie e invece li puoi comprare con due soldi. Per fortuna lui, il Capo, mi ha messo sul trampolino, e io sono volato. Questa parte della mia vita, almeno, è positiva. Poi, amore mio, sei arrivata tu con la tua faccia autentica, con la tua grinta che si fa valere, la tua intraprendenza: tutte le doti che amo nella gente che conta. E la tua generosità, la tua tenerezza. Non fame di sesso, un oceano di tenerezza».

Maruska taceva. Dopo quella «tirata» Alfiero aveva bisogno di silenzio. Di nuovo si allungò vicino a lui e gli carezzò il braccio nudo fuori dal lenzuolo. Poi disse, quasi fosse la conclusione di pensieri che aveva seguito suo malgrado: «Molliamo questo passato, Alfiero. Hai ragione tu, trasferiamoci a Roma».

Ma imprevedibilmente lui replicò: «Non subito. Abbi pazienza fino a quando è terminato il processo. Il presidente mi ha promesso...»

«Ma gli avvocati stanno manovrando con una proroga dietro l'altra!» l'interruppe lei. «Ci vorranno mesi, o anni, prima della fine!»

«E magari tutto andrà in prescrizione. Quando ne sarò fuori, vedrai che sorpresa.» Si mise supino e chiuse gli occhi, come se visualizzasse i propri sogni: «Ce ne andiamo da questa schifosa città dove si lavora invece di vivere, compriamo un piccolo attico proprio nel centro di Roma, gli appartamenti grandi non sono più 'in', con un terrazzo pieno dei fiori che ti piacciono; e quando è pronto lo facciamo fotografare dalla più importante rivista di arredamento. Ma prima ancora andiamo a fare un lunga crociera. Ti va?»

«Sta' a vedere che ho sposato il re Mida», scherzò lei.

«Hai detto sposato?»

«Si fa per dire. A me va bene anche così.»

Ma non era del tutto vero. Nelle fantasticherie di Maruska c'era sempre una chiesa con fiori e musica, pochi amici e lei vestita di bianco. *Eh, no*, si censurava subito, *di bianco no perché a quarant'anni e col mio peso fa ridere, meglio un bel* robe manteau *blu, che mi smagrisce, gardenie bianche sul risvolto e un cappello di garza come ali di libellula*... Dove aveva visto una *mise* così giusta? Ah sì, in quella rivista, *Bride*, che aveva comprato per documentarsi sugli abiti da sposa di moda, visto che doveva descriverne uno nel finale del suo prossimo romanzo. Quel vestito blu, però, era per la madre della sposa, ma pazienza: non si può avere tutto. Lei aveva l'amore, finalmente, ma non più la giovinezza, quella dei vent'anni, almeno.

Anche Maruska chiuse gli occhi. Conosceva bene i sogni delle donne sole, lei, e li faceva avverare nei suoi romanzi. Erano quei sogni femminili il segreto del suo successo, era quella l'attrazione irresistibile che incollava le telespettatrici al serial di cuori infranti e destini rubati che andava in onda due sere la settimana e il cui soggetto era tratto dal suo romanzo *Fuoco proibito*. Perché, a che serve una storia d'amore se non ti fa piangere e non ti consola? Se non contiene baci smemorati, scene di gelosia, notti di fuoco, incontri disperati, speranze non deluse e misteriosi ritrovamenti voluti dal destino? Lei sapeva bene tutto questo. *Si scrive con i sogni. Della realtà le donne non sanno che farsene, quando sono infelici e sole*. Quanto agli uomini, come lettori o telespettatori neanche li considerava. Loro avevano già le partite di calcio.

Ma adesso c'era Alfiero, e Maruska aveva la sua parte di romanzo. Dopotutto, conquistare il marito della migliore amica era tipico, e trattandosi di Alfiero addirittura mitico. *Doveva essere un gran bel tipo da giovane*, si disse in quella beatitudine tiepida che precede il sonno, *ma a me piace anche così, un po' grigio e con le fialette d'insulina sempre in tasca. A proposito: si è fatta l'insulina prima di venire a letto? Mah... mi pare di sì. Comunque non lo sveglio: una fialetta in più o in meno...*»

Accadde un fatto strano, qualche giorno dopo. Maruska stava ascoltando in cuffia un nastro nel quale aveva registrato degli appunti quando le parve di udire, se pur attenuato, lo squillo del telefono. Si guardò intorno per cercare il cordless che dimenticava sempre da qualche parte. Stava per togliersi la cuffia quando vide che Alfiero l'aveva preso dalla mensola vicina alla finestra e lo teneva vicino all'orecchio, ma senza rispondere. Poi lo vide prendere un fazzoletto che mise davanti al microfono del ricevitore.

Ma cosa fa? Di fretta si tolse la cuffia, in tempo per sentirgli dire: «Ha sbagliato numero», con un accento che non era suo. E intanto si era girato un po' verso la finestra come per impedirle di vedere.

«Chi era?»

«Niente. Uno sbaglio.» Era turbato, si chiedeva: *come diavolo sono riusciti a trovare questo numero?*

Lei pensava, invece: *dev'essere Alice che lo cerca, e lui non vuol farmelo sapere.* Le tornò in mente che Alfiero, da quando abitava con lei, non riceveva chiamate all'apparecchio di casa e usava solo il telefono d'ufficio. Niente cellulare, privacy assoluta. Solo la sua segretaria, la fedelissima Cleme, aveva il permesso di cercarlo a casa a qualunque ora.

«Non ho dato a nessuno questo numero telefonico», le

aveva spiegato, «perché non ti disturbino mentre lavori. Io, di chiamate, ne ho abbastanza in ufficio.» Certo le era sembrato logico che difendesse la loro intimità, visto che Alfiero aveva rapporti con un mare di gente.

Ma Alice questo numero lo conosce.

Qualche tempo dopo si era accorta che lui preferiva lasciare la macchina nel box e muoversi con un taxi. Chiamò prudentemente la signorina Cleme e le domandò se per caso Alfiero si era sentito male in ufficio o se c'era qualche problema che lo preoccupava. La segretaria l'aveva rassicurata: «Tutto bene, qui. Forse non ha voglia di guidare nel traffico. Dev'essere un po' stanco. Fra impegni, riunioni e avvocati non ha un momento di tregua».

«Ma... sua moglie, la sua ex moglie», s'informò lei confidenzialmente, «lo chiama qualche volta?»

«Mai! E poi lui mi ha detto che per lei non c'è. Solo la signorina Isabel lo chiama, ma non spesso. E il figlio, sì il figlio ultimamente.»

Allora poteva essere lei, che lo tampina fino a casa.

Il giorno seguente Maruska doveva andare a Roma e propose ad Alfiero di accompagnarla: «Qui fa ancora freddo, ma là è già primavera piena. Magari andiamo a fare una gita fino al mare. Mi piace il mare in questa stagione».

«In questi giorni proprio non posso. Ho un paio di riunioni con il Vice.»

Il Vice non gli piaceva, era un duro che non si era lasciato incantare dal suo fascino. Il presidente sì, forse perché gli somigliava nella cordialità multiforme, nella confidenza di superficie. Maruska però aveva colto anche nel Capo, sotto la maschera sorridente, certe espressioni che la tenevano all'erta. Ma Alfiero, cui l'aveva cautamente accennato, non voleva crederci. «È un uomo straordinario, e mi vuole bene.» Non ammetteva, nel genio che ammirava svisceratamente, le sue stesse ambiguità.

Maruska partì che era giovedì, ma invece di restare anche nel weekend, come aveva previsto, prese improvvisamente il primo aereo il sabato mattina. E rientrò nella casa che aveva ancora tutte le imposte chiuse, buia e silenziosa.

Alfiero starà ancora dormendo. Era pigro, al sabato, e si rilassava fino a tardi. Di colpo venne sommersa da un impeto d'ansia: *Vuoi vedere che c'è qui anche lei? Che è venuta a cercarlo nel mio letto?* Il pensiero di Alice, il suo fantasma proiettato dall'insicurezza, aveva il potere di precipitarla nel timore più assurdo.

Ma Alfiero era solo. Non si accorse di Maruska che aveva salito i gradini del soppalco a piedi scalzi per non far rumore; stava supino e di lui si vedeva solo la testa sporgere dal risvolto del lenzuolo: la testa con qualcosa di bianco sugli occhi. Lei toccò appena il fazzoletto bianco, che era umido, e lo vide sussultare.

«Chi è?»

«Sono io, non spaventarti... hai mal di testa?» Gli scoprì il viso e vide una spaventosa ecchimosi intorno agli occhi: una maschera blu, il naso gonfio e un'abrasione su uno zigomo. «Che cosa ti è successo? Sei caduto? Dove?»

Alfiero le prese una mano e la strinse come se si aggrappasse alla salvezza. Mormorò: «Speravo che tu arrivassi fra qualche giorno quando il peggio era passato».

«Ma che cos'è successo? Sei andato al Pronto Soccorso?»

«No. Sono caduto in avanti, ho battuto la faccia contro la soglia del portone.»

«Dove? Qui?»

«No. Mentre uscivo dall'ufficio. Era tardi, non c'era più il portiere, non c'era nessuno...» Respirò con fatica prima di bisbigliare: «È stato uno scippo».

«Uno scippo? Ma quando? Ieri?»

«Sì, ieri. Te l'ho detto: era tardi. Quando tu non ci sei io mi fermo in ufficio e perdo il senso del tempo.»

«Lasciami vedere bene», e con mani delicate Maruska gli fece voltare il viso da un lato e dall'altro. «Che lividi! Su tutti e due gli zigomi. Hai battuto solo la faccia?»

«No, anche le costole. Mi fa male a respirare.»

«Ti porto al Pronto Soccorso», fece lei, decisa. «Siamo ancora in tempo, visto che è capitato ieri sera. E poi devi denunciare lo scippo. Del portadocumenti o anche dell'executive?»

«Sono caduto ma non ho mollato il portadocumenti. L'executive era qui, in casa. Poi devono aver notato che arrivava qualcuno perché sono filati via.»

«Allora hai visto quanti erano.»

«Due... mi pare.» Alfiero chiuse gli occhi. «Lascia stare: per le costole, se sono incrinate, non c'è niente da fare. E il viso mi fa già meno male.» Con fatica si levò a sedere come volesse dimostrare che stava meglio, e sorrise stirando le labbra un po' tumefatte. «Sai, è solo al cinema che dopo una scazzottata gli attori non hanno mai la faccia gonfia.»

Dopo una scazzottata. Che strano paragone. Maruska gli mise una mano sul petto. «Sta' giù: adesso ti metto sulla faccia un gel che ti dà un po' di sollievo, diminuisce il gonfiore. E poi scommetto che non hai mangiato niente da ieri mattina.»

No, quello scippo non la convinceva, e nemmeno quei lividi che facevano un occhiale nero intorno alle orbite. Non lo diede a vedere ad Alfiero, ma era strana quella riluttanza di lui a farsi curare da un medico e a denunciare lo scippo, se tale era. E c'era qualcosa che la turbava anche di più: Alfiero aveva paura. Lei aveva un intuito viscerale che di rado sbagliava e non aveva bisogno di prove. Alfiero non voleva farsi vedere in quello stato perché aveva paura: ma di chi?

Lo sentì lamentarsi e mormorare: «Lunedì starò già meglio, e magari i lividi non si vedranno quasi più».

«Non bastano due giorni perché scompaiano», replicò

lei, «ma puoi sempre prender tempo dicendo che hai un po' d'influenza.» Scese in cucina e guardò nel frigo soprappensiero. Che cosa si può dare a un uomo malconcio e digiuno da ventiquattr'ore? Alfiero si aspettava sempre d'esser nutrito da lei, e piuttosto che mangiar da solo saltava i pasti.

Se l'avessero aggredito non sarebbe stato per caso. Mise la caffettiera sul fuoco e apparecchiò un vassoio con yogurt, cereali, fette biscottate e le marmellate inglesi che gli piacevano tanto. Dopotutto era ora di colazione. Le sue mani si muovevano da sole mentre il suo cervello connetteva, forse arbitrariamente, quell'aggressione con la strana telefonata cui Alfiero aveva risposto: «È uno sbaglio», con un fazzoletto davanti al microfono, forse per alterare la voce. *Non correre subito a conclusioni azzardate*, s'impose, *questo non è un romanzo, è una situazione dannatamente vera e tu, per ora, hai in mano solo due elementi sicuri: i lividi e la telefonata. E lo scippo? È accaduto davvero o è una bugia di copertura?* Maruska almanaccava suo malgrado, ma era disorientata e si chiedeva anche: *Perché dubito di quello che lui dice?*

Mentre il caffè imbalsamava l'aria con il suo aroma di casa, di mattina serena, di colazione a due, lei andò ad ascoltare la segreteria telefonica. C'era una chiamata che però non era seguita da nessun messaggio e il numero non era registrato. Poi un'altra chiamata successiva senza messaggio, ma proveniva da un numero che subito riconobbe. Una vampa di calore le salì fino alla radice dei capelli: il numero di Alice. O Alfiero non era in casa o non aveva risposto. O forse era intontito dal sedativo preso per calmare il dolore.

In silenzio salì adagio la scala fino al soppalco, appoggiò il vassoio per terra vicino al futon e sedette su un cuscino. «Non vuoi la colazione? Prendo anch'io un po' di caffè con te.»

Restò a guardarlo mentre mangiava, dapprima un po' svogliato, poi più disteso, confortato. Sì, così andava meglio.

Intanto gli raccontava qualcosa dei suoi due giorni a Roma e perché era tornata prima del previsto. «Non mi andava di passare il weekend senza di te.»

«Allora non devi rimetterti a lavorare subito. Faresti un salto al mio ufficio per portare dei documenti? Potrei chiedere alla Cleme di venir qui a prenderli, ma se mi vede così conciato come minimo si mette a piangere e lo racconta a tutti.»

«Non dirmi che la Cleme è in ufficio anche di sabato mattina.»

«C'è una riunione indetta dal Vice e dovevo esserci anch'io. Che ora è? Quasi le undici. Me n'ero dimenticato.»

«E se la tua segretaria mi chiede di te? Non preferisci parlarle tu?»

Alfiero si appoggiò ai cuscini. «No, inventa tu qualcosa. Portami qui l'executive, c'è una cartellina con dei disegni e... che cosa c'è? Ti secca?»

«Non vorrei incontrare qualcuno che mi fa delle domande.»

«Ma chi? Tu dai la cartellina alla Cleme e te ne vieni via.»

Nei dieci minuti che impiegò per andare in taxi fino alla sede dell'Immobiliare World Wide, Maruska si domandò che cos'avrebbe fatto un suo personaggio che si fosse trovato in quella situazione ambigua, ma non seppe rispondersi. Alfiero mentiva e non voleva farsi vedere per un'incomprensibile prudenza, ma lei, lei voleva farsi coinvolgere nel suo assurdo nascondersi?

È una decisione stupida, la sua. Non vuol far sapere che l'hanno aggredito, ma ci vorranno quasi due settimane prima che quelle ecchimosi scompaiano.

Salì svelta senza prendere l'ascensore, sapeva che l'ufficio di Alfiero era all'ammezzato. La porta era socchiusa, si sentivano voci dal corridoio. Maruska si domandò se era il caso di entrare senza bussare quando il ronzìo dell'ascensore alle sue spalle la fece voltare, le porte si aprirono e comparve, in tutta la sua autorevole, grigia presenza, l'ingegner Biagio Falzoni, detto il Vice.

«La nostra romanziera! Che cosa ci fa qui?»

Sorridendogli, lei tese la busta verso la signorina Cleme che era apparsa sulla soglia dell'ufficio e rispose: «Faccio il fattorino, come vede».

«E allora», disse lui pilotandola verso l'ascensore, «venga venga, e mi racconti che cos'è successo ad Alfiero. Lo aspettavamo alle dieci per una riunione e non si è fatto vivo. Neanche una telefonata. Non sarà scomparso di nuovo, eh?»

Maruska accennò una risatina come se la battuta fosse divertente e lui continuò a parlare per tutti i quattro piani che l'ascensore, lento ma quasi solenne come si conveniva al miglior stile liberty, percorreva fra il purgatorio del pianoterra e il quasi empireo degli uffici superiori. «Incredibile che nemmeno la Cleme sapesse qualcosa di Alfiero», disse, «l'ho chiamata e richiamata ma niente, poco fa non rispondeva nemmeno al telefono. Incredibile: noi, di sabato mattina, ci facciamo un mazzo nelle riunioni, ma a piano terra è come il deserto dei tartari.»

Lei taceva con lo sguardo interrogativo di chi non sa o non vuole rispondere. Il Vice le incuteva un disagio nel quale si sommavano sensazioni diverse: timore di sbagliare, un filo di soggezione e una vigilante diffidenza. Decise d'istinto per la prudenza e per una parziale verità ma attese, prima di parlare, d'essere entrata nell'ufficio di lui. Che era spazioso, luminoso ma senza lussi, anzi secco, lucido e spoglio come un laboratorio scientifico.

«Le avrei telefonato io stessa, ingegnere, non appena tornata a casa. Alfiero ha la faccia gonfia... l'ho trovato così stamattina appena rientrata da Roma. L'hanno scippato. È pieno di lividi. Poveretto: mi ha detto che non osava farsi vedere con gli occhi blu come chi si è fatto rifare le palpebre.»

«Cosa?» L'ultima frase aveva strappato al Vice un ghigno quasi divertito. «L'hanno scippato? E dove?»

«Qui, ieri sera tardi, mentre usciva dal portone. Per fortuna non sono riusciti a prendergli il portadocumenti dove aveva anche le chiavi. Ma è caduto e ha picchiato di brutto il viso e le costole.»

«E si è fatto molto male?»

«Stamattina, quando l'ho visto, mi sono spaventata.»

«Povero Alfiero... è sfortunato! Deve aver passato un momentaccio. Gli hanno preso dei documenti, dei disegni?»

«No. Mi ha detto di no. La sua executive era in casa: ecco perché mi ha pregato di portare quella cartellina alla Cleme.»

«Uno scippo, e proprio qui davanti al portone della sede. Ma forse è un caso. Lei crede al caso, signora...»

«Fortuna, Maruska Fortuna», terminò lei, che aveva uno strano modo di pronunciare quel suo nome simile a un talismano, con ingenuità e ironia.

L'ingegner Falzoni considerò più attentamente, da vicino, quella che Prandi presentava come sua seconda moglie, e sebbene lui fosse, teoricamente, per una monogamia rigorosa, non gli dispiacque. Non aveva l'aria della mangiauomini, categoria pericolosa e alla fine stucchevole, non era neanche una damazza elegante, e s'intuiva in lei una forza dissimulata ma determinata, una potenzialità che si poteva, volendo, manipolare. A condizione di indovinare quale fosse il suo prezzo, se di ambizione o sentimenti. O tutt'e due. A sua volta lui si sentiva osservato, ma sapeva che il suo tratto distintivo, una sicurezza smisurata, piaceva alle donne, le rilassava.

Non Maruska, però. Per lei il Vice era l'immagine convenzionale dell'attore che, in un teleromanzo, interpreta l'eminenza grigia: elegante, un po' serioso, enigmatico, non bello, di affabilità formale. Così diverso dalla doppia risata del Capo che mostrava con larghezza denti e cuore. In definitiva, il Vice era un personaggio al quale dire il meno bugie possibili.

«È andato al Pronto Soccorso?» chiese lui.

«Se ci fossi stata io, forse. Ma sa com'è Alfiero, dopo quello che gli è successo un anno fa non vuol nemmeno sentir parlare di ospedali.»

«Capisco.» Il Vice non commentava, non diceva parole superflue, ma lei lo sentiva soppesare diverse eventualità. «In definitiva, però, non gli hanno rubato niente. Quindi: uno scippo a vuoto.» E subito dopo ipotizzò: «Ma potrebbe essere un'aggressione».

Maruska si lasciò andare a un'espressione di muta incredulità. *Ci siamo*, pensava.

«Sì, potrebbe essere stata un'aggressione», ripeté l'altro. «Alfiero è uno degli imputati eccellenti di un processo che interessa politica e finanza. Del resto, lui gliene ha certo parlato.»

«Non in dettaglio», precisò lei, prudente.

«Perciò qualcuno può averlo spaventato per indurlo a non testimoniare, o a tacere dei particolari.»

«Lei crede?» fece Maruska con il tono allarmato di chi scopre un pericolo.

L'altro replicò, sottilmente: «Se fosse così, Alfiero non lo direbbe né a lei, né a me».

«Forse», ammise lei abbassando gli occhi. Ma subito alzò la testa e la sua faccia era illuminata da una fiducia ardita. «Alfiero non si farebbe mai spaventare da qualcuno che vi fosse ostile.»

«Lo credo anch'io», convenne Falzoni, «ma sarei più tranquillo se avesse una scorta. Quando tornerà in ufficio lo farò accompagnare da una macchina con autista e un uomo della nostra vigilanza.»

«Sarebbe confortante», ammise Maruska, «anche se temo che ad Alfiero non piacerà.»

«Se lei lo persuadesse...» disse il Vice con quel lieve sorriso che sollecitava la fiducia. «Molto dipende da lei.»

«Da me? Non saprei come.»

«Lei, invece, può vigilare senza allarmarlo. Scoprire eventualmente chi lo contatta e chi lo incontra.»

«E riferire a chi?» domandò Maruska abbassando prudentemente il tono di voce. Le sembrava di vivere una delle trame dei suoi intriganti romanzi, in cui succedeva di tutto e oltre, e si comportava d'istinto come un personaggio, con le battute che lei stessa avrebbe scritto in quella situazione. «Mi sta dicendo che Alfiero è in pericolo?»

L'altro ignorò l'ultima domanda e ribatté soltanto: «Lei riferirebbe a me personalmente, e in tutta riservatezza».

«Sarebbe un po' come spiarlo.»

«Ma cosa dice? Solo osservare i suoi movimenti, soprattutto nelle prossime settimane. È per proteggerlo. Da quando ha tentato il suicidio non sono affatto tranquillo.»

Ha bisogno di un cane da guardia, e io sono l'unica di cui Alfiero non sospetterebbe. Ma obiettò, con rammarico: «Purtroppo io sono spesso a Roma. Sto terminando la sceneggiatura del mio romanzo: le ultime puntate. E inoltre devo tenere i contatti con persone che possono aiutarmi a realizzare un progetto».

«Un altro serial televisivo?»

«No. Una trasmissione dedicata ai sentimenti. È un genere che va molto, come *Uomini e donne*, *C'è posta per te*... Ma lei di sicuro non le guarda, è roba popolare, che però fa audience.»

«E una cosa del genere le interessa?»

«Certo. Ci sono professioni, come lo scrittore, in cui la

visibilità raddoppia le tirature: la gente compra un libro anche perché conosce e trova simpatica la faccia dell'autore.»

«Insomma, è sempre una questione di audience.»

«Come nelle campagne pubblicitarie o politiche, non crede?» Lo guardò con quella sua impudenza che poteva sembrare ingenua e concluse: «Mi piacerebbe proprio scoprire se ho una faccia di quelle che bucano il piccolo schermo».

Il Vice, adesso, la squadrava quasi senza pudore: non era bella né chic, ma la sua faccia un po' piatta, mobilissima, suggeriva una sensazione di accoglienza: tu parli e io capisco anche quello che non dici, quello che hai nel cuore. Bisognava vedere come avrebbe saputo usarla, quella faccia qualunque che tuttavia era attraente.

«Le hanno mai fatto un'intervista televisiva? Un provino?» domandò.

«E dove? In Rai gli scrittori come me sono abbastanza snobbati. Io ho venduto due romanzi dai quali hanno tratto dei serial di successo, e adesso ne uscirà un terzo, ma non sono mai riuscita a fare un passaggio in video.»

«Potrei darle una mano col direttore di rete», buttò lì lui come se dipendesse da una semplice telefonata.

«Lo farebbe? Devo tornare a Roma fra una settimana. Potrei chiedere ad Alfiero di accompagnarmi», e intanto rifletteva: *Così lo allontano dai rischi*.

Ma l'ingegner Falzoni fece un cenno secco. «No. Meglio lasciar tutto nella normalità e vigilare sui suoi passi, anche sul suo umore. È un periodo di tensione, questo, prima del processo. E con quel tentativo di suicidio Alfiero si è rivelato fragile. Oppure c'era qualcuno dietro quella sua disperazione.»

«C'era sua moglie.»

«Non credo», obiettò lui, scettico. «Gli uomini non si suicidano per liberarsi della moglie.»

«Ma possono fingere il suicidio», buttò là Maruska.

«Questo sì è interessante. È un'opinione sua oppure...»

«Pura e semplice deduzione psicologica. Da romanziera.»

A quel punto Maruska si alzò, non voleva aspettare d'essere congedata. Gli porse la mano e notò che quella di lui aveva un stretta vibrata e fredda. *Da non sottovalutare*, registrò lei, che dava più peso alle espressioni fisiche che alle parole. Prima di uscire si voltò mentre la porta era ancora chiusa e disse: «A proposito, l'ex moglie di Alfiero ha cercato di parlare con lui. È la prima volta, da quando si sono separati. I figli sì, si fanno vivi, anche se di rado. Ma lei soltanto ieri sera. Strano, no? Alfiero forse non ha sentito il telefono. O forse aveva preso un sedativo o un antidolorifico, così è probabile che non si siano parlati. Lei non ha lasciato messaggi». Gli fece un cenno di saluto con la mano, quasi confidenziale. Dopotutto erano complici, ma chi dei due e fino a che punto si sarebbe fidato dell'altro?

Intanto anche Alice, adesso, è nella rosa dei sorvegliati, riassumeva Maruska andando verso il posteggio dei taxi. Il plot cominciava a prendere forma come in un romanzo. Un giallo? Mah... a naso sentiva che c'erano di mezzo dei soldi, ma non sapeva come e quanti. Doveva scoprire che cosa nascondeva Alfiero. Per proteggerlo anche dal Vice, naturalmente. Il Vice. Che aveva un titolo, un nome e un cognome molto qualunque e stava alle spalle del Capo come padre Giuseppe, confessore e consigliere, stava alle spalle del cardinale di Richelieu. Le erano sempre piaciuti quei personaggi che costruivano la storia dietro le quinte, ma il Vice, come tutti coloro che hanno denaro e potere, era stato prevedibile, le aveva teso l'amo del «do ut des»: ti appoggio col direttore di rete e tu fai da cane da guardia. Guardia da chi? Da lui? E non aveva intuito che lei, Alfiero, lo amava davvero, sebbene nessuno ci credesse all'infuori di Alfiero stesso?

Tornò a casa e lo trovò che stava esaminando lividi e

gonfiori con uno specchio a lente. «Quando tornerò in ufficio», disse buttandola sul ridere «qualcuno spettegolerà che mi sono fatto rifare il naso.»

«Sapranno già quel che ti è capitato.»

«Lo hai detto alla Cleme? Mi secca che se lo lasci scappare!»

«Non alla Cleme.»

«A chi l'hai detto?»

«Al Vice, che ho incontrato in ascensore.» Gli tolse dalle mani lo specchio e lo guardò con una tenerezza materna. «Appena gli occhi si sgonfiano ti trucco con un po' di fondotinta.»

«Maruska... che cosa ha detto Falzoni?»

Lei fece il verso alla seriosità comprensiva del Vice. «Ha detto: poveretto, che momentaccio! Ma aveva un fumetto che gli usciva dalla testa, e dentro c'era scritto: 'Whaw! è un'aggressione'.»

«E tu?»

«Senti: per nascondere quello che non si vuol far sapere, e cioè che non è uno scippo, basta sbandierare che lo è.»

Se Alfiero fu sorpreso che lei condividesse l'ipotesi del Vice non lo diede a vedere, perché si limitò a sospirare senza far nessun commento.

9

*N*ON *capisco, non capisco. Alfiero è muto come un pesce. Se ne sta a letto a occhi chiusi e respira appena per non muovere le costole, così gli dolgono meno. È passato sabato, è passata domenica, è passato lunedì. E lui non mi dice niente, non parla neanche con me. Non era mai successo...*

E intanto Maruska sceglieva, dal mazzo dei tarocchi, gli Arcani maggiori da quelli minori. *Bene: mazzi separati. E adesso che cosa mi prende? Ho quasi paura a domandare.* Domandare: a questo servivano quelle antichissime carte, a leggere meglio la realtà. Non era questione di credere o meno in una predizione, ma di interpretare i simboli espressi dalle figure.

La lampada che circoscriveva la luce sul piano del tavolo illuminava i due mazzi e le sue mani. Intorno si addensavano l'oscurità della notte e il buio della sua apprensione: le sembrava di avvertirli sulla pelle, come un sudore diffuso. Si sforzò di concentrarsi su Alfiero, smazzò i ventidue Arcani maggiori e ne scelse tre che dispose, coperti, a formare un triangolo rovesciato. Quindi sparpagliò gli Arcani minori e con la mano sinistra scelse quattro carte senza voltarle. *La mano sinistra non influisce sul gioco, ma i rituali è meglio seguirli*. Posò ogni carta accanto alle altre tre e la quarta in alto. Ecco: il gioco di Papus era pronto. Un gioco sintetico, articolato nei tre momenti della realtà: la situazione presente, lo sviluppo, la conclusione.

Cominciò a scoprire le carte a sinistra, il presente: il Matto e il Cavaliere di denari. Poi la coppia a destra, lo sviluppo: la Luna e la Regina di denari. Infine la terza coppia di simboli, la conclusione, e aggrottò le sopracciglia sconcertata: la Torre e il Quattro di spade. Brutta accoppiata questa: la Torre simboleggia un crollo rovinoso e il Quattro di spade è un recinto di solitudine, o il carcere. Tuttavia le altre carte potevano suggerire qualcosa, un'idea che prevenisse quella conclusione negativa. *Vediamo*.

Gli Arcani, coi loro simboli ben visibili e pur sempre enigmatici, stavano sotto la lampada come se fossero in attesa di animarsi, divenire soggetti o eventi che si potevano concretare nel tempo. Per ora lampeggiavano solo dei segni inquietanti. *Denari e spade, spade e denari*, borbottava Maruska fra sé, *il Matto con il Cavaliere di denari potrebbero essere Alfiero e il suo Capo?... No no: il Capo è molto di più, sarebbe uscito con la carta del Re. Il Cavaliere è un personaggio importante ma di più basso livello. Molto molto inquietante, però, nell'insieme del gioco. E quella Luna malefica appaiata alla Regina? Sono loro due che conducono gli avvenimenti. La Regina di denari è un po' avida, intrigante, ma sa essere anche generosa. Alice? Non direi. Forse Daria Fusi, che difende Alfiero al processo. Già, il processo per corruzione. Ecco la carta del carcere come avvertimento da non sottovalutare: magari è questo il tormentone che Alfiero si tiene chiuso dentro*.

Le aveva raccontato che già nel precedente processo, riguardante la lottizzazione di un tratto di costa calabra destinato a parco naturale, si era salvato tacendo e negando ogni addebito di corruzione. Finché le pressioni sotterranee del

Capo sui politici giusti e quelle mirate del collegio di difesa erano riuscite a depistare la celebrazione del processo presso una sede più favorevole. Naturalmente col pretesto che a Milano, dove il procedimento giudiziario doveva aver luogo, le dimostrazioni e i cortei contro l'Immobiliare World Wide non avrebbero garantito uno svolgimento equo e sereno. Da quelle precise accuse Alfiero e la World erano usciti del tutto scagionati, anche se la lottizzazione era stata bloccata da una nuova inchiesta degli ambientalisti. Ma la situazione, ora, era assai più critica. In questa nuova azione giudiziaria, l'accusa di corruzione contro Alfiero, da parte dei verdi di tre comuni dell'hinterland, si complicava con la scoperta di malversazioni da parte di alcuni componenti delle amministrazioni stesse. Si parlava di una tangente miliardaria sparita nel nulla, di conversazioni telefoniche scottanti e debitamente registrate fra l'imputato e banchieri, di rapporti ambigui con politici della provincia: uno sporco gioco d'interessi, menzogne e smentite, che orbitavano intorno alla costruzione di un inceneritore destinato a smaltire i rifiuti di diversi comuni. Un affare scandaloso che coinvolgeva il piano di lottizzazione del vastissimo terreno industriale che la World Wide aveva di recente acquistato in quella zona.

Si prospettava quindi un farraginoso, ingovernabile processo che suscitava allarme nelle alte sfere dell'immobiliare e dal quale pochi avevano da guadagnare e molti da perdere per l'inevitabile cassa di risonanza che la stampa gli avrebbe dato.

A Maruska quelle beghe giudiziarie, quelle battaglie ambientali fra cemento e natura non dicevano proprio niente; le era ben chiaro, invece, che Alfiero, a torto o a ragione, poteva pagare per tutti. E lei doveva badare a se stessa, anzi a tutt'e due. Ora, se la fortuna era stata benigna con lei, aprendole una porta della tivù, occorreva ben altro per tenerla spalancata: non solo idee ma furbizia, fiuto, intuito per le giuste frequentazioni e soprattutto spinte favorevoli. Come poteva essere quella del Vice.

Lei non dubitava affatto che l'ingegner Falzoni potesse alzare il telefono e chiamare un direttore di Rete: «Oh, carissimo che piacere sentirti eccetera eccetera eccetera...» Bisognava vedere, però, se quella mezza promessa che le aveva fatto balenare era solo uno specchietto per le allodole. O se invece, perché lei facesse il cane da guardia, le avrebbe dato almeno lo zuccherino di una minipresenza in una trasmissione del mattino, quella per le casalinghe. E magari!

Tornò alle carte di Alfiero e indagò l'ultima accoppiata: la Torre e il Quattro di spade. Maledizione, si rafforzavano a vicenda. Precipitare dalla Torre significava perdere tutto, magari anche la vita, e quelle spade...

«Chi vuol gettarmi giù dalla torre?» domandò Alfiero alle sue spalle. Era sceso dal soppalco mentre lei, concentrata nell'interpretare le carte, non percepiva i rumori intorno. Con le mani sulle sue spalle si protendeva in avanti per veder meglio il gioco allineato sotto la lampada. «Che cosa dice la mia cartomante maga?»

«Che quel tuffo dalla torre è, né più né meno, quello che hai fatto sul portone dell'ufficio qualche sera fa.»

«Allora siamo nel passato. Non è interessante.»

«Ma per me sì.»

Lui girò intorno al tavolo, prese una sedia e si mise davanti a lei come se volesse consultarla. «Che cosa stai cercando di strologare con quel gioco?»

«Quello che tu sai e non mi dici.»

La lampada, gettando luce solo sul piano del tavolo, lasciava in ombra i loro due visi, sì che sembrava parlassero al buio, o a se stessi.

«Dài, raccontami che cosa dicono le tue carte, così mi diverto anch'io.»

Ma lei, con un gesto repentino, le confuse col resto del mazzo.

«Erano così brutte?»

«Forse. Ma le carte si limitano a indicare una situazione, non influenzano gli eventi. Tu sei libero di fare ciò che vuoi, di parlare e di tacere, e anche di lasciarti aggredire di nuovo.»

«Sono inchiodato qui dal divieto di andare all'estero», replicò lui. «È stato il Gip a bloccarmi di nuovo, fino alla fine del processo.»

«Altrimenti te ne andresti? Non aver paura di dirlo, lo sai che ti seguirei dovunque.»

«E i tuoi romanzi? E la televisione a cui tieni tanto?»

«Posso scrivere in qualunque posto.»

«Già. Il problema sono io.»

«Per chi? Per la World Wide? Che cosa accadrebbe se l'imputato numero uno del processo se la squagliasse?»

«Una catastrofe. Loro vogliono uscirne puliti anche questa volta.»

«Quindi potrebbero temere una tua fuga.»

«No, non credo. Sanno che possono fidarsi di me. Finché io sono qui a rispondere, loro possono dimostrare di non essere stati al corrente delle mie decisioni, delle mie mosse più o meno legali.» Sospirò. «Oh, Maruska, che schifo, che ipocrisia questi processi alla corruzione! Tutti ci marciano con favori e tangenti, è il lubrificante degli affari e dei rapporti, non si può farne a meno!»

Improvvisamente lei lo spiazzò affermando: «Alla World, però, c'è qualcuno che teme tu possa sparire. Anche l'altra volta, quando non ti trovavano, si sono spaventati».

«Te l'ha detto Falzoni?»

«No... forse l'ho fiutato io dalle sue parole: era allarmato per quello che non crede sia stato uno scippo.»

«Non c'entra niente con il processo e con la World!» esclamò lui.

«Ah, sì?» E Maruska si chinò in avanti cercando di intercettare lo sguardo di lui che si era ritratto ancor più nell'ombra. «E allora chi ti ha picchiato? Il marito di una tua amante?»

«Sì, sfotti», ghignò lui. E sputò il rospo: «Era una storia di usura».

«Usura?» Maruska era esterrefatta. «Usura?» E agghiacciata: quella parola era peggio della droga e della mafia, era la disgrazia e la stupidità congiunte.

«Sì, usura, soldi. Il mio problema sono sempre i soldi: un prestito che si è moltiplicato.»

«Quando? Prima di lasciare Alice?»

«Quando siamo andati a Taormina.»

«A Taormina. E tu, tu hai fatto un debito con un usuraio per andare in vacanza?»

«Ero al verde. Alice aveva sistemato tutti i miei pasticci con le banche, ma aveva rastrellato quel poco che era rimasto.»

«Non lo sapevo, non me l'avevi detto.»

«Ma che importanza ha?»

Già, era un debito come un altro, Alfiero ci dormiva sui debiti e sulle cambiali. Finché qualcuno non gli rompeva il muso.

«Quando sono tornato a casa dall'ospedale con Alice, ti ricordi?, tu te n'eri andata a Roma e non volevi più vedermi.»

«Non parlare di quei giorni!» esclamò lei. «Soffrivo come un cane e non potevo neanche starti vicino.»

«Proprio per questo dobbiamo parlarne: tu eri amareggiata, delusa, e io volevo cancellarli quei giorni terribili di angoscia, di lontananza da te...» Le prese la mano sopra il mazzo di carte e la strinse forte per dar calore alle parole.

«Io, io ero stanco di sotterfugi, ero esasperato dalla mia debolezza, avevo bisogno di ossigeno, di sole, di stare con te, di persuaderti che ti amavo, di ricominciare in bellezza. L'ho fatta per amore, Maruska, questa pazzia del prestito a usura, l'ho fatta per noi, per te, perché non volevo ricominciare con te in un motel squallido o in questa casa che era ancora ingombra di falegnami e tappezzieri. Volevo che tu avessi qualcosa da ricordare, una vacanza romantica come una luna di miele, un'immagine che resta nella vita. Così ti ho invitato a Taormina, e tu mi credevi ancora il re Mida di quando ti avevo portato a Londra e a Vienna. Ero già deciso, decisissimo a rompere con Alice, al ritorno. E lo avrei fatto anche se Isabel non ci avesse scoperti.»

Maruska non parlava, non fiatava, non lo guardava. Sì, era proprio da Alfiero, quella storia. Gli stava a pennello, e non sarebbe mai cambiato. Lei gli credeva, voleva credergli. Ma adesso?

«Quanto hai preso in prestito?» domandò.

«Il debito adesso è di centocinquantamila euro. Ma non li ho, non ho proprietà su cui possano rivalersi e non vogliono più aspettare.»

«Nemmeno io li ho», disse subito lei. «Abbiamo speso un sacco per la casa, e in questi mesi.»

«Non potevamo vivere da barboni», replicò lui, risentito. E tagliò corto concludendo: «Troverò il modo, non è poi una gran cifra».

«Sei ottimista.»

«Me la sono sempre cavata in queste faccende, ma se potessi andare a Ginevra risolverei tutto in ventiquattr'ore. Quel maledetto Gip che mi ha bloccato di nuovo qui.»

«Non ci andavi anche per curarti a Ginevra? Potresti chiedere un permesso per ragioni di salute, o fare una scappata in aereo in un solo giorno.»

«Tu non sai come vanno le cose quando ci sono in corso

delle indagini finanziarie: tutto viene controllato, i viaggi, le telefonate, gli incontri. Basta un biglietto aereo perché fiutino la presenza di fondi all'estero. Ho troppi occhi addosso, credimi.»

«Forse esageri, voglio vedere come fanno a controllare uno che esce da una frontiera dove non si chiedono più documenti d'identità.»

«Ma non si può rischiare quando si è in una posizione critica come la mia. Per questo io, che da anni andavo periodicamente a Ginevra per curarmi, ho smesso di farlo, mi faccio mandare i farmaci per corriere, per evitare che si ipotizzi una pista in quella direzione. Quei gaglioffi degli uffici tecnici comunali che si sono intascati le tangenti sono stati abilissimi a farne scomparire le tracce, magari nel Liechtenstein o nei paradisi fiscali dei Caraibi, e così sostengono che dalla World non hanno mai preso una lira.»

«E allora quei miliardi sono diventati fantasmi: ma tu che c'entri?»

«C'entro perché io ero il canale attraverso il quale li hanno avuti dalla World, e poiché loro negano di averli ricevuti, qualcuno da noi, in alto, si sta domandando: dove sono finiti? Ho troppi occhi addosso», ripetè lui.

«Ti manderebbero un detective alle calcagna?» scherzò Maruska cercando di alleggerire quelle supposizioni. E ridacchiò aggiungendo: «Magari il Vice ci proverebbe...» come se fosse una eventualità assurda. Ma si guardò bene dal dirgli: *Lo sai che mi ha chiesto di farti da cane da guardia? A me!* Una situazione persino comica, se non avesse implicato una minaccia reale.

Si alzò per sgranchirsi le gambe e per interrompere, con il movimento, quella sgradevole sensazione d'impotenza che l'angosciava. Ma dopo qualche passo si fermò dietro le spalle di Alfiero rimasto seduto e lo abbracciò baciandolo teneramente sul collo. «Raccontamela giusta, amore mio: la tua Maruska non ti tradirebbe mai. Spiegami una cosa: se quella tangentona non ti è rimasta attaccata alle dita e non l'hai fatta defilare in Svizzera, quanti soldi andresti a prendere a Ginevra? Tanti, addirittura, da sistemare tutti i tuoi guai?»

Lui sospirò e sorrise. Era proprio quella la domanda che Alfiero si aspettava: Maruska ragionava da scrittrice di telenovele, ma non conosceva la realtà sul campo di cui lui aveva lunga esperienza. «Tu credi che io avrei maneggiato per intascare la tangente destinata ai tecnici comunali? Ma quando mai!... sarebbe da stupido.»

«Beh, nella tua posizione, o si fregano i corrotti o si fregano i corruttori. O magari tutt'e due.»

«Giusto. Ma non è così semplice. Bisogna individuare i tempi e le occasioni. E per quanto mi riguarda, in tanti anni di questo mestiere, ho avuto occasioni migliori e tempi più propizi per mettere insieme un malloppetto di miliardi.» L'allusione era chiara, anche se in parole ambigue.

«Miliardi? Di lire o di euro?» ridacchiò lei scherzando. «Io sarò pure una maga non patentata, ma tanti soldi nelle tue carte non li ho visti.»

«E che cosa hai visto?»

«Ho visto una regina di denari, intrigante quanto basta e generosa. Potrebbe darti una mano.»

«Questo non è un gioco, Maruska.»

«Anche l'usura non era un gioco, e ci sei cascato dentro.»

«Va beh, è successo. Ma adesso devo trovare quei soldi.»

«Ci vado io alla tua banca, con una tua delega», propose lei.

«Una delega?»

«Sì. Te la fai preparare da un notaio, meglio se è un amico e fuori dal bosco della World.»

«Non credo funzioni. Perché la delega sia valida dev'essere fatta prima, in banca, con l'intestatario del conto e la persona delegata ambedue presenti.»

«Però si può provare», lo sollecitò lei, già invogliata: «Ascolta: tu mi precedi con una telefonata: non da qui, però. La prossima settimana torno a Roma e parto di là: due ore d'aereo, mi dai tutte le coordinate e io eseguo. Che ne dici?»

«Che non succede come nei romanzi.»

«I romanzieri sono informati e pignoli quanto gli avvocati e i poliziotti, ma devono pur trovare delle vie d'uscita nelle loro trame. E adesso torniamo a letto: sono quasi le quattro», e lo abbracciò teneramente. *Forse quella regina di denari sono io*, pensava mentre risalivano lentamente sul soppalco.

Usura. Scommetto che il Vice non se l'aspetta e questo servirebbe a depistare i sospetti che nutre su Alfiero. Ma certo, l'aggressione è stata un maledetto avvertimento: sono senza scrupoli quei delinquenti. Usura: niente occultamento di tangenti come Falzoni dubita, solo una delle macroscopiche fesserie di Alfiero. Ma si può essere così balordi? Povero Alfiero, è proprio lui la carta del Matto.

Si infilarono sotto il piumino, il tepore li consolava, i corpi vicini e le verità parzialmente rivelate rinsaldavano la loro complicità. *Ma non è tutto, non mi ha detto tutto*, rimuginava Maruska. *Chissà che fine ha fatto quella tangentona... io, se fossi stata in lui... ma no ma no, i processi veri non sono romanzi, non si possono manipolare. O sì? Non mi ha voluto dire quanto ha in quel conto svizzero, ma non dev'essere poco.*

Una settimana dopo Isabel telefonò a suo padre e gli disse: «Ho bisogno di vederti».

«Vieni in ufficio?»

«Preferirei di no, con la Cleme che sta a origliare.»

«E allora dove?»

«Hai paura di ricevermi in casa?»

«Maruska è a Roma, vieni anche stasera.»

La vide entrare dopo cena, guardarsi intorno senza imbarazzo, ridere. «Tutto mi sarei aspettata, ma non che tu vivessi in un caravanserraglio come questo.»

«Non ti piace?»

«Sicuramente è l'opposto di dove hai abitato per trent'anni.»

«Si cambia, Isabel, si cambia. Anche tu sei cambiata.»

Vestita con una lunga gonna nera che mostrava, dallo spacco, gli stivali di camoscio, un giacchino aderente e una sciarpa bianca, vaporosa come una nube intorno al collo, Isabel si era trasformata in una misteriosa presenza. Alfiero non si era mai accorto di quanto fossero inquietanti i suoi occhi grigi allungati dalla matita blu. Aveva raccolto i capelli dietro, sulla nuca, come una donna adulta, ma due ciocche sottili, dalle tempie, cadevano con un disegno netto e rammentavano i suoi vent'anni.

«Siediti. Lo sai che stai diventando sempre più bella? Hai preso da tua madre, ma un po' anche da me.»

«Sì, il modo di sorridere, gli occhi. Ma cosa sono quei lividi?»

«Una stupida caduta. È incredibile quanto tempo ci mettano a sparire.»

Stavano seduti sul divano, non si erano mai più guardati in viso da quella sera del concerto di Muti alla Scala. Non era facile trovare le parole, perciò Isabel andò subito al dunque: «Sai, sono venuta a darti una bella notizia, bella per me, almeno: mi sposo».

«Ti sposi? Quando?»

«Beh, non domani», sorrise lei. «Diciamo in autunno. E vorrei essere sicura che ci sarai, alla cerimonia.»

Alfiero era sconcertato, quasi offeso. «Certo che ci sarò. Ma vorrei anche conoscerlo, il mio futuro genero.»

«Qui sta il problema...» esitò lei tastando il terreno. «Ti preoccuperebbe se avesse parecchi anni più di me?»

«Mah...» Alfiero era sempre più sorpreso, tuttavia osservò: «Un bel quarantenne potrebbe essere più affidabile come marito di un ragazzotto immaturo».

Isabel alzò le sopracciglia in un'espressione indecifrabile. «Non è proprio un quarantenne. La mamma, anzi, l'ha definito un aristocratico vecchietto.»

«Ma insomma, quanti anni ha?»

«La tua età, pressappoco.» Poi lo sfidò, ironica: «Hai qualche obiezione all'innamorarsi in età molto matura?»

«Questo è un colpo basso», rise lui. «Come faccio ad avere obiezioni? Tu, però, hai vent'anni e non una quarantina come Maruska.»

«Ventiquattro, quasi. E lui è il chiarissimo professor Raphael Gomez Ribeira, docente universitario. Ha tenuto i corsi di letteratura qui negli ultimi due anni e adesso ha deciso di tornare in Spagna con una moglie italiana che è anche la sua allieva prediletta.»

«Come sarebbe a dire? Che vai a vivere là?»

«A Madrid, certo. Seguirò dei corsi di specializzazione e poi spero di avere un incarico all'università come assistente.»

«Insomma, hai già deciso tutto.» Si alzò, tanto per non restare immobile a guardarla, quella figlia divenuta tutt'a un tratto una donna. E non era passato che un anno da quando se n'era andato di casa. La «loro» casa, perché la «sua» adesso era questa, anche se non definitiva. Si versò due dita di whisky, non trovava il bandolo delle molte domande che gli si confondevano in testa e si accorse, con imbarazzo, che non aveva neanche offerto da bere a sua figlia.

«Ne vuoi anche tu o preferisci una Coca-Cola?»

Isabel rise con gli angoli delle labbra. Eccolo suo padre, che la vedeva ancora com'era da liceale: jeans, ragazzi e Coca-Cola. Gli domandò a sua volta. «Non hai un po' di Calvados? Adesso mi piacciono i liquori spagnoli.»

«Non credo che Maruska abbia gusti internazionali, ma fammi vedere...» trafficò un poco fra le bottiglie e ne trovò una: «No, guarda, c'è questo Porto, ma è portoghese: ti va ugualmente?»

I due bicchieri si sfiorarono, quindi lui chiese: «E dove ti sposi?»

«A Madrid, naturalmente. Lui è vedovo, ha una gran famiglia: figli sposati e non, nipoti, parenti. A Pasqua vado a conoscerli.»

«E la mamma ti accompagna?»

«No.» E Isabel sottolineò quella sillaba scuotendo la testa. «Perciò, se tu non verrai al matrimonio, sarò una povera orfana.»

«Tua madre non vuol essere presente? E perché? Di certo è per non incontrare me.»

«Anche, e la capisco. Ma lei è contraria a questo matrimonio e tu la conosci: quando ha un'opinione niente le fa cambiare idea.»

Alfiero scrollò la testa con un sorriso più simile a una smorfia. «Proprio lei, che più di ogni altro dovrebbe capirti. Per anni è stata infatuata, o magari anche innamorata, di un uomo anziano.»

«Tu sapevi del professor Perrin?» domandò Isabel, meravigliata.

«Di Perrin e di tutti gli altri che le hanno ronzato intorno. Virgilio, per esempio, un pittore mio amico. Era gay, ma credo che Alice sia riuscita ugualmente a metterlo nel suo catalogo. Magari per una sola volta.»

«Ti sbagli», lo contraddisse Isabel. «Ne ha parlato anche a me, di questo Virgilio. Ma era solo un amico.»

Suo padre alzò le spalle come se la questione non avesse importanza, ma affermò: «Alice non si è fatta mancare tutti gli uomini che le sono piaciuti, questo è quanto».

«Beh, non mi riguarda», replicò Isabel alzando il mento in quel gesto che la faceva somigliare a sua madre, «sono problemi vostri.»

«Lo sono stati, ora non più», stabilì lui, deciso. «Però... forse tua madre ha qualche altra ragione per essere contraria a questa unione. Forse il tuo professore non le piace.»

«L'ha conosciuto e le piace. Ma dice che dovrei andare a vivere con lui senza lasciarmi ingabbiare nel matrimonio e nell'illusione che l'amore possa durare tutta la vita.»

«Chi può dirlo?» replicò lui. «E chi può dire il contrario? In realtà il tempo sul quale possiamo dire qualcosa è solo quello che stiamo vivendo.»

«È la prima volta che tu e la mamma siete d'accordo o quasi. Ma io non ci sto, trovi tanto ridicolo dire alla tua Maruska: ti amo per sempre?»

Lui sorrise. «Lo trovo romantico, Isabel. E va bene alla tua età, se ci credi. Un po' meno all'età del tuo futuro sposo.»

«Ma lui...» e Isabel s'illuminò, «lui è anche un poeta. Comprende i sentimenti come nessun altro. Per lui, per lui i sentimenti creano la realtà.»

«Isabel», disse Alfiero chinandosi verso di lei, «che cosa vuoi da me? Il consenso o un atto di fede?»

«Voglio semplicemente che tu venga al mio matrimonio», rispose la figlia, e con determinazione dichiarò: «Non voglio andare all'altare come una Cenerentola orfana di tutt'e due i genitori».

Lui se la prese fra le braccia come faceva quando era bambina e poi adolescente: era sua figlia, era parte della sua vita di prima che non era possibile azzerare nemmeno con un nuovo amore. Gli sembrava quasi un miracolo che lei fosse entrata lì, nella casa della nuova vita che lui si era creata abbandonando il passato, e gli chiedesse di essere ancora padre.

«Certo che verrò al tuo matrimonio», la rassicurò con calore, «e speriamo che per l'autunno il processo sia finito e io sia libero di muovermi.»

«Non ho ancora parlato con Raphael del tuo processo», disse Isabel, pensierosa, «ma credo che dovrò farlo, anche se non sarà facile.»

«È solo una faccenda finanziaria e politica», si difese Alfiero, «niente di disonorevole».

Lei alzò la testa per guardarlo senza sciogliersi dall'abbraccio, e la sua espressione era quella di una donna turbata che si pone domande difficili e inquietanti. «Che cos'è rimasto di onorevole e disonorevole nel mondo in cui viviamo? Ha ragione Gabriele quando dice che a furia di non pensare alla nostra anima non la troviamo più.»

«Tuo fratello è un idealista», tagliò corto Alfiero, «e gli idealisti non hanno i piedi per terra. A proposito, come va la costruzione di quella scuola in India?»

«Stanno lavorando per metter su il tetto prima che arrivino i monsoni. Così i bambini potranno usarla anche come dormitorio.»

«E tuo fratello è ancora in quel villaggio?»

«Sì, è a Manginapudi. Che nome buffo, eh?»

«Un buco sperduto chissà dove», borbottò Alfiero ricordando le foto squallide che padre Thomas gli aveva mostrato quella sera. «Si vede che tuo fratello ha la vocazione del missionario.»

«No», precisò Isabel, «è di più. Perché Gabriele aiuta gli altri senza pretendere di cambiarli. Io non l'avevo capito, prima.» E soggiunse, con sicurezza: «Lui stesso mi ha detto, un giorno, che con Tamara aveva sbagliato perché pretendeva di decidere per lei. Anche la mamma è sempre convinta di dover decidere per gli altri».

«Infatti», annuì Alfiero. Ma non aggiunse altro perché si sentiva molto, molto incerto. Possibile che parlare con Isabel lo facesse sentire così stanco e svuotato?

Maruska sbarcò all'aeroporto di Ginevra con l'ansia sottopelle e le ore contate. Veniva da Roma e la sera stessa voleva tornare a Milano. Non ebbe neanche uno sguardo per la città, né per la giornata primaverile e ventosa che increspava le acque del lago. S'infilò nell'atrio della Banca del Giura e chiese del funzionario di cui Alfiero le aveva dato il nome. Dovette attendere per più di mezz'ora in una minuscola sala d'aspetto nella quale c'era posto solo per due persone e il silenzio era così ovattato da risultare fastidioso. Ingannò il tempo ripassando, in un francese da manuale imparato con le cassette registrate, il discorso che si era preparata.

Il funzionario che la ricevette era alto, allampanato e incravattato nella sua divisa da bancario Doc: blazer grigio, camicia immacolata, cravatta regimental. Ascoltò la sua richiesta, osservò la sua delega e concluse in un francese cantilenante: «Madame, ma io non capisco di che cosa lei stia parlando».

«Come? L'architetto Prandi mi ha detto che lei è al corrente di tutto.»

«Temo che lei parli di una questione su cui non ho risposte da darle.»

«Questa è solo la variante di ciò che ha detto un attimo fa», osservò lei, ironica.

«Sì», ammise lui, «ma lei ha capito benissimo.»

«Lo so, il segreto bancario è una regola... ma non crede che possa avere un'eccezione? Io ho una delega.»

«Madame, siamo seri: quella è una scrittura privata. Potrei averla fatta io per un conto che nemmeno esiste.»

«Ma se lei confronta la firma...»

«Con che cosa?»

«Con altri documenti.»

«Quello che mi chiede non ha alcun senso, mi creda.»

«Vorrei poter telefonare, è possibile?»

«Di qui? Glielo sconsiglio, e comunque non potrebbe cambiare nulla.» Poi ebbe un improvviso ripensamento e disse: «Ma aspetti, forse posso anche aiutarla...» Uscì e la lasciò sola in quell'ufficio nitido, moderno, del tutto anonimo, immerso in una luce diffusa e in un silenzio quasi magico. Una pianta di aralia in un portavaso di cristallo era così perfetta che Maruska sporse la mano per toccarla e sentire se era viva.

Quando tornò, il giovane bancario alto due metri sembrava più umano. Le disse: «Posso suggerirle nome e indirizzo di una persona che forse le darà delle risposte».

Maruska prese un biglietto dalle sue mani e lesse: avvocato Bertrand Liebmann. «Chi è?»

«Personalmente non lo conosco.»

Sembra il teatro delle ambiguità: non parlo, non ho risposte ma forse qualcuno le ha... mi sento come se fossi un'aliena. E si ritrovò in strada con quel biglietto da visita in mano e i pensieri un po' più ingarbugliati.

L'avvocato Liebmann era a colloquio con dei clienti e un'ora dopo doveva presenziare alla riunione di un consiglio d'amministrazione. Avvertito, si ricavò uno spazio di mezz'ora e quando Maruska Fortuna telefonò rispose con cortesia: «L'aspetto, ma subito», e si dispose a conoscere la rivale della Reine Blanche, quella Reine Noire che nella «loro» partita a scacchi si era mangiato il Re. Vide una donna un po' goffa, vestita con pantaloni e una giacca sportiva piena di tasche, i capelli strinati di biondo sparsi sulle spalle e il viso stanco, teso, di chi si muove su un terreno non suo stando attenta a svolte e trabocchetti. Ma che vuole farcela. All'occhiello della giacca aveva una catenella con una medaglia che recava inciso un pentacolo con un carattere ebraico. Una medaglia simile a quella che Alice Prandi portava agganciata al collier d'oro.

«Bellissimo», disse Liebmann indicandolo, «è un pentacolo con un simbolo di rinascita.» Si era rivolto a lei in un francese chiaro, amabile e facilmente comprensibile.

«L'ho comprato in Egitto», replicò Maruska sentendosi subito più a suo agio, «me l'hanno venduto come un talismano.»

«E lo è», confermò lui, «l'Aleph inscritto in un pentacolo porta buona sorte. Mentre se lo stesso carattere fosse rovesciato (*come nella medaglia di Alice*, pensò), sarebbe meglio liberarsene.»

«E lei ci crede?» domandò Maruska, un po' sorpresa.

«Io credo ci siano molte più realtà di quelle che vediamo», rispose lui.

«Allora non sarà sorpreso se le dico che non so perché sono qui. Alla Banca del Giura mi hanno riferito che lei ha le risposte che loro non possono darmi.»

Lui quasi rise. «Non è detto.»

«Voglio solo prelevare del denaro da un conto cifrato con questa delega e quei marziani mi hanno fatto capire che forse non esiste il conto e forse non esisto nemmeno io.»

Liebmann rise di cuore: gli piacevano molto quelle situazioni assurde il cui bandolo era proibito. Lesse il foglio con la delega e scosse il capo. «Lei ha bussato a delle porte chiuse.»

«Come sarebbe a dire? Che solo mio marito è in grado di aprirle?»

«In un certo senso sì. Perché ha inviato lei con una delega che sa benissimo essere inefficace?»

«Mio marito ha un processo in corso.»

«Questo lo sappiamo.»

«Ne siete informati?» domandò lei, sorpresa che le beghe di Alfiero e della World Wide arrivassero oltre confine.

«La stampa», rispose lui. «È uno di quei processi che coinvolgono banche e politica. I più indaginosi, e senza mai vincitori e vinti.»

«Temo anch'io», ammise lei con voce più stanca.

Guardandola, Bertrand Liebmann si ricordò delle parole con cui Alice l'aveva descritta: «Una che scrive romanzi popolari, un'intrigante che ha ordito un piano del quale farebbe parte anche il tentativo di suicidio di mio marito». Eppure no, in questo caso Alice sbagliava, la sua non era un'intuizione genuina, era rancore, forse gelosia, era rabbia fredda che confonde la vista e si mimetizza dietro la logica. La donna che gli stava davanti aveva il torto di essersi presa un uomo non suo: punto. C'erano due donne che dicevano, di quell'uomo: mio marito. E su questa guerriglia dei sentimenti si era sovrapposto il colpo di mano dei dieci milioni di franchi.

«Nemmeno io posso darle delle risposte, mi dispiace», si scusò. «Il segreto bancario è come quello del confessionale: non contempla eccezioni.»

«Da quel che capisco lei, avvocato, è un consulente della banca.»

«Diciamo così. E come tale rispetto le regole. Posso fare solo un'eccezione, ma sappia che è come se non avessi parlato.»

«Bene. Noi diciamo: qui lo dico e qui lo nego.»

«Esattamente. Può riferire a suo marito che tutto è sotto controllo.»

«Nient'altro?»

«Non è l'essenziale?»

* * *

«Cosa vuol dire sotto controllo?» esclamò Alfiero, sconcertato e deluso, «e chi è questo Liebmann?»

«Lui dava l'impressione di conoscerti», replicò Maruska, «e con queste parole intendeva rassicurarti.»

«C'è poco da rassicurare, 'quelli là' si aspettano che io paghi a fine mese.»

«È un tipo imponente», disse Maruska che riflettendo seguiva Liebmann e non Alfiero, «grosso ma elegante, con una grinta autorevole ma non odiosa come certi avvocati. Insomma: sarà magari un marpione, però sa ispirare una certa fiducia.»

«Tu ti lasci incantare.»

«No, mio caro. Non sono andata là aspettandomi d'essere accolta con dei tappeti rossi, ma so riconoscere un uomo che non è uno squalo.» Si chinò verso di lui scrutandolo: «Perché sei così depresso?»

Alfiero non voleva confessarle che in ufficio qualcuno non lo salutava più, che si sentiva osservato e insieme emarginato, che persino il Capo non aveva tempo per riceverlo. Rispose invece: «Daria mi ha avvertito che la prima udienza è in calendario per il 17 del mese: giornata menagramo».

«Io invece ho quasi una buona notizia. Forse ho trovato i soldi.»

«Centocinquantamila euro? E come?»

«Un prestito del mio editore. Gliel'avevo chiesto prima di andare a Roma e mi deve dare la risposta, ma io sono una che ha credito, Alfiero. Anzi, per lui sono una gallina dalle uova d'oro.»

Lui la guardò con sollievo, ma quella era la prima umiliazione che il suo orgoglio riceveva da Maruska. «Speriamo bene, ma... è solo un prestito di pochi mesi. Poi li riavrai con gli interessi.»

Lei ridacchiò. «Li riavrò. A proposito di soldi: non mi hai nemmeno detto quanto hai in quella banca.»

«È una faccenda complicata di investimenti», mentì lui, vago, «ma sta tranquilla: ce n'è abbastanza.»

Maruska alzò le sopracciglia e disse a sua volta: «Speriamo». Intanto rifletteva, stropicciandosi gli occhi stanchi: *Se domani racconto al Vice del prestito per usura gli faccio un piacere e allontano il sospetto che Alfiero abbia dei soldi all'estero. Se non fosse al verde, infatti, perché sarebbe ricorso a uno strozzino?* E decise, col tono di chi tiene in mano la situazione: «Devi darmi il nome dell'usuraio al quale bisogna restituire quei soldi. Ci vado io a estinguere il debito».

«Tu? Ma scherzi?»

«Niente affatto. Voglio vederlo in faccia.»

«Guarda che all'apparenza è una società di credito come tante altre. Quelle che si fanno pubblicità sui tram con le locandine: prestiti immediati fino a dieci milioni.»

«Ma questi sono molti di più.»

«Non capisco perché vuoi immischiarti.»

«Sono già immischiata, Alfiero. Tutto quello che pretendo è una ricevuta liberatoria.» E quella fu la seconda umiliazione che l'orgoglio di lui si prese da Maruska tanto che replicò, testardo: «Ci penserà Daria Fusi, chiuso».

Quella notte, mentre il suo uomo le russava accanto, lei riconsiderò tutti gli eventi come avrebbe fatto per l'indagine di uno dei suoi gialli psicologici.

Punto primo: Alfiero non si muove solo perché il Gip gli ha comminato la restrizione che gli vieta d'andare all'estero. E se lo beccano a trasgredire gli possono dare anche il carcere o gli arresti domiciliari. Figuriamoci averlo in casa tutto il giorno!

Secondo: Io, fossi in lui, un salto a quella banca l'avrei fatto lo stesso. In frontiera si passa che neanche ti guardano. Ma lui ha paura soprattutto della World, non vuole che dubitino. Si sente osservato, quasi braccato, e ha ragione.

Probabilmente non sono il solo cane da guardia che gli hanno messo alle costole.

Terzo: è stato troppo evasivo su quei soldi all'estero. Devono essere tanti. Non si fida: ha paura che io lo controlli.

Quarto: pagandogli gli usurai rischio tutti i soldi che ho, ma se riesco ad avere la trasmissione televisiva li rifaccio in fretta. E gli do una prova d'amore che Alice non gli avrebbe mai dato.

Quinto: domani vado a parlare con l'ingegner Falzoni. E gli dico anche che «io» restituisco i soldi all'usuraio.

Giunta alla conclusione, Maruska abbracciò Alfiero e si addormentò in pace.

10

ERA andata bene, anzi meglio del previsto, e Maruska ci si era persino divertita. Dapprima incerta sul modo di contattare il Vice senza che altri lo sapessero, si era poi fidata del suo intuito che le suggeriva di mimetizzare con una complicità da commedia quello che era invece un gioco su due fronti: tradire Alfiero per proteggerlo e trovarci una convenienza per sé.

Telefonò all'ingegner Falzoni, ma non da casa, chiamandolo sul numero diretto che escludeva la segreteria.

«Vorrei conferire con il manager più importante della World», disse con la sua voce vibrante, più gradevole al telefono che dal vivo.

«Diciamo che l'aspetto fra mezz'ora.» Falzoni l'aveva prontamente riconosciuta.

«Non in ufficio, però. Una 007 non rischia la sua copertura facendosi vedere da un paio di segretarie.»

Il Vice ridacchiò. *Bene*, si compiacque lei, *anche i grandi manager se li stuzzichi si divertono*. E gli domandò: «Lei è milanese, ingegnere? Allora saprà che c'è una piccola chiesa dove hanno sepolto le ossa dei morti durante la famosa peste del Manzoni».

«Come no? È poco lontano da casa mia.»

«Appunto. Poco fa ho notato che è aperta. Aspetterò lì.»

«A fra poco.»

San Bernardino posava su strati geologici di ossa e Maruska trovò che era così gotico e romanzesco, in epoca di Internet, un appuntamento all'amministratore delegato di una multinazionale plurimiliardaria in quella chiesuola macabra e muta che resisteva da più di tre secoli fra gli schiamazzi del traffico. Fece un giro fra i banchi polverosi, quindi si riavvicinò al portone d'ingresso e sbirciò fuori: poco dopo vide una macchina scivolare silenziosa accostando al marciapiede.

C'era lui, al volante: Maruska riconobbe subito il viso magro e allungato dalle due profonde rughe sulle guance; segni di potere, incorniciavano la bocca sottile e autoritaria. *Non male, anche come uomo*. E gli sedette accanto senza una parola mentre Falzoni svoltava in via Visconti di Modrone, percorrendola fino a piazza Cavour, e girava oltre in via Palestro.

«Pensavo di fare due passi nei giardini, dove ci sono solo mamme, bambini e pensionati», le disse infine. «Non è così che s'incontrano le spie e i loro complici? Ma qui non c'è modo di parcheggiare.»

Mentre accostava, Maruska si voltò verso di lui: era ben pettinata, i capelli accorciati da un taglio Vip, e indossava una giacca trapunta di seta turchese. Al tempo in cui era solo una venditrice di cosmetici si sentiva a suo agio soprattutto con le donne, ma da quando Alfiero l'amava aveva scoperto di star bene con gli uomini, anche se ricchi e potenti. Guardava Falzoni sorridendogli con gli occhi. «Sa che mi fa piacere averla indotta a uscire dal suo ufficio iperprotetto? È la prima volta che la vedo alla luce del giorno, ingegnere, e ci guadagna. E poi dovevo assolutamente evitare gli occhi della signorina Cleme, che forano le pareti. Niente le sfugge.»

«E allora?» il Vice non era il tipo da nascondere l'impazienza.

«Allora volevo dirle che lei ha un gran fiuto: non era uno scippo quello di cui è stato vittima Alfiero.»

«Tutto qui?»

«No, non tutto.» Maruska continuava a guardarlo, senza intensità ma seguendo un retropensiero: *Per essere un uomo di potere, o forse per questo, Biagio Falzoni ha un suo bieco fascino*. Abbassò la voce: «Alfiero è stato aggredito: gli hanno dato un avvertimento».

«Un avvertimento? L'hanno picchiato?»

«E di brutto. Costole rotte, oltre ai lividi. Sono riuscita a portarlo dal medico al quale ha raccontato la solita palla della caduta.»

Adesso l'altro taceva, fissandola come se volesse cogliere nella sua espressione una possibile incertezza. «Allora lui sa chi e perché.»

«Non voleva dirmelo, gliel'ho cavato dai denti: usura. Sì, ha capito bene: usurai, usurai, un prestito che si è decuplicato e che non riesce a restituire. È successo un anno fa, lui non aveva un soldo ed è caduto in mano di una di quelle organizzazioni che ti strangolano.»

«Usura...» Falzoni scrollava la testa, non sorpreso ma disgustato. «Alfiero non ha più cervello.» Quindi domandò: «Lei sa chi sono?»

«Non ancora, non ha voluto dirmelo. Mi sono fatta fare un prestito dal mio editore per estinguere il debito, ma ho ugualmente paura.»

«Lei gli sta pagando i debiti?» fece il Vice, trasecolato.

«O paga o la prossima volta lo ammazzano. Non ci si può difendere da gente come quella.»

Falzoni corrugò le sopracciglia in una strana espressione. «Gli ha già dato dei soldi? Quanti?»

«Centocinquantamila.»

«È stata un po' precipitosa. Mi domando perché Alfiero non si sia rivolto a noi come altre volte. Dopotutto gli abbiamo anticipato delle cifre consistenti quando ha deciso di separarsi dalla moglie.»

Maruska sospirò. «Alice gli aveva ramazzato tutto quello che aveva, forse non lo sapete.»

«I conti dell'architetto Prandi sono sempre stati in rosso», affermò lui, sarcastico.

«E sempre lo saranno», ammise lei, desolata. «Alfiero spende anche quando non ne ha.»

«Adesso poi, che lei lo sostiene...»

«Io? Per questa volta. Dovrò mettere in fila tante parole da coprire la circonferenza dell'equatore per riguadagnare quello che gli ho dato. Ma avevo troppa paura, e anche adesso... sono in ansia, quella brutta gente...»

«Non si preoccupi», l'interruppe Falzoni, che sembrava sollevato e quindi minimizzava: «Quelli non ammazzano nessuno. Non gli conviene».

«E ho anche pensato al processo», aggiunse lei: «Se gli fosse accaduto qualcosa, un'aggressione di cui la stampa fosse venuta a conoscenza... sa che cancan ne avrebbero fatto?»

«La stampa? Ma no! Se è solo una faccenda di usura... sì, certo, con un processo in ballo tutto fa polverone, ma non si preoccupi», ripeté per rassicurarla, «adesso Alfiero, con la nostra scorta, è praticamente guardato a vista, non gli può succedere niente. Lei, comunque, è stata tempista e molto generosa.»

«Vorrei tanto scoprire chi l'ha incastrato in quel modo: è il mio chiodo fisso, ma lui non vuol sentirne parlare.»

«Non glielo chieda più», suggerì lui, perentorio, «e tenga

gli occhi aperti: forse scoprirà degli indizi. Noi controlleremo tutti i suoi movimenti: dovrà pure incontrarsi con questa gente, a meno che non sistemi la faccenda tramite una banca. È possibile, ma restano delle tracce.»

«Certo io ho un grosso debito, adesso. Col mio editore.»

Falzoni colse lo sguardo apprensivo di lei e ne ebbe un fugace senso di pena e di fastidio: Alfiero aveva sempre vicino donne che non si meritava. «Se lei avesse il dubbio o venisse a scoprire che Alfiero ha altri debiti», l'avvertì, «me ne parli, per evitare che faccia altre idiozie. Noi l'abbiamo sempre sostenuto, aiutato.» E pensava intanto, col suo disincantato realismo: *Un uomo con l'acqua alla gola è pericoloso, può vendersi a chiunque.*

Durante le udienze preliminari del processo Alfiero Prandi non sedette accanto ai suoi difensori. Rimandò la sua presenza a quelle in cui avrebbe dovuto essere interrogato. Così sperava di evitare la pubblicità che stampa e televisione davano a quel procedimento giudiziario e a lui come persona, imputato di corruzione per la seconda volta in due anni. Al mattino se ne stava apparentemente tranquillo in ufficio, ma al pomeriggio si ritirava in casa, inquieto e innervosito dalle lungaggini di quelle udienze che non di rado venivano rimandate. Non era nuovo a quelle attese e forse per questo le sopportava meno. Sapeva che i motivi più imprevedibili potevano causare dilazioni: assenze dei magistrati, voluminosi carteggi da consultare, esame delle persone informate sui fatti, testimoni assenti per cause giustificate e non, escussione di nuove prove assunte dall'accusa, una congerie farraginosa di situazioni e documenti che, prima di chiarirsi e inquadrarsi in un progressivo ordine, s'impantanavano in un iter esasperante.

Questa almeno fu l'impressione che ne ricavò Maruska

quando, all'insaputa di tutti, si tolse la curiosità di assistere a qualche udienza, nella speranza di capire in quali acque perigliose stesse remando Alfiero. La giustizia, vista da vicino nelle sue procedure canoniche, le sembrò scialba e noiosa: niente a che vedere con i dibattiti che leggeva avidamente nei romanzi degli avvocati americani divenuti autori di bestseller giudiziari. Forse erano i banchi vecchiotti di quell'aula del Tribunale collegiale dove veniva celebrato il processo, forse l'aria distratta del presidente e dei due giudici a latere. Nel collegio di difesa Maruska individuò subito Daria Fusi accanto a un giovane collega che sembrava discutesse con lei sottovoce, ma con impazienza. Il Pm era una donna, un magistrato di grande perizia che godeva fama di attaccante tenacissimo. Ma per il momento taceva, sfogliava documenti, forse tenendo in serbo la sua notoria aggressività per le sedute calde del dibattito.

E questo processo per soldi, soldi e ancora soldi potrebbe far rischiare ad Alfiero dai tre ai cinque anni di galera? si domandava Maruska, e fu solo quell'ipotesi a darle un'emozione che non era paura, ma pena e amore e compassione per quel suo uomo ormai fragile, legato alle fiale quotidiane d'insulina, alla sua dieta di diabetico, al suo bisogno di sogni e tenerezza, una tenerezza fisica come quella che fa vivere i bambini, angosciato dal sentirsi al limite degli anni maturi un po' appesantito dai peccati di gola, ma ancora bello, con quei capelli corti spolverati di bianco e la barba da filosofo greco.

Immaginarlo in carcere, privo di ogni comfort, soggetto a promiscuità mortificanti, depresso da quella che considerava un'enorme, insanabile ingiustizia, le chiudeva la gola fino alle lacrime. Perché, perché solo lui e non tutti quelli che ammettevano l'abitudine alla corruzione e la usavano con sprezzo e arroganza?

In quell'aula di tribunale dove si dipanavano i fili della

sua attività di faccendiere e si tentava di stabilire quali codici di comportamento avesse violato, perché il reato di corruzione è un «do ut des» approvato dal mercato e non dalla legge, Maruska evocò e raccolse dentro di sé l'immagine di quell'uomo che era assente perché aveva paura, quell'uomo che nessuno più amava all'infuori di lei, quell'uomo snobbato da coloro che prima lo corteggiavano perché era brillante, era bello, aveva successo. Adesso doveva render conto delle proprie colpe e dei reati altrui, perché gli organismi astratti come la World Wide pagavano sempre qualcuno che venisse giudicato al posto loro. E intanto continuavano avidamente a espandersi e a produrre, soffocando periferie di città sotto colate di cemento, rapinando bellezze naturali, seminando alberghi mostruosi e porti per barche da Vip sulle coste di mari che avevano perduto la loro innocenza.

Se porta a casa la pelle, si disse Maruska come se il suo uomo fosse in guerra, *gli insegno io a vivere lontano da tutto questo*.

«Ma stai tranquilla», continuò a rassicurarla Alfiero nelle settimane che seguirono, quando cominciarono le udienze alle quali doveva presenziare per difendersi, «le cose si stanno mettendo bene. Sarà una faccenda lunga, purtroppo, ma anche l'altra volta ne siamo venuti fuori puliti.» Diceva «siamo», perché identificarsi con la World Wide era come sentirsi nelle mani di Dio.

Ormai era fine maggio. Nel cortile, davanti alla finestra, Maruska aveva messo due grandi cassette con rampicanti già fioriti, rose dai fiori a mazzetto di un colore vellutato che le piaceva guardare alzando gli occhi dal computer.

«Ci sarà una pausa estiva nelle udienze», disse lui. «Potremmo andarcene al mare. Magari in Sardegna. Ho ancora degli amici in Costa Smeralda.»

«Non posso», dichiarò lei, categorica, «sto lavorando a due romanzi in contemporanea e ho bisogno di concentrazione: non mi muovo.»

«Sei preoccupata per i soldi?» E Alfiero la stuzzicò: «Dobbiamo tirare la cinghia?»

«Ma va! Basta solo che tu non abbia fatto altri prestiti.»

«Non mi hanno nemmeno più visto in faccia! Ci ha pensato Daria Fusi a sistemare tutto. E mettiti tranquilla: te li restituirò raddoppiati!»

Lei alzò la mano dalla tastiera del computer: «Alt! Non voglio un centesimo di più». Quei centocinquantamila euro ogni tanto ricomparivano nelle loro conversazioni come ospiti indesiderabili, ma presto si dileguavano perché Maruska e Alfiero, ciascuno a suo modo, badavano poco al denaro: lei perché ne guadagnava ed era generosa, lui perché lo scialacquava convinto di trovarne sempre.

Una sera Alfiero oziava come al solito sfogliando il giornale e facendo zapping alla tivù quando Maruska gli prese di mano il telecomando e si sintonizzò sulla seconda rete.

«Ma se non c'è niente!» protestò lui.

«Aspetta.» Stava iniziando un programma che Alfiero evitava come la peste perché lo considerava, con sufficienza, un salotto pettegolo. Era un salotto, infatti, di sole donne, condotto con eleganza da un'attrice che aveva rinverdito le glorie giovanili dello schermo con quelle del successo televisivo. Riuniva intorno a sé solo personaggi femminili di primo piano: manager, cantanti, intellettuali, imprenditrici, stiliste, scrittrici. Perlopiù belle, sempre molto eleganti, non di rado interessanti. E d'improvviso il piccolo schermo si riempì del viso di Maruska, superbamente truccata e pettinata da uno stilista «creatore d'immagine», con una tunica nera sulla quale sfolgoravano, falsi e inquietanti, i suoi gioielli esoterici.

«Ma sei tu?» esclamò Alfiero, incredulo.

«Beh, ti meravigli?»

La conduttrice-attrice la introduceva, intanto, spiegando che Maruska Fortuna era la romanziera di maggior successo degli ultimi due anni, che i suoi libri erano già diventati dei serial televisivi e a breve se ne aspettava uno nuovo. Poi continuò l'intervista con prevedibili domande alle quali Maruska dava meno prevedibili risposte.

«Lei è felice?»

«Conosco la felicità e conosco l'infelicità.»

«Che cos'è più importante, la bellezza o l'intelligenza? Per una donna, naturalmente.»

«Chi non è innamorato di ciò che non possiede? Io, quindi, della bellezza.»

«Però si piace così com'è.»

«Sto bene con me stessa. Credo che questo sia più importante del trucco e dell'abito.»

«Perché questi gioielli esotici?»

«In realtà sono esoterici. Io credo nelle energie invisibili, nella magia naturale.»

«E questa magia l'aiuta a scrivere?»

«Sì. È un aiuto imprevisto. Ma bisogna essere vigili per approfittarne.»

«Come, dove si manifesta questa magia?»

«Negli incontri, nei volti, nelle parole delle persone, che sono sempre il mio interesse maggiore. Ma anche negli oggetti, nel messaggio di una frase qualunque che attrae la mia attenzione.»

«Qual è il suo romanzo preferito?»

«Fra i miei? Indubbiamente quello che ancora devo scrivere.»

«E il suo tema preferito?»

«I sogni degli uomini e delle donne, soprattutto l'amore: l'amore che s'incontra, l'amore che manca, l'amore che esalta, l'amore che distrugge, l'amore come battaglia e come sconfitta, l'amore eroico e quello egoista. È tutto qui ciò di cui mi preme scrivere.»

«E lei... è innamorata?»

«Sì, molto. Finalmente.»

«Finalmente? Ma con un temperamento come il suo è raro che una donna rimanga sola a lungo.»

«E invece lo sono stata, per tanti anni. Forse non avevo abbastanza fiducia in me stessa per credere di poter essere amata.»

«Conta più il sesso o il dialogo in una coppia?»

«Conta il dormire insieme.»

«Le donne, nei suoi romanzi, sono conflittuali, talora ambigue e spesso misteriose: perché?»

«Perché le donne *sono* un mistero: sempre se stesse e il contrario di sé. Anche se non lo sanno e talora non lo scoprono mai.»

«Ma sono positive.»

«Sì, quando sono comunque capaci di amare.»

«Gli uomini, invece, nei suoi romanzi sono romantici e generosi.»

«Sono come le donne si aspettano di trovarli, almeno nelle pagine di un libro. Per questo piacciono alle mie lettrici.»

«Ma è raro trovarne nella realtà, non crede?»

«Raro?... Forse. Io almeno uno, romantico e generoso, l'ho incontrato.»

«Una donna fortunata.»

«Non disturbi la fortuna», e sorrise, «è una dea molto capricciosa.»

La conduttrice, a quel punto, si spostava rivolgendosi a un'altra delle sue ospiti, una bellezza dalle labbra lucide e dal seno ammiccante fra i lembi sbottonati della giacca. Selezionata fra centinaia di bellissime e ora in pieno lancio come attrice, aveva anche catturato le attenzioni di un uomo ricco e potente. Con quel filo di compiacimento nel tono della voce che, in presenza di una bella donna, salva dall'invidia, la conduttrice riprendeva: «Dunque torniamo alla nostra domanda d'inizio: secondo lei la bellezza è il passaporto per la felicità?»

Alfiero, che aveva ascoltato in silenzio, soprappensiero, commentò: «Una performance, la tua, da vera attrice: meravigliosamente, spudoratamente sincera».

«Perché da attrice?»

«Perché lo sei, Maruska.»

Anche Alice vide quell'intervista televisiva e l'emozione che ne ebbe fu, al momento, oscura e indecifrabile. Poi si chiarì come disagio, anzi, come sotterranea invidia. Maruska era sulla cresta dell'onda. Lei intuiva che il suo prossimo approdo doveva essere la tivù come protagonista: conduttrice o comunque in primo piano. E questo avrebbe mandato Alfiero ai sette cieli. Però avrebbe anche introdotto nella coppia una forbice pericolosa: lui qui, attaccato ai problemi e ai resti delle sue passate glorie, lei a Roma, a sgomitare per far carriera e non farsi sbalzare dalla sella del successo. E un giorno si sarebbe stancata: era giovane, quasi vent'anni meno di Alfiero che ormai era un quasi sessantenne bisbetico, malandato e nemmeno più tanto ricco. Così Alice lo aspettava là, dove terminava l'infatuazione di Maruska, dove la solitudine avrebbe moltiplicato i suoi bisogni e i suoi rimpianti.

Quella sera tornò Isabel da Madrid. Alice non l'aspettava, perché non era stata avvisata del suo arrivo. Poche telefonate di scarne notizie e due cartoline erano tutto quello che la figlia le aveva riservato.

«Raphael mi ha presentato ai suoi su un piatto d'argento», disse in tono quasi provocatorio. «E ha scusato la tua assenza spiegando che, sfortunatamente, ti eri slogata una caviglia.»

«E gli hanno creduto?»

«Perché no? Io gli ho tenuto bordone raccontando che ci sentivamo al telefono ogni sera: povera mamma, sola nelle feste di Pasqua, con due stampelle per girar per casa... una storia patetica che ti ha guadagnato delle simpatie gratis.»

«Ma che bella invenzione.»

«Necessaria. Non avrebbero capito la tua assenza, li avrebbe offesi. 'Loro' sono una famiglia molto unita, calorosa, magari un po' sopra le righe però...»

«Invadente, immagino.»

«No: forse è la loro lingua che li fa parlare in modo diverso», e Isabel s'interruppe per precisare meglio, «più corporeo, più sensuale.»

«E sei sempre rimasta a Madrid?» domandò Alice che era interessata più ai fatti che ai commenti.

«No. Sono andata a Siviglia per tre giorni dopo Pasqua. Raphael aveva degli impegni, così mi hanno accompagnato i figli. Pablo e Miranda sono simpatici, hanno la mia età. Abbiamo trascorso tre giorni incredibili.»

Incredibili, ma non disse di più.

«Non mi avevi accennato che Raphael ha dei figli sposati e con figli a loro volta?» domandò sua madre. «Non devono essere tanto giovani.»

«Ne ha quattro. Due sposati e i due ultimi che sono gemelli.»

«Quindi avrai anche dei figliastri della tua età», osservò Alice con un sorriso quasi divertito. «Sarai una giovane matrigna. Mi sembra quasi che ci siano gli elementi per una bella storia picaresca.»

«Che cosa vuoi dire?» scattò Isabel. «Che ci azzufferemo per gelosia? O qualcosa di più... malandrino? Tu sei molto sottile, nel pensar male, mamma.»

«Ma no ma no, come non detto! Dov'è finito il tuo umorismo?»

Il tono di Alice era disinvolto, senza peso, o forse tradiva un oscuro sollievo. Isabel ne ebbe un fastidio acuto e al tempo stesso impalpabile: le sembrava che lo sguardo scettico e irridente di sua madre leggesse anche ciò che lei voleva nascondere. «Notizie da mio padre?» domandò, consapevole che quell'argomento irritava Alice ed era tabù.

Ma lei rispose senza scomporsi: «Sì, tramite il suo avvocato. Vuole il divorzio».

«Ma non devono passare tre anni dalla separazione?»

«Ne è già passato uno.»

«Tu hai sempre sostenuto di non voler divorziare», obiettò Isabel. Quella rapidità nello sciogliere un vincolo considerato indistruttibile le sembrava quasi sacrilega, ma ancor più la colpiva l'indifferenza di sua madre. «E invece adesso saresti d'accordo?»

Alice ritrovò quel suo sorrisetto beffardo: «Alfiero mi ha fatto una proposta, sempre tramite il suo avvocato. Una di quelle proposte che, secondo lui, non posso rifiutare».

«E sarebbe?»

«Una certa cifra quando si sarà chiuso il suo processo.»

«E tu che cos'hai risposto?»

«Ha fretta di sposare Maruska», commentò Alice, «e io gli ho fatto sapere che do ut des: prima la cifra in banca e poi il mio consenso.»

«Non ti fidi?»

«Dubito che possa disporre di quel denaro: cinquantamila euro.»

Isabel alzò le sopracciglia. «Eh, non è poco.»

«È un'elemosina!» sbottò Alice. «Ci vuol altro!»

«Ma se lui non ha quei soldi», azzardò Isabel, «sarà Maruska a tirarli fuori, non credi?»

«Sarebbe divertente. Lascia che si illudano di sposarsi. Vedremo.» Con un movimento scattante e quasi eccessivo Alice si alzò dal divano, diede un'occhiata all'orologio e decise: «È tardi. Domani devo andare al lago. Tua nonna si è messa in testa di affidare a un'agenzia la vendita della casa. E naturalmente dovrò pensarci io perché non la imbroglino. Voglio anche vendere la darsena e il locale sopra, che è di mia proprietà».

«Vuoi che venga con te?» le propose Isabel per placare il suo malumore indecifrabile.

«No. Vado e torno.»

Ma Alice non tornò la sera seguente, né Isabel riuscì a contattarla per telefono: il numero della casa al lago squillava a vuoto e il cellulare di sua madre era spento. *Dove diavolo sarà andata con quell'umor nero che aveva addosso? Possibile che non abbia altro in mente che i soldi? Sono diventati un'ossessione, per lei, o lo sono sempre stati?* Ora le tornavano in mente certe discussioni notturne fra i suoi genitori, attutite dalla porta chiusa della camera da letto, nelle quali volavano accuse di debiti e spese sconsiderate. Sembrava che il denaro scorresse a rivoli in casa Prandi e che tuttavia non bastasse mai. Isabel si domandava con rammarico se suo padre e sua madre non fossero uniti soprattutto da sesso e soldi, e la rovina del loro matrimonio le sembrava quasi una conseguenza inevitabile.

E se sua madre in uno dei suoi scoppi di furia, rari ma incontrollabili, fosse andata a casa di Alfiero e Maruska? *Anche se con me finge, il divorzio è per lei l'ultima sconfitta. Non basteranno dei soldi a placarla.* Le faceva pena, e rabbia. Ma intanto dov'era? Le venne in mente di telefonare alla famiglia che abitava nella casa accanto a quella di Mimì, affacciata sulla stessa darsena. Li pregò di bussare alla porta per sentire se sua madre era dentro e non sentiva il telefono, ma le risposero d'averla vista uscire all'ora di cena. La sua macchina era ancora parcheggiata nella via.

Proverò a chiamarla più tardi, si ripromise Isabel, ormai più sorpresa che preoccupata. Poi rifletté che forse sua madre voleva restar sola: il suo cellulare era muto. E quando, di notte, si svegliò da un sonno agitato, cercò di scacciare quella domanda confusa: *Dov'è andata? E con chi?* Ma non osò rifare in piena notte il numero della casa al lago. Al mattino sentì scrocchiare le chiavi nella serratura, si alzò di botto e bloccò sua madre mentre entrava in casa: «Ti ho cercata ieri sera, ho anche telefonato ai vicini. Il tuo cellulare non rispondeva. Ma si può sapere dove ti sei cacciata?»

Alice non rispose subito. Sembrava tranquilla, anzi serena, come chi al mattino della domenica torna dalla messa. Alzò le sopracciglia e replicò: «Perché tutte queste domande?»

«Perché... insomma, anche la nonna si domandava dove fossi.»

«Anche la nonna? Bene: sono separata, quasi divorziata, tutta questa curiosità è fuori luogo.»

«Allora... allora scusa. Se dovesse succederti qualcosa lo sapremo dai giornali.»

Più tardi, Mimì Aloisi commentò con la nipote: «Tua madre è fatta così, ha sempre avuto i suoi segreti. Come te, d'altra parte».

Isabel arrossì fuggevolmente, ma sua nonna se ne accorse. *A me non raccontano più niente, come se fossi rimbambita, come se non avessi una figlia e una nipote.* Ormai era storia vecchia, quelle due si tenevano in corpo i loro misteri, ma lei li fiutava, e il pungolo della curiosità, in lei, era sempre un po' malizioso. Dove diavolo era, Alice, mentre Isabel la cercava?

Alice si trovava a pochi passi dalla casa sul lago, su una terrazza dell'albergo vicino, a bere in compagnia di un uomo conosciuto neanche un'ora prima.

Aveva chiuso casa, delusa dall'infruttuoso incontro con l'agente immobiliare e dalla proposta insufficiente per l'appartamento, la darsena e il locale soprastante che Alfiero aveva reso abitabile per i ragazzi e i loro amici. Era tardi ma non ancora buio; sulla soglia del portone, anziché raggiungere l'auto parcheggiata di fronte, aveva svoltato a destra e camminato fino all'ingresso dell'*Hotel du Lac*, ancora incerta sul da farsi. Un toast e un aperitivo al bar, oppure una cena come si deve, già che era digiuna dal mattino?

Fu l'atmosfera accattivante della veranda a persuaderla: poca gente, luci diffuse e tavoli apparecchiati con quel vasellame elegante che le piaceva tanto. All'hotel era conosciuta, perché ci veniva spesso a cena con Mimì e Alfiero mentre i ragazzi si defilavano da quell'ambiente da vecchiardi. La cucina era ottima e subito trovò nel menù qualcosa di stuzzicante: una specialità locale di pesce d'acqua dolce e del vino bianco, leggero. Il suo tavolino guardava verso il lago, quindi non si accorse d'essere osservata e quando si girò a metà perché vide alle sue spalle qualcuno che non era il cameriere, questo qualcuno si chinò verso di lei per domandarle con una voce bassa ma sicura: «La signora Prandi?»

Lei alzò gli occhi dalla coppetta di gelato pensando: *Scommetto che questo è un po' che mi punta*. Le era bastata un'occhiata per sentirsi guardata come solo un uomo guarda una donna. «Ci conosciamo?» domandò.

«Solo da questo istante: mi chiamo Newland Bassani. Vorrei solo chiederle un'informazione.»

«Si accomodi. Prende un caffè?» Non male, dopo cena, avere un po' di compagnia.

«Con piacere.» E subito venne al punto: «Sto cercando una casa con vista lago e darsena, ho saputo che la sua è in vendita».

«In realtà l'appartamento è di mia madre, solo la darsena e un locale soprastante sono di mia proprietà.»

«E sono in vendita anche quelli?»

«Sono due acquisti separati.»

«Capisco. È questione di intendersi sulle cifre.»

«Lei è un agente immobiliare?»

L'uomo quasi rise. «No, e non cerco questa casa per me ma per una coppia di amici americani che sono innamorati di questo lago. Il padre di lui era stato qui durante la guerra, ci era tornato con la famiglia, ed è proprio il figlio, adesso, che ha pensato di prender casa qui per le vacanze.»

«Una storia quasi sentimentale. Di solito però sono gli inglesi che amano questo lago. Magari perché ci veniva Winston Churchill.»

«Io credo che questa zona possa diventare una meta turistica alternativa alla Toscana, dove ormai non si trova più un casale neanche a peso d'oro.»

«Non è un agente immobiliare ma s'intende del mercato», notò Alice, e poiché il cameriere stava servendo i caffè si prese del tempo per osservare l'uomo che le stava davanti e la cui presenza le dava una sorta d'immotivata allegria. Forse perché era giovane, non più di quarant'anni, con un viso scarno e un sorriso degli occhi e della bocca un po' ammiccante. Un ciuffo di capelli, nerissimi, gli ricadeva obliquo sulla fronte. Le ricordò improvvisamente un ufficiale di marina conosciuto da ragazza, troppo timido per corteggiarla. Questo non era timido, invece. Si lasciava guardare con naturalezza, con piacere, come se fosse a disposizione della sua curiosità: era indubbiamente un uomo che si sentiva a suo agio con le donne.

«Lei ha uno strano nome», disse Alice iniziando la sua indagine d'avvicinamento, «sembra un cognome.»

«Infatti. È il cognome di mia madre che mi hanno dato come *first name*. Una tradizione di certe vecchie famiglie americane della costa Est.»

«Allora lei non è italiano.»

«Sì, sono nato a Roma, ma per caso. Mio padre era un diplomatico.»

«E lei?»

«Ho vissuto in Italia fino ai diciott'anni e poi... diciamo fifty-fifty con gli States e col resto del mondo.» E aggiunse: «Mi occupo d'import-export».

Definizione vaga, imprecisa, avrebbe commentato Alfiero, *che può riguardare qualunque cosa, dalle scarpe alle armi*. Ma quel tipo lì, vestito con jeans e camicia a quadri, aveva l'aria di un *bon vivant*, un uomo gradevole che chiacchiera volentieri con un bicchiere in mano. Infatti, dopo il caffè, le offrì un whisky, mentre i camerieri avevano aperto i finestroni verso il lago e oltre la striscia verde del giardino si vedeva splendere lo specchio d'acqua nell'ultima luce del crepuscolo. Lui, intanto, continuava a parlare a ruota libera, diceva che i suoi amici lo invitavano quasi sempre al mare per il weekend, perciò conosceva poco quella zona lacustre e non si aspettava che fosse così bella, aveva visitato tre paesi costieri col battello, divertenti quei vecchi battelli, ce n'era uno tutto illuminato, la sera, sul quale era piacevolissimo cenare.

«Sì, l'ho visto passare per sere e sere davanti alle mie finestre, d'estate», osservò Alice.

«E ci sono anche delle ville importanti, lungo la costa.»

«Qui e in Brianza i nobili e gli industriali si facevano costruire delle case paragonabili a quelle della campagna inglese. Un tempo le chiamavano ville di delizia.»

«Di delizia?» ripeté lui con un sorriso allusivo.

«Già. Ci passavano l'estate. Ma la mia, di casa, è un appartamento borghese, niente di più.»

«Con darsena, però.»

Col bicchiere in mano e facendo tintinnare i cubetti di ghiaccio Alice raggiunse la terrazza e si affacciò alla balaustra verso destra.

«Vede? Dove termina il giardino dell'albergo il lago entra in una caletta. Lì c'è la darsena, abbastanza grande e con un locale soprastante. E l'appartamento è al primo piano.»

«Potrei vederlo domani?»

«Domani sarò a Milano. E per di più la casa non è disponibile subito: mia madre vuole trascorrervi ancora un'estate.»

Quando tornarono al tavolo videro che i camerieri stavano sparecchiando e le luci della sala erano attenuate come quando ci si prepara alla chiusura.

«Possiamo andare al bar», propose lui, «oppure a vedere la sua casa.»

«Ma sì. Mi aspetti nell'atrio.»

Alice pagò il conto della cena e si fermò un attimo, solo un attimo, a chiedersi: *Telefono a Isabel? Ma no, forse non è neanche a casa. Magari dopo*. Così si avviò lungo la strada con Newland Bassani (che nomi strampalati hanno questi americani) che le camminava a fianco. Dopo i cancelli illuminati dell'*Hotel du lac*, c'era subito buio. Alice disse soltanto: «È a pochi passi da qui». Alla conversazione sciolta di poco prima era seguito un silenzio quasi imbarazzato, che continuò mentre, salita la breve scala, lei apriva l'uscio al primo piano e accendeva la lampada d'ingresso. Quella luce li infastidì, come se fosse fuori luogo e disturbasse i loro pensieri. Ma no, non pensieri, perché non pensavano affatto, percorrevano il corridoio e le stanze, lei apriva porte e finestre, lui si guardava intorno. Poi si lasciarono la luce alle spalle per affacciarsi a riguadagnare la vista verso il lago che adesso era buio, con qualche collana di luci sull'altra riva.

Lui sentiva accanto a sé quel corpo di donna alto, ma non rigido, anzi lo intuiva flessibile, cedevole. Emanava un profumo di pelle e di capelli quasi pungente, tremendamente femminile. Fece un passo indietro, le andò alle spalle e le appoggiò la bocca sul collo, dove i capelli si dividevano.

«Lei mi piace», sussurrò.

Alice non si mosse, respirava appena. Percepiva il corpo di lui dietro di sé, anche se non le si appoggiava contro, e il suo alito sul collo. Chiuse gli occhi e tutto ciò che le stava intorno si ritrasse all'infuori di quell'uomo che stava in attesa. Poi si voltò lentamente e si trovò dentro il cerchio delle sue braccia, come si aspettava. «Andiamo di là», bisbigliò, quasi a fior di labbra.

Di là c'era il letto di Mimì, un letto che aveva conosciuto diversi uomini oltre a Carlo Aloisi, una spianata morbida nella penombra. Il corpo di Alice uscì dalla giacca che l'uomo le tolse senza impazienza. Si avvertì nel silenzio il fruscìo della cravatta che lui snodava. Le mani di Alice gli toccarono il collo e il petto, bei muscoli morbidi, e il dorso lungo: lei sapeva toccare il corpo di un uomo. E anche Newland si appropriò del corpo di lei, senza aggredirla, cercando le sue pieghe e le sue fessure. In un silenzio che si saturava di desiderio.

Si coricarono sul letto di Mimì, un buon posto per fare sesso, uno scambio silenzioso di corpi che si cercavano per incastrarsi, pelle contro pelle, respiro contro respiro, per strapparsi un piacere imprevisto e inseguito, quasi arrabbiato, condiviso e pur solitario perché in realtà erano partner senza nome e senza volto, amanti fantasma, simili a quelli che, nei sogni, ti trascinano verso un orgasmo onirico ma appagante. Poi, senza volerlo, come se fossero abituati l'uno all'altra, si addormentarono vicini.

Solo quando si svegliò al mattino, gli occhi colpiti da una lama di luce, Alice riprese consapevolezza di chi le stava accanto: un uomo, non un corpo, un uomo che dormiva prono con la testa di capelli nerissimi ficcata sotto il cuscino ricamato di Mimì. La pelle del dorso era più chiara di quella del viso, una gamba usciva scoperta dal lenzuolo.

Scivolò fuori dal letto senza rumore, si avvolse in un accappatoio e andò in cucina. Le finestre verso il lago erano rimaste aperte e l'aria del primo mattino aveva rinfrescato tutta la casa. Il lago, le rive, le case intorno: tutto era calmo, ancora addormentato. Preparò la caffettiera di vetro americana e sedette ad aspettare, tranquilla, la mente vuota come una pagina bianca. Poco dopo sentì lui muoversi: Newland si affacciò alla soglia della cucina con la timidezza di chi è disorientato da un ambiente che, nella luce del mattino, gli appariva del tutto sconosciuto.

«Buongiorno», lo salutò. «Una tazza di caffè americano?»

«Volentieri.»

«Sarà pronto fra cinque minuti.»

«Grazie.»

Lui si allacciava i polsini della camicia, poi si passò la mano sulle guance velate di barba.

«Qui sotto», lo informò lei, «nel locale sopra la darsena, c'è il bagno che usa mio figlio, con tutto l'occorrente per rasarsi», e gli indicava una scala in fondo al corridoio, «così vedi anche la darsena.»

«Grazie.» Sembrava sorpreso e rassicurato da quel tono di quotidianità.

Dieci minuti dopo ricomparve rasato e pettinato. Anche lei si era vestita e versava il caffè nelle tazze grandi. Newland seguiva i suoi gesti con quel suo mezzo sorriso ammiccante. «È grande, la darsena», osservò. «Anche quel fuoribordo è in vendita?»

«Sì, ma tutto alla fine dell'estate.»

«Ne parlerò ai miei amici, direi che questa casa ha una posizione ideale.» Poi non poté trattenersi dal domandare: «Tu... sei stata bene, con me?»

Alice alzò il mento in quel suo gesto un po' altero e un po' impertinente: «Sì, certo. Dopo ho dormito divinamente».

«Beh...» ammise lui, «sei una donna speciale.» E dopo una pausa che sembrava di riflessione le domandò: «Come ti ritrovo?»

Lei prese un foglio di notes e scrisse il suo nome e il numero del suo cellulare. Poi glielo porse dicendo: «Nel caso che l'appartamento, a fine estate, t'interessi ancora».

«D'accordo.» E si guardavano come due complici.

Ma non ci vedremo più, questo è certo, pensava Alice mentre, poco dopo, guidava verso Milano. *Va bene così, va bene così*. E si rese conto che da dodici ore aveva staccato la mente dal divorzio, da Alfiero, da Isabel, da suo figlio, da sua madre, da tutta la sua vita di prima. Poche ore, ma era la prima volta.

Estate

11

A Roma, in giugno, è già piena estate. Alice ci arrivò dopo un viaggio in treno, un viaggio silenzioso e meditativo, senza nemmeno leggere il giornale, solo contemplando, durante l'ultima parte del percorso, la campagna esuberante e verdissima non ancora bruciata dal sole estivo. Dalla stazione raggiunse subito l'*Hotel Parco dei Principi* dove Bertrand Liebmann era sceso.

«Andrò a Roma per un paio di giorni la prossima settimana», le aveva telefonato. «Devo sistemare delle pendenze relative all'esecuzione testamentaria di un cliente. Poi passerò da Milano a salutarti.»

«Preferisco muovermi io», aveva deciso subito lei, «ti raggiungo domani.»

E adesso aspettava sprofondata in un divano del bar, zitta e con gli occhi chiusi come se fosse troppo stanca. Bertrand non tardò molto e quando lo vide entrare Alice ne fu sorpresa, tanto le parve cambiato. E lo era. Dimagrito, vestito di chiaro, sembrava più giovane ma al tempo stesso più severo. Per un attimo lei si sentì quasi in imbarazzo, ma subito reagì vivacemente: «Che hai fatto? Quanti chili hai perso? Ma stai bene!»

«Venti chili. Merito tuo, ma non del tutto.»

«Mio?»

«Non ti ricordi di avermi parlato di una settimana in una clinica della bellezza per riposarti e rimetterti in sesto? Bene, ci ho provato anch'io. E da allora: dieta, palestra, saune e un weekend al mese in clinica per controlli e fitness. Ha funzionato.»

Lei sorrideva. «E la tua parte di merito quale sarebbe?»

«La costanza. Pensa che sono qui da ieri e non mi sono ancora concesso un pasto luculliano.»

«Allora ci penso io a corromperti.» E di nuovo Alice lo avvolse con un'occhiata di femminile approvazione: dall'involucro goffo dello gnomo che giocava coi granchi era uscito un uomo ricompattato in quello che doveva essere il suo aspetto originale, ora evidente nella fisionomia più incisa e nel corpo più leggero. «Quanto mi fa piacere vederti!» esclamò lei, improvvisamente espansiva. «Tante volte, sai, avrei voluto telefonarti anche solo per parlare. Ma ho l'ossessione che il mio telefono sia ancora sotto controllo.»

«Il cellulare, però, è abbastanza sicuro», osservò lui.

«Ma non è come parlare guardandosi in viso. Sì, mi sei mancato, Bertrand.» Ed era proprio sincera perché la sola presenza di lui, ora se ne rendeva conto, rimetteva la sua mente in equilibrio, la faceva sentire lucida e pacata. E ne aveva bisogno.

«Che cosa non va?» domandò lui, intuitivo.

«Il mio ex parla a destra e a manca di divorzio, anche se molto in anticipo rispetto al tempo in cui potrà ottenerlo. Scommetto che sarebbe capace di appellarsi alla Sacra Rota, magari affermando che quando mi ha sposato era comunista militante, e quindi c'è un vizio di consenso che può rendere nullo il nostro matrimonio.»

«La Sacra Rota?» Bertrand aveva alzato le sopracciglia e annuiva lentamente. «Potrebbe, sì. Ma sono procedimenti lunghi. Però, se il matrimonio fosse annullato, lui non avrebbe l'obbligo degli alimenti.»

«Tu credi?»

«Lo fanno anche i miliardari, quando le mogli precedenti pesano troppo. Lui... ne ha già parlato con qualcuno?»

«Con il suo avvocato, che non mi lascia mancare queste primizie.»

«Non preoccuparti. Non muoverà un dito prima di aver recuperato il suo patrimonio», affermò Liebmann, sicuro.

«Come lo sai?»

«Si è fatto vivo. Non lui, ha mandato la sua compagna.»

«Maruska? Raccontami.»

«Il funzionario della banca ha creduto bene di depistarla da me, e io l'ho debitamente rassicurata.»

«Come sarebbe a dire?» Alice era addirittura impallidita. «Non capisco», e quasi le mancava la voce, «tu non mi hai avvisato, come mai?»

«Perché metterti in ansia? Né lei né lui sospettano niente finché sei protetta dal segreto bancario.»

«E allora come hai fatto a rassicurarla?»

Bertrand sorrise appena. «Le ho detto di riferire a chi l'aveva mandata che tutto è sotto controllo. Il che è la pura verità.»

Lei trattenne uno scoppio di riso. «Sei machiavellico! Ma adesso Alfiero si farà un sacco di domande.»

«Credo proprio di sì», però la prospettiva non lo turbava affatto.

«Perché mai la banca l'ha mandata da te?» domandò lei, irritata.

«Il funzionario ha pensato di lavarsene le mani e io sono il tuo legale. È un giochetto semitrasparente: noi non sappiamo nulla, ma qualcuno sa.»

Alice chiuse gli occhi e appoggiò la nuca alla spalliera del divano. «Maruska non è stupida e immaginerà che dietro ci sono io.»

«Infatti: il tuo ex, come lo chiami tu, si è fatto vivo personalmente circa due settimane fa. Deve aver chiamato da un telefono pubblico perché si sentiva intorno una specie di brusìo.»

«Si è fidato? E che cosa voleva sapere?»

«Qual è la mia posizione. E io gli ho risposto che quando fosse venuto nel mio studio ne avremmo parlato e che per ora potevo assicurargli che sua moglie era affidabile.»

«Quale delle due mogli?» sbottò Alice, sarcastica e furiosa. «Ti rendi conto di averlo messo in allarme? Si sentirà sui carboni ardenti.»

Bertrand replicò sicuro: «Sarebbe stato peggio negare ogni evidenza. Così, invece, ti ho lasciato tutto lo spazio per giostrare».

«Giostrare? Io?»

«Appunto. Ora preparati ad affrontare il problema. Ne eri ben consapevole, no?»

Lei stava zitta e vagliava tutte le possibilità, rapidamente ma con freddezza, come quando valutava un problema di scacchi, poi delineò il ragionamento a mezza voce: «Se Alfiero non ha ancora reagito è perché non immagina quello che ho fatto: non mi crede abbastanza furba... o spregiudicata. Per di più è nel vivo del processo e gli stanno dando addosso responsabilità sue e di altri, così mi ha detto Daria Fusi. No, per il momento credo non gli convenga fare una mossa stupida come andare all'estero. Ma potrebbe parlare di quei soldi con i ragazzi: con Isabel e, peggio ancora, con Gabriele, che per fortuna è lontano».

«Non mi avevi detto che i tuoi figli erano dalla tua parte?» domandò Bertrand, che aveva seguito con attenzione quel soliloquio.

«Sì. Erano offesi per il modo in cui lui mi aveva trattato, ma è sempre il loro padre e sa come incantarli.»

Bertrand le prese una mano e gliela strinse. La fissava con quei suoi occhi chiari, fermi e rassicuranti, di uomo che conosce il male del mondo, i suoi nascosti intrighi e il modo di trovare il bandolo, l'angolo nascosto che rovescia la situazione a proprio vantaggio. «Di questo problema», le ricordò, «tu hai in mano le chiavi, non dimenticarlo. Perché hai agito... l'hai detto tu, per tutelare il suo patrimonio, e lui stesso. Questo è il tuo punto forte. Che cosa possono eccepire i tuoi figli?»

«Ma quelle chiavi», ribattè lei con impeto, «sarò costretta a rimetterle nelle mani di Alfiero, e io non voglio!»

«Avrai modo di patteggiare.»

«Patteggiare? Con lui?»

«Allora cerca una buona motivazione per non doverlo fare: è l'ultima mossa della vostra partita.»

«Sì, ci ho pensato», ammise Alice sospirando, «e so anche qual è.» Ma non aggiunse altro. Si alzò dal divano con difficoltà. «Ho preso una camera, qui. Vorrei riposare un'ora prima di andare a cena. Ti va?»

Lui annuì in silenzio.

Più tardi, mentre camminavano nella sera appena rinfrescata dalla brezza di ponente, godendo d'essere uno accanto all'altra in quella città bellissima ma così distante nel tempo, per chi non ci vive, da farti sentire estraneo, Alice si trovò senza accorgersene sulla china della confidenza.

«Penso sempre a quei soldi di Alfiero», gli rivelò turbata, «come se non fossero anche miei per diritto. Devo capire che cosa significano, oltre alla sicurezza. Hanno un potere oscuro su di me, Bertrand: li voglio e li odio al tempo stesso. Non capisco, non capisco, eppure ho la testa lucida, ma non mi basta.»

«Hai bisogno di consolazione? No?» Sembrava scherzasse, ma era serio: «E allora ti dico che non è solo una questione di soldi, Alice. Prendendo il controllo di quel patrimonio tu hai legato ancora tuo marito alla tua vita. Le decisioni sono sempre nelle tue mani, proprio come volevi».

«Nelle mie mani?» reagì lei, incollerita. «Io posso solo difendermi! E anche adesso. È per colpa di Alfiero che ogni giorno di più mi sento stretta alla gola, come quella notte in cui se n'è andato dopo avermi distrutta, buttata via, oltraggiata... tu non lo sai, non te l'ho mai raccontato, Bertrand, a nessuno l'ho mai detto, a nessuno a nessuno...»

Era così smarrita, così vulnerabile, che Bertrand Liebmann, per la prima volta, ne ebbe pena. «Alice, tuo marito sta ancora piantato come un piolo in mezzo alla tua vita. Forse non ce la fai a sradicarlo da sola.»

«Dovrei prendermi un altro uomo?» buttò là, esasperata. «Magari c'è anche, ma non serve: è nessuno.»

Liebmann la scrutava con una strana espressione di rammarico, come se le parole di lei l'avessero ulteriormente ferito. E questo non le piaceva, non lo capiva. Anzi, il silenzio di lui alimentava irritazione e rancore: possibile che non potesse offrirle una via d'uscita dallo scontro con Alfiero? Ma aveva ragione: lei aveva stretto quel nodo gordiano con dieci milioni di franchi, lei doveva scioglierlo. Tuttavia sbottò ancora, con amarezza: «Mi hai fatto venir fin qui per mettermi davanti a questo dilemma?»

Ma lui quasi sorrise. «Sei tu, Alice, che hai scelto di raggiungermi.»

«E per fortuna. Ora che Maruska ti conosce, sai che *en plein* se tu fossi venuto a Milano e magari ci avesse visto insieme?»

«O forse un certo signor 'nessuno' non doveva vederci insieme?» replicò lui, con ironia.

«Bertrand!» Alice era sbalordita. «Anche tu ti ci metti

con la curiosità? Ho dovuto coinvolgere la mia amica Lucia per giustificare con mia figlia questo viaggio a Roma.»

«A trovare un amico?» la provocò lui.

«Certo, a trovare un amico.» Lo prese di nuovo sottobraccio: «E adesso portami a mangiare, sono quasi digiuna».

Non parlarono più, né dei soldi né di Alfiero e di Maruska né di quel signor nessuno che aveva stuzzicato la curiosità di Bertrand, erano troppo poche le ore di quell'incontro per sciuparle con domande senza risposta. E fra loro ce n'erano tante: domande ignorate, accantonate, in attesa.

Il signor «nessuno», intanto, entrava e usciva dalla vita di Alice con la lievità di una farfalla. Due giorni dopo il loro incontro nella casa al lago, Newland le aveva telefonato a Milano: «Vorrei invitarla a un party, questa sera».

«Un party? E dove?» aveva chiesto Alice sorridendo fra sé per quel ritorno formale al «lei».

«In una terrazza che guarda verso le guglie del Duomo. Lei non sa, forse, che esistono delle terrazze milanesi che non hanno niente da invidiare a quelle romane.»

«Lo so, lo so. E dov'è questa terrazza?»

«Passerò io a prenderla.»

La terrazza era all'ultimo piano di un palazzo in piazza San Babila e correva su due lati dell'appartamento, schermata da un sipario di rampicanti. «È per far ombra durante il giorno», spiegò Newland, che aveva l'aria di essere a proprio agio e non solo uno dei tanti ospiti, «così lo spazio si trasforma in una stanza aerea, continuazione delle altre ma più aperta verso la fantasia.»

La fantasia. Newland si rivelava a poco a poco come un caleidoscopio, un susseguirsi di immagini che oscillavano fra bizzaria e instabilità. Cavalcava l'aria non come un razzo che avesse un bersaglio, ma come un festoso aquilone. E i suoi amici sembravano condividere la sua stessa labilità: i loro gesti erano coreografici, i loro discorsi spiritosi e inconsistenti, i loro stessi abiti anticipavano la moda *vintage* in una mescolanza di vecchio e attuale che faceva tendenza. Erano, in tutto, semplicemente effimeri. Alice ne fu sorpresa e affascinata: si sentiva l'unico essere ragionante in un'amabile gabbia di matti. Guardava Newland: malvestito, svagato e felice, e il suo pensiero più preciso era: *È il contrario di Alfiero*.

Di nuovo lui la invitò due sere dopo, sempre con i suoi amici, in casa propria. Altra terrazza all'ottavo piano: guardava verso il grattacielo Pirelli e lasciava intravedere, più in lontananza, le altre due torri oltre Porta Garibaldi. Alice aveva scartato l'idea di un abito lungo, anche se di cotone, e indossava pantaloni neri, attillati, e una camicia bianca firmata che stazionava da due decenni nel suo armadio. Si era sciolta i capelli che di solito teneva raccolti alla nuca e si guadagnò, da Newland, un commento compiaciuto: «Questo look casual-borghese ti sta a pennello».

La casa di Newland, però, era quasi in disarmo. Pile di mattoni e di piastrelle giacevano nel corridoio in attesa che gli operai terminassero di ristrutturare i bagni e la cucina, nel salone erano ammucchiati i mobili sgomberati da altre stanze, ma quella confusione che trasformava ogni ambiente in un cantiere non impedì a Newland di preparare nel terrazzo una lunga tavola fatta di due grandi assi su cavalletti, e apparecchiare con piatti, bicchieri, tovaglia e tovaglioli di carta fiorita. Il menù era altrettanto prevedibile: pizze, affettati, gelati e ottimo vino. Più tardi Alice e Newland rimasero soli e parlarono a ruota libera di niente, sostando a lungo in terrazza a guardare la piazza sottostante e il verde cupo degli ippocastani lungo i bastioni vicini. Dormirono in una stanza dalle cui pareti gli imbianchini avevano appena scrostato i calcinacci. Su un mobile, bianco di polvere come per una nevicata, stavano allineate delle foto di donne, incorniciate d'argento: sole o in compagnia di Newland, in luoghi e tempi diversi.

«Questa, di far l'amore in un cantiere, proprio non me l'aspettavo», commentò lei ridendo. Quel modo di vivere accampandosi sulla superficie di una casa da ristrutturare le sembrava di un giovanilismo che nemmeno i suoi figli avevano attraversato. Ma non si chiedeva chi fosse Newland. *Tanto*, concludeva fra sé, *domani o dopo partirà per qualche meta ignota*. E stava bene così. Ma intanto, le sere in cui s'incontravano per «fare qualcosa», che poi finiva nel letto della camera da intonacare, si stratificavano l'una sull'altra, e Alice gustava sempre più i lunghi sonni dopo l'amore, e il corpo di Newland non le era più sconosciuto. Se avesse dovuto spiegare che cosa trovava di così nuovo e appagante in quel corpo, Alice avrebbe detto: *È come una stufa: ti scalda senza bruciarti. E non ti domanda chi sei*. Ogni mattina in cui lasciava la casa-cantiere in cui i lavori andavano a rilento perché il padrone non se ne occupava affatto, Newland spariva dalla vita di Alice, che era convinta di non rivederlo. E andava bene così.

Fu una lunga estate, una lunga estate senza pioggia in cui il sole, già alto e cocente di primo mattino, sembrava un astro implacabile. Una lunga estate metropolitana in cui Maruska non si lasciò schiodare dal computer. Era abituata a non prendersi vacanze e lavorava spinta dal vento in poppa di due contratti che scadevano in ottobre, resistendo ai mugugni di Alfiero che voleva lasciare la città.

«Dove vuoi che andiamo! A Milano in agosto si sta da signori», ribatteva alle sue proteste. E lo sfotteva maliziosa:

«Non dirmi che vuoi prendere le ferie a Ferragosto come i metalmeccanici!»

Però la sera uscivano a cenare nei ristoranti all'aperto o nelle trattorie con pergola dell'hinterland dove, a detta di Alfiero, si mangiava con zanzare e moscerini nel piatto. Il processo si diluiva in udienze tecniche che disturbavano Alfiero perché presupponevano il pericolo di altre inchieste, e talora segnava il passo per l'assenza di magistrati o avvocati. Maruska aveva convinto il Vice che Alfiero non correva più pericoli e che le due guardie del corpo, oltre all'auto della World a disposizione, erano ormai misure eccessive. Quanto a lei, aveva fornito qualche pista immaginaria caduta nel nulla, e insisteva che avrebbe potuto intuire meglio le intenzioni di Alfiero se lui si fosse sentito meno oppresso dalla protezione. «Stia tranquillo», disse a Biagio Falzoni, «per certe cose, una donna vale più di due pagatissimi gorilla.»

Ma Alfiero, chiuso nel fresco condizionato del loft, riviveva in un rimuginare confuso i quattro mesi di prigionia domiciliare seguiti al primo arresto, e questo gli provocava uno stillicidio di ricordi inevitabili, che lo saturavano fino alla gola e premevano per uscire. Aveva bisogno di svuotarsi e consegnarsi a Maruska ricostruendo il puzzle delle sue memorie, buone o cattive, lontane o vicine, specialmente quelle della giovinezza che lei in parte conosceva, ma che tornavano per farsi raccontare più e più volte, come accade agli anziani che smarriscono la memoria recente e rivivono quella lontana.

«Quando ero ancora a Parma, a vent'anni o giù di lì, ero un gran bel ragazzo... elegante, sempre con un po' di soldi in tasca ma pieno di debiti. Fin d'allora mi piaceva frequentare la crema della città. Pensavo che avrei fatto un incontro decisivo per la mia vita, un industriale, un magnate, un politico di cui mettermi al seguito. E che poi avrei sposato una ragazza ricca.»

«Ma ne avevi qualcuna sottomano, almeno?» lo provocava lei.

«Beh, sai, in provincia più che altrove i patrimoni si sposano fra loro. Per questo sono venuto a Milano. Era una piazza più vasta.»

«Spiegami un po' meglio questa tua caccia alla miliardaria. Mi sembra un copione da commedia della Hollywood anni Trenta.»

«Sì, m'illudevo», ammetteva lui, «ma quando si è giovani si è anche stupidi, immaturi. Una donna come te, una professionista capace di guadagnare molto più di me, avrebbe mortificato il mio orgoglio. Mentre un'ereditiera col papà imbottito di milioni – allora bastavano i milioni per essere qualcuno –, sarebbe stata un bel bottino.»

«Che maschilista.»

«Guarda che gran parte degli uomini, ancora oggi, la pensa così.»

«E si fanno fregare dalle donne», rideva Maruska, «che sono più in gamba di loro, più concrete. Anche quelle che non lavorano. Guarda Alice: la manterrai vita natural durante.»

«Tu credi? Lascia che possiamo andarcene a vivere dove dico io.»

«E dove? In un'isola incantata dove nessuno ti può bussar cassa? E i tuoi figli? Isabel, già laureata, sposerà un professore anziano ma prestigioso e capace di sostenerla nella carriera universitaria. Ma Gabriele? È in India a fare opere di bene, pericoloso per i tuoi soldi.»

«C'è stato un momento, per Gabriele, in cui io ero il suo modello», rammentò Alfiero con nostalgia, «mi copiava in tutto. Ma l'influenza di sua madre è stata nefasta: ha cominciato a dargli ragione quando si è messo con quella ragazza alcolista.»

«E non è servito a salvarla», sottolineò lei.

Alfiero continuava nel rammarico: «E pensare che Gabriele, allora, era nelle grazie del presidente. Ma mio figlio non aveva scatto, non aveva ambizione, non vedeva le opportunità. Che delusione».

«Non è facile, Alfiero, a quell'età. E poi non ti somiglia. Ma anche tu, adesso, dopo anni e anni spesi per la World, sei in una situazione critica.»

«Tutta colpa dei giudici!» sbottò Alfiero.

«Ma dài!» Maruska ci trovava gusto a tirar fuori un po' di unghie contro i potenti: «Non puoi negare che la World abbia prosperato negli illeciti in lungo e in largo. E quando è scoppiato il bubbone della lottizzazione nel parco nazionale e poi dell'inceneritore, delle discariche abusive e via e via... i giudici che cosa potevano fare? Farsi comprare, risponderesti tu. Ma può esserci qualcuno che non ci sta. E allora?»

«Tanto non caveranno un ragno dal buco. È solo questione di tempo e di pazienza. Supponi che vada male il processo: si ricorre. Si va in appello e poi si ricorre ancora.»

«Finché tutto va in prescrizione. Ma ci vogliono anni, anni di pazienza che logorano, Alfiero.»

Però, durante un weekend afoso, con l'aria quasi irrespirabile per la cappa di nubi estive, venne una doccia fresca e insperata a rinvigorire il suo orgoglio: il Capo, di passaggio a Milano fra una crociera e l'altra sul suo famoso yacht, lo invitò in villa come faceva anni prima, al tempo in cui Alfiero godeva di tutti i suoi favori. A lui venne quasi da piangere per la gratitudine. Si vestì e rivestì più volte per prepararsi, cambiando abito, camicia e scarpe, incerto se attenersi allo stile casual delle conversazioni in giardino o se indossare un blazer scuro e fresco, più formale. Maruska lo guardava rovistare nell'armadio, spiegare le camicie scartando quelle che avevano una piegolina mal stirata, provare le cravatte senza decidersi a scegliere, e sentiva una tenerezza struggente per quell'uomo incerto e ansioso, illuso dalla benevolenza di un potente che si serviva di lui.

«Va' che sei più bello del presidente e del Vice messi insieme!» lo rincuorò abbracciandolo teneramente. Ma Alfiero, preoccupato, si scostò da lei: «Maruska! Mi stropicci la camicia e la cravatta!»

E per quel giorno, nel verde del parco che circondava la famosa villa, gli parve di aver recuperato il paradiso perduto.

In quell'estate, l'ultima che trascorse al lago, la settantenne Mimì Aloisi cominciò a contarsi ogni mattino le rughe, a pizzicarsi la pelle sotto le orecchie per rivedere il contorno del viso com'era fino a pochi mesi prima. Ma se anche «tirava» la pelle al collo e alle tempie, non riusciva a recuperare quell'immagine perduta: qualcosa era mutato per sempre.

Non c'è lifting che tenga: è il tempo che ci frega. Il tempo e la morte. Per fortuna, non indugiava più di mezzo minuto su quei lugubri pensieri. Si era comprata una nuovissima crema «stirarughe» e se la spalmava con cura, piega per piega.

Quella strega di mia figlia ha quasi cinquant'anni e ancora la pelle di un bambino. Per forza, ha preso da me, ma non si rende conto che i giorni passano e lei si deve pur trovare un uomo. Un uomo in famiglia ci vuole, e con un po' di soldi. Io, i miei, li sto finendo.

Al termine dell'estate la vendita della casa avrebbe rimpinguato il suo conto in banca, ma quegli ultimi mesi al lago erano motivo legittimo di nostalgia, di lamentosa malinconia. Alice andava e veniva da Milano, ma si fermava solo nel fine settimana. *Questo la dice lunga sull'uomo che ha per le mani: dev'essere sposato e perciò trascorre il weekend con la famiglia*, deduceva Mimì. *Ma Alice con me non parla, fa la misteriosa. Parlerebbe forse con suo padre, se fosse ancora qui. Di me non si fida.*

Una pennellata di ombra verde salvia per gli occhi. *E insomma: le palpebre tengono ancora.* E una matita color mattone per rifare il disegno delle labbra.

Ah, qui sì c'è da piangere! Il labbro di sopra si è allungato ed è fitto di righine, e quello di sotto è diventato piatto. C'è poco da rimediare: un po' di gloss e via.

Anche Isabel faceva dei misteri: se ne stava a Milano a studiare ancora, come se il suo professore non potesse raccomandarla e darle una spinta! Ma allora a che servono gli uomini? *E Alice, che giura di spuntare duecentomila euro per la casa, la darsena e il fuoribordo, che poi è una barchetta? E senza diritti di agenzia. Dovrò dare a lei una percentuale, mi par giusto.* Mimì era un po' confusionaria, ma generosa.

«Ma chi è questo tizio che compra la mia casa per i suoi amici americani?» domandò a sua figlia quando la vide sbarcare dal battello che serviva tutti i paesi sulla riva sinistra del lago. «Ti fidi? O è meglio riparlare con l'agenzia?»

«Mi fido, mi fido. Sta già preparando il compromesso per l'acquisto.»

«E verrà qui per farmelo firmare?»

«Per il momento posso firmare io. E subito ti porto la caparra.»

Mimì la guardò in tralice. «Non vuoi proprio farmelo conoscere. È quello che ti sta intorno adesso, vero?»

Intorno. Sì, forse era la parola giusta: Newland era come un calabrone che svolazzava intorno alle donne.

«Senti, sono uscita un paio di volte con lui. Va bene?»

«E com'è? Sì, dico: è giovane o anziano? È ricco? Non sarà uno strapelato? No, tu non sei il tipo per quelli lì. È gentile? Ti porta in bei posti?»

Alice sbuffò. «Senti, mamma: non è il mio cavalier servente. Ma sì, è giovane. Anche piacente.»

«Giovane? Più giovane di te?» Già quel particolare era negativo.

«Vogliamo piantarla? Lo conosco appena.»

La realtà era quella: lo conosceva appena. Ci faceva l'amore, con piacere, con entusiasmo, il suo corpo reagiva non appena le accadeva di pensare a lui. Ma di Newland sapeva poco o niente. Qualche accenno caduto qua e là durante le loro conversazioni in terrazza, quando avevano cenato loro due soli senza la baraonda dei suoi amici.

«Sono stato sposato per una decina d'anni», aveva dichiarato col tono di una cronaca, «ma non ha funzionato. E mi è dispiaciuto. Mia moglie è una vera americana che non capisce i vagabondaggi sessuali.»

«Poche donne li ammettono, e io sono fra quelle poche», e Alice lo provocava con un sottile sorriso.

«Può darsi. Ma per lei: o fedeltà o divorzio. In realtà io sono un single per vocazione. Alla fine...» e Newland rideva con quel lampo di malizia irresistibile che era così seducente, «Janet si è stufata di me. I due figli stanno con lei, abbiamo un buon rapporto. Che sia chiaro: la stimo molto, le voglio bene. Non riuscivo a credere che non mi volesse più... ce ne ho messo del tempo per abituarmi all'idea.»

«Tu, però, non sei un dongiovanni», aveva commentato Alice soprappensiero.

«Giusto. Per me una donna non è una conquista, è una resa.»

«Ma ti arrendi spesso», ammiccò lei.

«Sai, la vita è così ricca di occasioni...»

«Per chi le sa vedere.»

«Beh, tu sei una che vede subito.»

Lei negò sorridendo. «No, io non ti ho visto: io ti ho sentito, a pelle.»

Ora, però, cominciava a vederlo, quando lui glielo consentiva. Perché Newland si eclissava da un giorno all'altro, rapito dai suoi impegni e dai suoi molti inviti, poi la raggiungeva col cellulare, le parlava tenero ed entusiasta di dov'era in quel momento: a Roma, a Firenze ma anche a Chicago, recentemente, dove viveva sua moglie con i ragazzi, quindi tornava per qualche giorno, la rivedeva con gioia e ripartiva per certi suoi privatissimi weekend.

«È esattamente il contrario di Alfiero», concluse per tacitare le domande di sua madre, «non sembra ambizioso, non parla mai di denaro, non so esattamente di che cosa si occupi. È un uomo che vive nell'attimo presente, e sembra che le cose gli corrano incontro.»

«Allora», decretò Mimì, «tu come al solito non capisci niente di uomini. Perché anche Alfiero è sempre stato così: uno che vuol sentirsi libero.»

«Sbagli!» la rintuzzò Alice. «Newland Bassani è l'essenza di un uomo libero, mentre Alfiero... hai visto che fine ha fatto.»

Mimì sorrise senza ribattere: *Perché tu l'avevi già domato*.

A settembre cominciarono le bugie di Isabel, e subito Alice le fiutò. Non menzionava più il matrimonio né faceva preparativi. *Forse non vuol parlarne con me*, si diceva, rammaricata di non poter progettare per sua figlia uno sposalizio con abito lungo e fiori. Sempre che Isabel ci tenesse. Ma quel silenzio, lo sentiva, aveva un significato diverso dal semplice escludere la madre dai suoi progetti. Per tutta l'estate Isabel aveva lavorato a una ricerca concordata con Raphael. Studiava spesso anche di notte e la sua concentrazione, il suo impegno, avevano qualcosa di ossessivo. *Forse è più ambiziosa che innamorata*, aveva ipotizzato Alice. E non sapeva se rallegrarsene. Poi, di colpo, a fine estate quell'attività frenetica era cessata. Isabel trascorreva le giornate fuori e Alice la pensava assorbita da nuove ricerche in biblioteca. Ma aveva dei dubbi, confusi e tuttavia insistenti.

A distrarla fu il ritorno di Gabriele dall'India, magro e

abbronzato, e come al solito in cerca di aiuti finanziari per il villaggio. Dai suoi scarsi racconti Alice seppe che aveva vissuto in un clima micidiale e mangiato, per mesi, quasi soltanto lenticchie e banane. Lei si mise a nutrirlo di proteine ma non era facile, visto che suo figlio ormai era vegetariano. Snello lo era sempre stato, ma ora somigliava a Giovanni Battista nel deserto sopravvissuto a miele e cavallette.

«Ti sembra sensato nutrirti in questo modo?» lo rimproverava mettendogli davanti solo pasta condita con verdure.

«Ma io sto benissimo. E se tu vivessi in India dov'ero io la carne ti farebbe schifo e al massimo mangeresti pesce, quando è fresco.»

«E la tua ragazza di Lucca», azzardò lei deviando il discorso, «era là anche lei?»

Gabriele sorrise, come se si aspettasse quella domanda da quando aveva rimesso piede in casa. «No, è rimasta col suo bambino in Garfagnana, dove i suoi hanno una casa. Avrebbe voluto partire con me ma l'ho sconsigliata, i mesi da maggio a ottobre sono i più duri per il clima.»

«Ha un figlio?» Alice era senza fiato, con Gabriele le sorprese non finivano mai.

«Sì, di sei anni. È rimasta con lui per le vacanze, e anche perché i suoi non sarebbero stati d'accordo che lo portasse con sé.»

«Portarlo con sé? In India?» Alice era esterrefatta, anzi indignata da quell'ipotesi per lei impensabile. «Un bambino, a quarantacinque gradi umidi e con il pericolo di dissenteria e malattie infettive?»

«Non esagerare. Nel villaggio ci vivono trecento bambini, e adesso che mangiano stanno benissimo.»

«E voi due sareste così matti, tu e sua madre...» Mio Dio, con che donna andava a imbarcarsi suo figlio?

«Mamma, di che cosa ti preoccupi? Ci sarà tutto il tempo per decidere, magari il prossimo inverno. Lei e suo figlio potrebbero restare là due sole settimane, al piccolo farebbe bene vedere altri bambini come lui... scoprire come vivono.»

Per un po' lei rimase senza parole, finché Gabriele osservò: «Non ho visto Isabel in questi due giorni».

«Tua sorella pensa di sposarsi, in ottobre o novembre, non so di preciso. Spero che tu ci sia, perché non ho idea se suo padre possa accompagnarla all'altare.»

«La piccola si sposa? Con chi?»

«Con suo nonno», sbottò Alice rivelando la sua ostilità. «Io non ci andrò a quel matrimonio, non voglio essere complice di un errore.»

«Fammi capire: chi è lui?»

«Il chiarissimo professor Raphael Gomez Ribeira. Si sposeranno a Madrid. Credo che lui sia più vecchio di vostro padre.»

«Lo conosci?»

«L'ho visto una sola volta. Mi è parso una persona degnissima, ma non un marito per tua sorella.»

«Vorrei parlarle.»

Ma Isabel non tornò a dormire neanche quella sera e l'indomani Alice si domandò se non era il caso di cercare sua figlia a casa del professore, che probabilmente era tornato a Milano. Chiamò il numero di casa Ribeira e le rispose una domestica: il professore era a Madrid ma c'era suo figlio, se voleva parlargli.

«Grazie, no.» Dove stavano portando Isabel le sue bugie?

Quando sua figlia rientrò, quella sera, le chiese con severità che cosa le stesse succedendo: «Non ti si vede da più di tre giorni».

«Ero in casa di Raphael quando è arrivato Pablo. I gemelli hanno deciso di venire a Milano per una piccola vacanza, e lui, che era già a Roma, ha anticipato. Domani andiamo all'aeroporto a prendere Miranda.»

«E tu, in questi giorni, sei rimasta a dormire in casa sua per fargli compagnia?» domandò Alice, ironica.

Sua figlia, che stava andando difilato nella propria camera, si voltò e la fissò disgustata. «Sono adulta e consapevole, che cos'è questo interrogatorio?» Lo stesso tono e quasi le stesse parole con cui Alice aveva rintuzzato la sua curiosità la mattina in cui era rientrata dopo aver fatto l'amore con Newland. Poi aggiunse: «Ti ho lasciato un messaggio nella segreteria, non l'hai sentito? Ieri siamo andati dalla nonna, volevo che Pablo vedesse la casa e il lago».

«E questa notte dove intendi dormire? Resti almeno a cena? Gabriele è tornato. Vorrebbe vederti, parlarti.»

«Non del matrimonio, spero. La data non è stata ancora decisa. Ma forse papà, per allora, avrà finito con i tribunali e potrà venire lui a Madrid.»

«Fra due mesi? È improbabile.»

«Improbabile? Perché pensi sempre male? Ti auguri che venga condannato?»

Alice la trattenne per un braccio mentre l'altra le voltava le spalle, irritata.

«Isabel, io non ho mai augurato del male a tuo padre.»

«Ma gli dai addosso la colpa di tutto! Lo so che è così, e non voglio parlarne.»

Non era collera verso di lei, Alice lo captò a fiuto, era rabbia indistinta o forse una pena dissimulata che cercava un bersaglio, una crepa per uscire e non soffocarla. Senza ribattere la lasciò andare. Sì, sua figlia aveva lo sguardo braccato dall'angoscia, rivelava l'inquietudine smarrita dei momenti in cui dentro si affrontano due forze opposte e laceranti. Dopo la cena e uno scambio di battute nervose e irritanti con suo fratello: ti sposi, sì mi sposo, non so quando ma prima di fine anno, non domandarmi chi è lui tanto la mamma ti ha già detto tutto, no, tienti le tue prediche e la tua India, Isabel si ritirò in camera sua.

Alice, vedendo un filo di luce sotto la porta, spinse il battente e la raggiunse accanto al letto. «Perché non vuoi raccontarmi che cosa ti succede?»

Non si era mai accorta che Isabel potesse avere uno sguardo così ghiacciato né, lo sentì a pelle, una capacità di mentire identica a quella di suo padre. La vide agitarsi nel letto. «Mi avete seccato tutti e due con quelle domande sulla data del matrimonio. Domani prendo l'aereo e vado a Madrid da Raphael, così definiamo tutto.»

Alice si ritirò. Isabel era serrata come una fortezza.

12

ISABEL non partì per Madrid il giorno seguente, era assurdo che lo facesse mentre Miranda atterrava a Linate per la settimana di vacanza a Milano. Decise quindi di tornare in Spagna con lei quando Pablo sarebbe rientrato a Roma dov'era ospite di una famiglia di amici.

In quei sette giorni Isabel invitò due volte i ragazzi a casa e Alice preparò, la prima volta, una colazione fredda e, la sera prima della loro partenza, una cena formale nella quale apparecchiò alla grande, con tovaglia di lino ricamato, porcellane e quel pochissimo che era rimasto di argenteria.

Alla domanda di Miranda a Isabel: «E tuo padre non lo conosceremo?» Alice, imperturbabile, rispose con un sorriso: «In questo momento non è a Milano. E poi, certo lo sapete, siamo separati».

Forse non lo sapevano e la notizia cadde in un silenzio dalle sfumature diverse: sorpresa, indifferenza o forse disagio per la domanda inopportuna.

Gabriele aggiunse, sobrio: «Se gli sarà possibile sarà lieto di presenziare al matrimonio di Isabel, oppure sarò io ad accompagnarla all'altare».

«La data non è ancora stata stabilita», osservò Miranda.

«Ma non appena vedrò Raphael la decideremo», tagliò corto Isabel. «Del resto, basteranno poche settimane di anticipo per le pubblicazioni e la cerimonia sarà molto privata.»

C'era qualcosa di perentorio, di costretto, in quelle parole di una futura sposa giovane, ma priva di fervore. Isabel aveva il viso pallido e, per la prima volta, un accenno di occhiaie. Alice, che non si sarebbe mai immaginata sua figlia così prima delle nozze, cominciò a rodersi per l'incapacità di scoprire, o almeno intuire, le ragioni occulte di quell'assenza di gioia. Scrutava i due spagnoli, quelli che sarebbero stati i figliastri di Isabel. Assurdo. Il giovane sembrava timido e un po' tenebroso nel suo silenzio quasi voluto, ma era bello, con un viso scolpito che forse gli veniva dalla madre perché con il padre, il professor Ribeira, non aveva una somiglianza evidente. Miranda, al contrario, era espansiva e persino buffa nel suo parlare ibrido di iberico e italiano, aveva anche una mimica meridionale nell'esprimersi. *Ma non è molto intelligente,* si disse Alice che valutava il suo chiacchiericcio un po' vacuo, un po' vanesio. *Chissà come mai non si è ancora sposata: mi sembra il tipo di ragazza che non ha bisogno d'altro. Per Ribeira dev'essere comunque comodo tenersela in casa. Ma se adesso sposa Isabel ne avrà due, giovani e magari un po' complici, nello stesso pollaio. Forse Isabel potrebbe contarci su questa coetanea, magari per essere più libera dai doveri casalinghi...*

A un certo punto si accorse di una pausa di silenzio. Sembrava che tutti stessero guardando lei in attesa di una sua risposta. Ma la domanda qual era? Nel turbinìo dei suoi pensieri, aveva perso il filo della conversazione.

«Mamma», le venne in soccorso Gabriele, «ti hanno chiesto se andrai anche tu a Madrid prima del matrimonio.»

«Sì, certo», mentì tempestiva. «Ma sbaglio, o la data non è ancora decisa?»

«Questione di giorni», replicò sua figlia con un'occhiata fulminante.

Isabel partì con Miranda a fine settimana e quando tornò, due sere dopo, Alice la vide aprire la porta d'improvviso, un po' sfiatata per via della sacca pesante e della temperatura ancora calda.

«Isabel! Già qui? Sarei venuta a prenderti.»

«Non ci ho pensato ad avvertirti, ma non importa.»

«Ma sei stanca, sembri sfinita.»

Sua figlia si liberò della giacca e si lasciò cadere sul divano. «Non sono stanca, sono incinta.»

D'un lampo tutto si chiarì nella mente di Alice. «Da quando?»

Isabel si appoggiò ai cuscini. «Sono quasi al termine del quarto mese. Fino a tre settimane fa non mi pareva nemmeno di aspettare un bambino: niente nausea né altri malesseri. Mi si era soltanto allargato un po' il giro vita. Adesso, invece, si comincia a vedere.»

Alice si era seduta su una sedia. Aveva appena fatto una doccia e stava per vestirsi e uscire per un appuntamento con Newland. «Allora è successo a Pasqua, quando eri là in casa sua.» Sua figlia annuì e lei domandò: «E tu hai tardato fino adesso a dirglielo. Perché?»

«Mah, forse perché ce ne ho messo del tempo per persuadermi. Quando ho fatto il test di gravidanza non volevo crederci, non mi sembrava vero.»

«Non usavi contraccettivi?» chiese Alice, ricordando come avesse istruito sua figlia sui metodi più sicuri, da donna a donna.

«Sì, ma mentre Raphael era in Spagna avevo fatto un'interruzione.»

«Sapevi, allora, che il rischio di gravidanza è maggiore.»

«Ma sì! Non dormivamo insieme, a casa sua», replicò

Isabel, «c'erano i suoi figli e per loro ero la *novia*. Solo una volta, nel pomeriggio, siamo rimasti soli nel suo studio.»

«Capisco.» Alice seguiva un pensiero con le sopracciglia aggrottate, ma Isabel sapeva che, nonostante la sua lucidità, sua madre non poteva vedere nelle pieghe nascoste della realtà.

«No, che non puoi capire!» gridò quasi. «Avevamo poco tempo per stare insieme, sembravamo due clandestini, due che si nascondono. Io, la notte, in quella stanza degli ospiti con dei mobili che sembravano catafalchi, mi sentivo sola, un'estranea.»

«Non siete andati anche a Siviglia, per qualche giorno?»

«Sì, a Siviglia, ma non con Raphael. Non è voluto venire e io allora sono partita con i ragazzi. Te l'avevo già detto, no?»

I ragazzi. Quella inconsistente chiacchierona di Miranda che parlava anche per suo fratello. E lui?

«Quando sono venuti qui», osservò Alice, «non ho quasi sentito la voce di quel Pablo: è così muto con tutti?»

«Sì, se prima non è entrato in confidenza.»

«Ah. E con te parla?»

Isabel alzò le spalle. «Con me parla abbastanza.» Si alzò per avviarsi verso la sua camera. «Che bellezza dormire nel mio letto. Tu magari stavi per uscire. Non preoccuparti: ho mangiato qualche schifezza in aereo.»

Alice la seguì e l'aiutò a mettersi in vestaglia. Le guardò il ventre. «Si nota appena.» Poi l'abbracciò con trasporto. «Lo vuoi davvero questo bambino? E Raphael che cos'ha detto? Sii sincera con me.»

«È stato come un colpo di fulmine», ammise Isabel. «Sai, alla sua età e con altri quattro figli. Ma poi era quasi compiaciuto. Ha deciso che possiamo sposarci a fine ottobre. Ci pensa lui a tutte le questioni burocratiche, dato che sono una cittadina straniera.» Sembrava quasi tranquilla, ora, anche se i suoi occhi sfuggivano quelli di Alice. Si distese sul letto e domandò a sua madre, come quando era bambina: «Mi porti un succo di frutta?»

Alice la raggiunse di lì a poco con il succo di albicocca, freddo di frigo. Sedette sul letto accanto a lei e restò a guardarla mentre succhiava dalla cannuccia. D'improvviso la travolse un'ondata di ansietà e quasi senza rendersene conto domandò: «Sei sicura che sia figlio di Raphael?»

Vide Isabel boccheggiare come se le mancasse l'aria, poi riprendersi: «Mamma... ma sei matta? Cosa vai a pensare? Credi che farei a Raphael una cosa del genere?»

«Meglio così», concluse sua madre, non convinta, «ma sono cose che capitano. A molte donne.»

Cose che capitano. A Siviglia era accaduto l'imprevedibile. Era tremato dalle fondamenta tutto il disegno del suo futuro.

Isabel avrebbe voluto vedere la città durante la *Feria de Abril*, la festa che ogni anno coincide con la Settimana Santa e trasforma il quartiere di Santa Cruz in quello che i sivigliani definiscono *el barrio mas hermoso del mundo*.

«Ma è la Settimana Santa che conta», aveva decretato d'autorità il professor Raphael, «con le sue processioni da medioevo, la Feria era una fiera di cavalli. E comunque, se non si è prenotato in tempo, non si trova un buco in un albergo.»

Erano riusciti, tuttavia, a trovar posto subito dopo la Feria e Pablo aveva commentato: «È persino meglio, Isabel, così vedi Siviglia com'è davvero e non in quella carnevalata gitana».

Lei non aveva ribattuto. Dopotutto, la carnevalata gitana, con le ragazze in mantiglia e costume da flamenco, le danze e i fuochi d'artificio le sarebbe piaciuta. Pazienza, ci sarebbe stata un'altra occasione, visto che la Feria si ripeteva tutti gli anni. Isabel si era subito resa conto che in quella casa si dava ragione senza discutere alle scelte del professore. Erano dunque arrivati nella città andalusa in un pomeriggio di sole così caldo, a fine aprile, da sembrare già estate. Siviglia si stava riposando dopo le settimane di festa e lo strascico della Feria aveva un suo fascino languido che s'insinuava nella quotidianità: meno chiasso, meno folla, più spazio nelle calli strette e nei tapas bar dov'erano ancora in vista i manifesti delle corride già avvenute. Di sera, gli abitanti del quartiere di Santa Cruz, non più spintonati dai turisti, riprendevano i loro interminabili, indolenti aperitivi che si prolungavano fino a notte. Le strade, le piazze erano assopite, spazio per i visitatori che camminavano guardando in alto i balconi vis-à-vis, fioriti di gelsomini, con le persiane accostate e le luci che trapelavano dagli interni.

«Peccato, però, che tu non abbia visto la Feria», squittiva Miranda, «noi ci siamo venuti l'anno scorso con degli amici, e in queste strade non si passava tanta era la gente in costume, e le corride, poi... hai già visto una corrida?»

«Sì, e non mi piace. È barbara.»

«Gli stranieri o la detestano o si entusiasmano», intervenne il fratello, «ma non capiscono niente della corrida, vedono solo il suo lato violento.»

«Pablo si elettrizza alla Feria; alla corrida, poi, diventa un altro», rivelò Miranda mentre Isabel lo scrutava perplessa. Forse, pensava, quel ragazzo introverso e taciturno aveva bisogno di stimoli forti per uscire dalla gabbia repressiva che l'educazione gli aveva costruito intorno. Gli domandò provocandolo: «Davvero Siviglia ti fa diventare euforico?»

Ma lui alzò le spalle. «Sono chiacchiere di Miranda.»

Invece si era rilassato, lasciando anche nel vestire quella formalità cui Isabel non era abituata con i suoi coetanei, e Pablo aveva solo un paio d'anni meno di lei. Aveva mollato giacca e cravatta, annodandosi sui fianchi un cardigan di cotone, e il suo viso appariva più disteso, sembrava quasi meravigliato di un'interna beatitudine.

Una lunga, indefessa visita turistica venne organizzata il giorno dopo da Miranda che, con una guida in mano, non tralasciò né una chiesa né un palazzo, né la Torre de Oro né la Macarena, la statua della Vergine che mutava abiti e gioielli secondo le feste. «Come la Barbie», commentò Isabel irriverente. Eppure era bella quell'immagine antica e venerata che la tradizione voleva vestita con scialli e pizzi come una gitana: poco madonna e molto andalusa. La sera del secondo giorno Miranda crollò esausta prima della cena. Isabel aspettò da sola, seduta nel patio, che Pablo scendesse. Le piaceva quell'albergo piccolo e raffinato, nel cuore di Santa Cruz, con poche stanze e il cortile rivestito di azulejos: aveva uno charme da palcoscenico.

«E mia sorella?» domandò lui raggiungendola alle spalle.

«Non ha più né gambe né voce, ha giurato di non alzarsi dal letto prima di domattina.»

«Allora siamo soli. Vieni, ti porto nei locali veri e andiamo a spizzicare un po' qua e un po' là, come usa qui.»

«Ma anche a Madrid lo fanno.»

«Qui, però, è diverso.»

Diversa era l'aria. Le calli, in parte solo pedonali, senza folla avevano ripreso il loro aspetto originario, un po' reale un po' incantato. C'erano lumi colorati che emettevano un pulviscolo d'oro. Da piazza del Triunfo, costeggiando i muri di un convento, giunsero davanti alla facciata della cattedrale. Isabel camminò fino alla fontana e si fermò. I riflettori si erano appena accesi e facevano uscire a tutto tondo statue, pinnacoli e archi, alleggerendoli della loro materia e trasformando la chiesa gotica in un volume variegato di ombre e di luci. Pablo, distante una ventina di passi, guardava la ragazza vestita di chiaro, i capelli che le toccavano le spalle, il viso alzato verso le luci.

Non si dissero niente. Scampati al chiacchiericcio di Miranda, percepivano nel silenzio i rumori soffici delle strade, oltre la piazza, e lo svolìo delle colombe che volteggiavano sopra le loro teste. Forse, in quel preciso momento, Pablo aveva intuito che Isabel non era solo la ripetizione assurda delle non poche studentesse che aveva visto sgonnellare intorno al professor Ribeira. Quella sensazione, che prima era come un nodo sgradevole da deglutire, ora si scioglieva davanti all'immagine luminosa di lei. Una ragazza, aveva neanche due anni più di lui, e in quel momento era lontana da quel vecchio, era lì in mezzo a piazza Virgen de Los Reyes e sorrideva a lui.

«Se non hai tanta fame», le disse quando le andò vicino, «possiamo continuare la passeggiata qui intorno.»

Lei annuì. Benedetto silenzio. Si avviarono, oltre la piazza, per una calle ombreggiata da aranci. C'era gente che oziava bevendo e parlando davanti ai bar o seduta ai tavolini, un movimento lento di umanità che si rilassa godendo la sera prima della cena e aspettando la notte.

«Questa città è così», spiegò Pablo, «abituata a vivere di notte metà del suo tempo.» Le vetrine dei negozi traboccavano di souvenir, di scialli, di *batas* e mantiglie, di ventagli colorati; dagli archi s'intravedevano vicoli stipati di botteghe aperte come un suk profumato di spezie.

«È la prima volta che mi godo una sera da quando sono arrivata in Spagna», disse Isabel sentendosi lievitare in una gioia che era pura sintonia con ciò che le stava intorno. Infilò il braccio in quello di Pablo e si appoggiò. «Sono felice d'essere qui, e con te.»

«Allora Madrid non ti piace.»

«Sì, perché? Ma qui è come se fossi in vacanza, anzi di

più.» Si fermò come se volesse darsi una pausa per trovare le parole adatte: «È come sentire il profumo della vita».

«A me basta uscire di casa», dichiarò Pablo. «Quell'appartamento tetro dove abbiamo sempre vissuto io lo detesto. Non c'è un angolo che non sia decrepito.»

Isabel scoppiò a ridere: «Certo il mobilio ha l'età di tuo padre, ma ne dimostra di più, è tutto modernariato».

«Gli abbiamo detto tante volte di rinnovarlo, ma a lui importa solo del suo studio, dei suoi tremila volumi, dei ritratti di mia madre e di quell'enorme ottomana che gli serve per far coricare le sue ancelle.»

«Che cosa vuoi dire? Non sei un po' maligno?»

«Ancelle, sì», ripetè lui, «matricole, laureande o stagiste, purché bellocce e disposte a fare delle ricerche per lui.»

Isabel, urtata da quel commento, lo guardava un po' di sbieco. «Sembra quasi invidia, la tua», replicò con una leggerezza sorridente, «ma dimentichi che tuo padre è rimasto vedovo ancor giovane, e anche adesso è un uomo affascinante.»

«Sì, era giovane, aveva poco più di quarant'anni. Poteva risposarsi, ma non ha voluto darci una matrigna. E poi, con una moglie, sarebbe stato più difficile far collezione di pollastre.»

«E adesso arrivo io», concluse Isabel ironica.

«Tu? No, tu non sei né una matrigna né una pollastra. Sei un passero caduto nella pania.»

Non disse altro. Erano quasi sulla soglia di un tapas bar che rivelava, nell'interno, degli archi moreschi. Pablo scosse la testa. «Questo è un posto da turisti, è nominato in tutte le guide. Vieni, andiamo in una vera taverna.»

La trovarono poco distante, in una stradicciola dietro la chiesa di Santa Teresa: aveva le finestre con inferriate a piano terra e, in alto, balconi di gerani. Dentro: un bancone con gli sgabelli alti e il pavimento cosparso di gusci di crostacei sgranocchiati dai clienti. Sedettero e, senza che avessero ordinato, l'addetto al bancone mise davanti a loro spiedini di gamberi, fette di prosciutto magro arrotolate, bocconcini di salsiccia grigliati, triangolini di tortilla, olive e due calici di manzanilla.

«Ti va?» domandò Pablo, ma senza aspettare una risposta.

«Mi va tutto», rispose lei, pungente, «fuorché la tua lingua biforcuta.»

«Uh, il professore ha bisogno di difesa?»

Lei prese un gambero e senza sgusciarlo glielo ficcò in bocca. «Mastica!» ordinò ridendo.

«Sei molto sicura di te», replicò lui che le sfiorava appena la spalla, ma guardava le cosce che uscivano dalla gonna stretta, «ma credo che tu abbia fatto male i tuoi conti.»

«Quali conti?»

«Pensaci un po'.»

Lei sorrise, maliziosa, prima di chinarsi verso di lui e sussurrare: «C'è un proverbio turco che dice: è meglio essere l'ultima moglie di un anziano ricco che la prima di un giovane spiantato. È questo che, secondo te, io avrei in mente?»

«Una scelta ineccepibile. Ma il professore non è ricco.»

«Raphael ha molto più dei soldi: ha il prestigio.» E Isabel alzò il bicchiere come se brindasse a lui, lontano.

Pablo l'imitò osservando: «Non ti facevo così cinica».

«Scherzo, e io non ti credevo così trasparente. Tu sei uno che sta zitto zitto e poi, di colpo, tira fuori le budella. Ma non è un bel gioco, il tuo.»

«Non è neanche un gioco.»

«Allora tu lo odi, il professore», dichiarò Isabel tenendo quel tono leggero che lo esasperava.

«Non vedo l'ora di andarmene da quella catacomba di casa.»

«Hai ragione, è un po' cimiteriale con quei mobili cupi.

E tu sei molto giovane.» Lo disse, Isabel, come se quella giovinezza fosse insufficienza.

Pablo ribatté subito: «Ma anche tu sei giovane».

«Io... io farò piazza pulita di tutto. Mi piacciono i mobili nordici, lisci. E chiari, e pochi, e senza tende di lampasso.»

«Vuoi rifare tutto l'arredamento? Ma se ha più di mezzo secolo di strati geologici! Guarda che mio padre è conservatore, e tirchio.»

«Davvero?» Non aveva avuto modo di accorgersene, Isabel, e ne fu colpita: era meno grave, per lei, che Raphael fosse dongiovanni piuttosto che stretto di borsa. «Però qui ci ha prenotato un albergo costoso.»

Pablo ridacchiò: «Gliel'ho suggerito io. Quando saprà quanto abbiamo speso gli verrà un infarto».

«Ma dài! Per me invece è un uomo al quale il denaro è indifferente.»

«Quando non deve spenderlo.»

Isabel non ribatté altro. In realtà non una volta il professor Ribeira l'aveva invitata al cinema, a un teatro, a una mostra, a una cena al ristorante. Amore e letteratura, sesso e poeti, sempre in quell'appartamento di Milano che aveva affittato da un collega. «Anche Miranda vorrebbe prendere il volo?» domandò sempre con tono leggero ma un po' più apprensivo.

«Mah, dapprima non ci pensava. Poi, quando papà è stato invitato a tenere il corso universitario a Milano si è accorta di quanto stavamo bene senza di lui, soli e liberi, e ha tirato un sospiro di sollievo. Si è persino decisa a uscire con un ragazzo che le piace.»

«Tuo padre non voleva? Perché?»

«Perché gli fa comodo che resti in casa a coccolarlo. Così, quando sarete sposati, lei continuerà a occuparsi della casa e tu gli servirai su un piatto d'argento le ricerche per i suoi libri. E se per caso speri che lui ti consenta di mettere il tuo nome in copertina, anche piccolo piccolo, scordatelo.»

«Sei proprio un serpente!» soffiò lei fissandolo indispettita. Era troppo facile credergli.

Ma lui, ormai, era acceso di collera, e di desiderio: guardava il viso di Isabel che era arrossato dal vino e dal disappunto. «Non prendertela con me se ti dico come stanno le cose. Io, guarda, lo strozzerei quel vecchio per aver turlupinato una ragazza come te.»

Isabel continuava a fissarlo, fronteggiandolo, ma rifletteva: *È vero che Raphael mi ha chiesto la mia tesi per il suo libro su Montalbán... e mi ha anche suggerito di approfondire la ricerca su di lui come poeta surrealista.* Senza rendersene conto, stava verificando le affermazioni di Pablo che l'avevano sdegnata. Non si accorse di finire con un sorso il bicchiere di manzanilla e subito se lo ritrovò di nuovo colmo. Il ragazzo la osservava così silenziosa e beveva il suo vino a piccoli sorsi per non cedere alla tentazione di sporgere la mano, toccarle il collo, il viso, la nuca sotto i capelli che dovevano essere tiepidi.

«E già che vuoi tanto volar via da casa», gli chiese lei, d'improvviso, «sai almeno dove vorresti andare?»

«Oh, io avrei le idee chiare. Non me ne importa un fico dell'università, io voglio fare del cinema. A Roma, magari, dove ho delle conoscenze nell'ambiente.»

«Ma guarda! Tuo padre non contempla l'idea di avere in famiglia un futuro Almodóvar o un futuro Buñuel?» lo stuzzicò lei.

«Non scherzare...» Lui, permaloso, avvampò subito.

«Scusami.» Isabel era ridiventata seria. «Se ho capito, vorresti magari seguire dei corsi al Centro sperimentale.»

«Mi sono informato su tutto: programmi, durata, costi. Ho pure degli amici che mi ospiterebbero per qualche tempo. Solo i soldi mi mancano.»

Lei ebbe un sorriso accattivante: «Cercherò di persuadere tuo padre a sganciarteli: magari ci riesco».

Pablo alzò le spalle. «Temo che dovrò consolarti delle tue delusioni.» Scese dallo sgabello, pagò le consumazioni e la prese sottobraccio. «Andiamo a fare un giro fuori dal barrio.»

Si avviarono, ma le strade non avevano più l'incanto di prima, anche se Pablo le fece notare, mentre percorrevano un lungo vicolo dalle case imbiancate: «Questa la chiamano Calle dell'acqua, qui ci sono i più bei patios di Siviglia». Ma le ombre, l'aria e i profumi avevano preso le distanze dalle sue percezioni. Costeggiarono le mura degli Alcàzares e continuando, più avanti, superarono l'Archivio delle Indie. «Lì ci sono le carte di Colombo», spiegò Pablo indicando il palazzone quadrato. «Noi conserviamo le tracce di quello che abbiamo perso. In questa città, te ne sei accorta?, il tempo sedimenta senza scomparire.»

Non è cattivo, si diceva intanto Isabel, *è solo in guerra col padre e ha voluto mettermi in guardia da quello che a lui sembra un pericolo. È logico che veda Raphael con uno sguardo diverso dal mio*. Sbirciava al proprio fianco la figura del ragazzo che le camminava accanto: alto come suo padre, ma più aitante, le maniche della camicia rimboccate e il maglione annodato in vita. La giovinezza gli usciva da ogni gesto, anche dal modo d'inclinare la testa verso di lei. Una ciocca più lunga, liscia, gli ricadeva appena sulla fronte mentre il resto dei capelli era cortissimo.

«Non sei generoso, con tuo padre», gli disse pacatamente. Non voleva restare in collera con lui, quella lunga passeggiata in silenzio stava sfumando l'indignazione di prima nell'incredulità.

«È vero», rispose lui, «ma ai figli si chiede d'esser generosi anche se i padri sono repressivi.»

«Troverai la tua strada», lo rassicurò lei, sentendosi però

inadeguata e anzi un po' stupida. Ma lui non ci badò e si fermò: erano arrivati al fiume, non lontani dalla Torre de Oro già vista nel pomeriggio. Non c'era anima viva lungo il molo dell'antico porto, anche i battelli turistici erano fermi e spenti.

«Sembra tutto lontano nel tempo, così di notte...» mormorò Isabel.

«Là in fondo», indicò lui, «le luci di Triana.» Dietro un grumo di nuvole s'intravedeva la luna piena che rendeva trasparente il loro biancore, ma non riusciva a illuminare il fiume e le rive. «Andiamo.»

Per qualche passo le due ombre si allungarono proiettate dai lampioni alle loro spalle, poi divennero una perché Pablo aveva circondato con un braccio le spalle di Isabel. Fu quella vicinanza a creare una lunga, diffusa sensazione di piacere che aumentava a ogni passo e sembrò un dono innocente della notte prima di divenire smarrimento. Affrettarono il passo come se dovessero raggiungere chissà quale meta, e ogni tanto si guardavano in viso e si sorridevano senza un perché. Poi, nella stradina che portava all'albergo, Pablo la trasse in un angolo in ombra per baciarla. Le cercò la bocca, il viso, il collo con quelle labbra morbide che lei aveva guardato tutta la sera mentre insieme mangiavano e bevevano il vino ambrato e forte.

Pablo la prese sotto i capelli, alla nuca. La toccava e lei non si ritraeva, limitandosi a mettergli una mano sul petto con un sospiro: «Non possiamo, non possiamo, ti prego...» ma desiderava troppo quel ragazzo scontroso che non somigliava a suo padre e l'accarezzava facendola tremare. Bruciava dalla voglia di sentire le sue mani su tutto il corpo, perduta com'era, senza pensieri, senza difese, senz'altro che quel desiderio potente che era l'unico segnale della vita, come per tutte le coppie che aveva visto baciarsi in quella notte fresca, mentre sentiva il corpo di lui premerla contro il muro, non aggressivo ma deciso. Con uno sforzo lo respinse, sottraendosi di colpo mentre lui la guardava con le braccia vuote, meravigliato. «Non... non...» Isabel non riusciva nemmeno a parlare, aveva la gola e il cuore stretti, «noi abbiamo bevuto troppo, mi gira la testa, è la manzanilla.»

Lui non aveva aperto bocca e, quasi di corsa, lei era rientrata nell'albergo che era a pochi passi, aveva chiesto la chiave, era salita in camera. Tremava ancora in ogni fibra, scossa da quell'energia senza sbocco, e s'infilò sotto la doccia lasciando scorrere, con sollievo, le ondate di piacere che anche l'acqua tiepida le suscitava sulla pelle. Non sentì la porta che si apriva silenziosa, vide solo un'ombra apparire contro il vano aperto della finestra e fare qualche passo, incerto, nella camera semibuia.

Dopo qualche momento le due ombre, in silenzio, divennero una.

L'indomani mattina lei e Pablo non riuscivano a guardarsi in viso. Per fortuna i silenzi erano riempiti dalle chiacchiere di Miranda. Nel pomeriggio tornarono a Madrid, e quando rientrarono nell'appartamento in Calle Goya parve a tutt'e due tetro e soffocante. Raphael accarezzava Isabel con le sue occhiate dolci e autoritarie, un po' infastidito dalla sua stanchezza.

Lei decise improvvisamente: «Devo proprio tornare a Milano. Mia madre penserà che mi sono persa: sono quattro giorni che non la chiamo».

«Hai già prenotato il volo?» domandò Pablo. «Quando vuoi partire?»

«Domani.»

Domani, sempre domani. Da quel momento in poi la sua vita aveva assunto il ritmo di quell'avverbio che riassumeva tutto il tempo possibile: domani ci penso, domani decido, domani tutto si aggiusta, domani «vedo», domani aspetto ancora, domani faccio il test, domani... Quel dubbio l'aveva assalita non appena riemersa dalla burrasca di Siviglia, ma non riusciva ad affrontarlo perché non aveva altra realtà se non un ritardo mestruale che poteva essere insignificante.

Nelle settimane seguenti, sua madre l'aveva osservata impensierita, ma senza forzarla alla confidenza. Isabel era tornata a lavorare solo di pomeriggio al negozio di calzature, che l'aveva ripresa come precaria in vista della stagione estiva, ma al mattino andava in biblioteca. Quasi per castigarsi, svolgeva delle ricerche su Montalbán poeta, ma non ci stava con la testa: il suo pensiero era sempre là, a quel dubbio. *E se anche fosse?* si diceva senza potersi nascondere che quella gravidanza metteva a repentaglio tutti i suoi progetti e stava cambiando anche l'immagine che aveva di sé.

Quando il test le diede risultato positivo, e lo rifece due volte per sicurezza, piombò in uno scoramento cupo e senza sbocco. Parlarne con sua madre o con Raphael non significava uscire da quella trappola, e abortire le ripugnava. Cercò di ignorare la realtà e quasi ci riuscì perché non aveva sintomi. Né nausee, né gonfiore al seno, né rifiuto o desiderio di qualche cibo. Il cervello non era illanguidito dagli ormoni, anzi funzionava con una chiarezza tagliente e le prospettava, inevitabili, i prossimi mesi nella casa di Calle de Goya. Sposata, naturalmente, e perciò due volte in trappola. Non andò dal medico, ma fece e rifece i conti sulle dita delle mani: da metà aprile, metà maggio, metà giugno, metà luglio, metà agosto, ormai era di quasi quattro mesi e ancora non aveva avvisato Raphael.

Una sera si decise, ma non poteva parlargli da casa e nemmeno dal cellulare in un posto qualsiasi: salì nell'appartamento di Raphael, che era affittato fino a fine anno e di cui aveva ancora la chiave. Voleva telefonargli senza orecchie intorno. Non appena aprì l'uscio si accorse che un riflesso di luce proveniva dal fondo del corridoio. Si fermò col cuore in gola: *...i ladri, non può essere la donna delle pulizie, a quest'ora.* Stava per ritrarsi e richiudere senza far rumore quando vide, accanto al portaombrelli, una valigia con una striscia rossa incollata in diagonale come segno di riconoscimento. *Pablo.*

Tutto può accadere, e accade talvolta, in una manciata di secondi: lei, incapace di muoversi, al centro dell'ingresso, lui che avanza dal fondo del corridoio e la fissa come se fosse un fantasma della sua immaginazione, poche battute confuse: «Cosa fai qui?» «Sono appena arrivato da Roma. E tu?» «Io... io venivo a cercare un testo nella biblioteca.» «Capisco.» «No, tu non capisci.» «Che cosa non capisco? Che non dovrei essere qui?» «Perché? È casa tua, me ne vado.» «Isabel, aspetta...» E disse ciò che aveva rimpianto d'aver taciuto quella notte a Siviglia: «Isabel, divento matto se sto lontano da te...»

Lei allora abbassò gli occhi e si lasciò prendere fra le braccia mentre lui continuava, strappandosi a una a una le parole dal cuore: «Non puoi sposarlo, non puoi farmi questo, Isabel guardami, guardami: io non posso, non voglio dividerti con lui... io sono andato a Roma perché non ce la facevo più a restare in casa, e guardare mio padre che aspetta di sposarti».

Isabel respirava appena, col viso appoggiato alla sua spalla, tornava indietro di giorni, settimane e mesi a quella notte vissuta in un lampo, a quel desiderio, a quella passione che da allora si era negata. Mormorò, quasi a se stessa: «Io non lo sapevo, ma aspettavo che tu mi raggiungessi».

«Mi aspettavi?»

«Perché? Non mi vuoi? Questa è l'unica occasione che ci resta.»

«Non capisco...»

«Non importa.» Isabel gli mise una mano sulla bocca: «Adesso sono qui, o vuoi che me ne vada?»

Senza lasciarla, Pablo allungò una mano e chiuse l'uscio, poi la tenne stretta mentre percorrevano il corridoio fino alla camera degli ospiti dove la luce era ancora accesa. Lui la spense e si voltò a guardare Isabel al riflesso dei lampioni che penetrava dalla finestra. Come a Siviglia, in una penombra riconquistata.

«Ricominciamo da dove abbiamo lasciato quella notte», sussurrò lei, e gli sfiorava le labbra, il collo, la pelle sotto la camicia. Gli appoggiò la bocca sulla bocca e aspettò quelle ondate di piacere che ricordava, che annullavano il tempo ricongiungendolo a quei momenti indimenticati.

«Isabel, Isabel...» Sentiva la voce di lui che le pulsava nel cuore e Pablo non trovava altra parola che il suo nome ripetuto e ripetuto come una domanda, come un singhiozzo. Si spogliò uscendo con sforzo dalla gonna stretta, lui le sfilò la maglietta come una buccia e restò a guardarla per un attimo, quasi arrestandosi sulla soglia del tuffo in quel corpo che rincorreva da mesi nelle sue fantasie. Fecero l'amore con l'emozione e la paura di chi si getta di nuovo in un baratro.

Del mattino che seguì Isabel rammentò con precisione che era giorno chiaro quando si svegliò, e l'aria penetrava fresca dalla finestra rimasta aperta. Pablo dormiva con il viso premuto sul cuscino. Guardandolo, dalla punta dei capelli a quella dei piedi le parve il più bel corpo d'uomo che le fosse accaduto di contemplare nella vita. Poi si accorse che erano quasi le otto e schizzò in piedi, lo coprì col lenzuolo e si vestì in fretta: voleva evitare la donna delle pulizie che, magari, sarebbe venuta quel mattino. Lasciò un messaggio accanto all'orologio: *Non cercarmi a casa. Ti chiamo io prima di mezzogiorno* e scivolò fuori scendendo di corsa le scale per evitare incontri nell'ascensore.

Il bar all'angolo era già aperto, ma Isabel fece a piedi un isolato fino a una pasticceria perché aveva voglia di dolce. Mordendo una brioche si disse che non sapeva proprio dove andare a rintanarsi per riflettere in pace. Ma poi, riflettere su cosa? *Abbiamo ancora tre giorni prima che Miranda arrivi da Madrid, tre giorni... e due notti.* Decise che la soluzione era andare insieme al lago, dalla nonna.

Non era la prima volta che arrivava là con uno o due amici. Ma gli occhi maliziosi di Mimì, che foravano le apparenze, e la sua accoglienza festosa e senza domande non ingannarono Isabel: la nonna aveva un fiuto tanto immediato quanto era sicura la sua complicità.

Isabel tentò di spiegare, accennando a Pablo: «Avevo tanto parlato della casa e del lago, quando ero da loro a Madrid, così ho pensato di fargli fare un giro sul fuoribordo. A proposito, c'è abbastanza carburante?»

«Vedete voi, io non saprei.»

Scesero insieme nella darsena e mentre Pablo travasava nel serbatoio una latta di carburante, Mimì prese in disparte la nipote. «Tua madre non sa che sei qui, vero?»

«Ma sì, le ho lasciato un messaggio telefonico.» L'aveva chiamata in un orario in cui sapeva che Alice era quasi sempre fuori casa: «Vado dalla nonna e mi fermo un paio di giorni. Poi ti dirò. Ciao, ciao». E mentre parlava con voce ilare e tranquilla l'aveva sorpresa una certezza folgorante: *Sono sicura che il babbone mentiva così, con assoluta naturalezza.*

«E tua madre sa anche del ragazzo?» s'informò Mimì.

«Non ho avuto tempo di spiegare nella segreteria.»

«Ma le verranno dei dubbi.»

«Che dubbi? Non sa nemmeno che è arrivato. E poi, che cosa c'è di strano: siamo venuti a fare una gita sul lago.»

Pochi minuti dopo, mentre Isabel si dirigeva verso il largo e poi piegava a sinistra verso l'isola Comacina, Pablo la osservava e taceva.

«Gli imprevisti ti rendono più muto che mai», scherzò lei.

«Mi sto domandando perché siamo venuti fin qui.»

Lei si girò e con un gesto della mano libera gettò indietro i capelli. «Qui ho trascorso tante estati. Con Gabriele, con i miei cugini. Questa è l'ultima, fra poco la nonna venderà la casa.»

«E ti dispiace?»

«Dispiace anche a lei. Ma abbiamo bisogno di soldi.» Gli sorrise: «Si può vendere una casa ma non si vendono i ricordi che contiene, non credi?»

«E ci sarò anch'io tra questi ricordi?»

Isabel fermò il motore e in pochi minuti il pelo dell'acqua ridivenne liscio, le rive e le montagne intorno si fissarono in una trasparenza brillante. «Sì, ci sarai», rispose, e riavviò il motore imprimendo alla leggera imbarcazione un giro ampio fra una miriade di spruzzi.

A cena Mimì li rimpinzò di lasagne e di gelato, quindi mise Pablo a dormire giù nella darsena e Isabel nella cameretta degli ospiti. Quando al mattino vide la nipote riemergere dalla scala a chiocciola che collegava la darsena con il piano superiore le offrì il caffè senza una parola.

Mimì silenziosa? Isabel ne era sorpresa. Ma, alzando le sopracciglia, la nonna disse solo: «È un bel pasticcio». Però, c'era almeno una nuova storia d'amore in famiglia, complicata come tutte le loro storie. Proprio col figlio del professore, il sesso è davvero malandrino. «E adesso che cosa conti di fare?» domandò.

«Niente, nonna. I giochi sono tutti fatti. Io mi sono ritagliata solo un angolo.»

«Che cosa vuoi dire?» Quelle parole oscure erano allarmanti; Mimì, con la sua esperienza di uomini, amori folli, decisioni passionali o, se occorreva, opportunistiche, scrollò la testa. «Non crederai che tua madre possa capirti come me», osservò.

«Non voglio neanche discuterne, con mia madre.»

«E allora?»

«Mi sposerò a ottobre. Chiuso.»

«Non fare troppi errori, che magari poi ti pesano addosso per anni.»

Di nuovo Isabel ripeté quelle parole oscure e persino arroganti: «Non c'è più spazio per i ripensamenti. Te lo ripeto, i giochi sono fatti».

«Non capisco che cosa vuoi dire.»

«Lo capirai, nonna, lo capirai.»

«Però non voglio andarci di mezzo, con tua madre.»

«Va bene: oggi torniamo a Milano.»

Il tempo di quella pausa si era accorciato perché la telefonata di Alice nell'appartamento di Ribeira aveva scoperto la presenza di Pablo, e Isabel era dovuta rientrare a casa. Ormai l'indomani sarebbe arrivata Miranda e la commedia sarebbe ripresa battuta per battuta senza interruzione. D'altra parte, che cos'avrebbe potuto dire a sua madre? *Pablo mi piace, ne sono innamorata. È stato come far l'amore con Raphael giovane*. Ma era una giustificazione strana, di superficie.

Eppure dentro di lei si erano formati degli anticorpi. A poco a poco, nei giorni successivi, mentre stava coi gemelli come se fossero dei prossimi parenti, quegli anticorpi misteriosi crearono una barriera di rifiuto. Contro chi? Contro Raphael? No, lui non c'entrava, era sempre il suo maestro anche se il carisma di prima si era appannato. Contro il bambino che solo lei sapeva di avere in pancia? No. Le era ancora indifferente, anzi, le sembrava irreale. Contro Pablo?

No. In fondo l'aveva sedotto e sbalordito, anche se percepiva in lui una indecifrabile diffidenza che non si era curata di smantellare. Ma la passione di lui era un furore che si propagava con un'occhiata, era irresistibile come il bisogno d'aria. Eppure, non avevano fatto solo l'amore, avevano anche parlato, di lui, solo di lui. E Isabel l'aveva spronato come solo può fare una coetanea che condivide le incertezze della sua età. Gli aveva suggerito: «Devi parlare con tuo padre e tornare a Roma dai tuoi amici, se possono davvero aiutarti. Se vuoi fare del cinema devi volerlo. Lo so che non è semplice, ma hai bisogno di conoscere gente, frequentare gli ambienti giusti, buttarti, lavorare anche per pochi soldi».

«E vivere con che cosa? Mi basterebbe poter disporre dell'eredità che mia nonna ha lasciato a me e a Miranda. Anche se non è granché la farei bastare.»

«Perché non puoi? Miranda è generosa, ti presterebbe la sua parte.»

«Ma è mio padre che l'amministra fino al giorno in cui ci sposeremo. Ecco, anche, perché mia sorella gli fa comodo in casa.»

«Ma Pablo! È un calcolo troppo meschino!» Isabel non voleva crederci.

«Non lo conosci. Mi taglierà comunque i viveri, che tu lo sposi o no.»

«Gli farò cambiare idea. In ogni caso, non possiamo abitare insieme, tu e io, in quella casa. Mi batterò io, per te.»

«Mi sembri Giovanna d'Arco con la spada alzata.» E Pablo aveva sorriso, incredulo e tristissimo.

Sì, teneva la spada in mano, Isabel, ma non sapeva come tagliare il nodo che a poco a poco la soffocava. Durante il colloquio con Raphael, a Madrid, si era salvata con l'orgoglio dalla tiepida reazione di lui alla notizia del bambino.

«Non ci resta che sposarci prima che la gravidanza sia evidente», aveva concluso il professore, come se fosse davanti all'inevitabile.

Ma il peggio, o forse la salvezza, l'aspettavano a casa al suo ritorno. Il mattino dopo, mentre erano a tavola per la colazione, vide sua madre guardarla con le lacrime agli occhi e si sentì strozzare come da un improvviso colpo di corda al collo. Si alzò come una furia e corse al bagno di servizio, il più vicino. Alice le andò dietro e le impedì di chiudere la porta: sua figlia, piegata in due sul lavabo, vomitava e piangeva.

Queste non sono nausee, questi sono il corpo e il cuore che si ribellano, e le sostenne la fronte, le pulì il viso, le fece appoggiare la testa sulla spalla e la tenne così, con la tenerezza delle viscere e la pietà per la donna giovane e disperata che singhiozzava: «Non voglio, non voglio...»

«Che cosa non vuoi? Il bambino?»

«No, no...»

«Sei innamorata del ragazzo?»

«Non lo so...»

«Coraggio: che cosa non vuoi?»

Con un respiro che sembrava un rantolo, Isabel confessò: «Non voglio sposarmi».

Alice ne fu così colpita che ebbe bisogno di ripetere: «Aspetti un figlio di Raphael e non vuoi più sposarlo?»

«No, mamma, non ce la faccio.» Isabel si allontanò dalle sue braccia per guardarla in viso. «È una paura da incubo, come quando nei sogni tenti di scappare e le gambe non si muovono.»

Sua madre le scostò i capelli umidi dal viso. «Vieni, andiamo a sederci.» La sua voce era calma quando disse: «Succede che, prima di sposarsi, scoppino di queste paure. Ti ricordi tuo cugino? Il giorno prima del matrimonio gli venne una crisi di nervi e un febbrone».

Isabel si lasciò cadere esausta sul divano. «Io ho capito che qualche cosa non andava fin da Pasqua, a Madrid.»

«Raphael era cambiato?»

«No, ma era diverso. Ho visto quello che di lui non conoscevo ancora: lui comanda e gli altri ubbidiscono.»

«Nemmeno i professori riescono più a farsi ubbidire», osservò Alice quasi sorridendo.

«Ma lui, dai figli, sì. È così: neanche li vede.» Il viso le si contrasse: «E quella casa! Grande, buia, vecchia... non si può muovere uno spillo in quella catacomba.»

«Catacomba?»

«Sì, così la chiama suo figlio, e ha ragione.»

«Allora è lui l'antagonista di Raphael», ne dedusse Alice, cui i lineamenti dell'incubo cominciavano a chiarirsi.

«Avevo fatto dei progetti per continuare l'università», ammise Isabel, «ed ero convinta che Raphael mi avrebbe sostenuto, spianato la via.»

«E invece questo bambino ti costringe per almeno tre, quattro anni nella catacomba. È così?»

«Sì, nient'altro che così.»

«E per di più ami un altro», dichiarò Alice. «Quando è successo? Durante quel viaggio a Siviglia?»

«Io non amo Pablo», precisò Isabel, animosa.

«Può darsi, ma ti piace, eccome! E lui è venuto apposta a Milano prima di sua sorella proprio per vederti da solo, e in quei giorni siete stati insieme, avete dormito insieme e tu...» la fissava con un po' d'ironia, «tu sapevi già d'essere incinta e sei andata sul sicuro.»

Isabel arrossì come se sua madre avesse scoperto il più infame dei peccati. «E se anche fossi innamorata di Pablo? Mi piace, lo ammetto. Ma sono stata anche capace di convincerlo a tornare a Roma e gli ho promesso che farò di tutto perché Raphael capisca che il cinema può essere la sua strada e gli permetta di rimanere là.»

«Così eviterai che ti veda col pancione, vero? Non gli hai detto del bambino?»

«No.»

«Lo sapevo.»

«Sai tutto, tu? Sai anche che quando lui era qui mi sembrava di essere follemente innamorata, ma poi, in certi momenti, lo vedevo per quello che è: un ragazzo immaturo del quale non so niente, quasi un estraneo?»

Alice scuoteva il capo sospirando. «Ma l'amore è così, Isabel. Ha le sue intermittenze, non solo quando si è giovani, anche dopo. Ci saranno momenti in cui quel ragazzo ti sarà indifferente, e altri in cui non vederlo ti farà star male. Ma avrai tempo per capire.» Versò una tazza di caffè ancora caldo e lo zuccherò ben bene prima di porgerlo a sua figlia. «Però devi sapere che cosa vuoi ora», concluse.

Isabel beveva a piccoli sorsi e il viso le si distendeva nell'espressione di sollievo che le veniva da un pensiero beatificante. «Ho bisogno di tempo», rispose, «ma se non mi dai della pazza ti dico quello che ho subito pensato quando mi sono convinta di essere incinta.»

«E sarebbe?»

«Che questo bambino vorrei farlo nascere qui, in questa casa.»

Autunno

13

Alice s'impadronì della situazione di sua figlia con la lucidità che la soccorreva sempre quando un problema le appariva così chiaro da essere ovvio. Era più comprensibile, infatti, che Isabel si fosse invaghita del ragazzo Ribeira piuttosto che sposare il professore. E pensò che toccava a lei fare chiarezza, visto che Isabel era troppo vulnerabile per dire un «no» così difficile e inconsueto: il no di una futura madre al padre di suo figlio. Decise quindi di andare a Madrid; confidava in un faccia a faccia fra due adulti, lei e il professore, ognuno dei quali con mezzo secolo o più sulle spalle, per far accettare le ragioni della sua bambina. *Le madri servono a questo*, pensava, *anzi: le chiocce.* Ma non c'era fretta. A fine mese Gabriele sarebbe tornato per qualche giorno dalla Toscana e, nel frattempo, Newland segnava il passo a Milano per tutto il fine settimana e dormire una notte con lui era una vera infusione d'energia.

«Quel tuo amico ti telefona a tutte le ore», osservò Isabel curiosa. «Non vorrei che la mia presenza gli creasse qualche impaccio.»

«Impacci? A Newland? È l'uomo più adattabile e volatile che io conosca. Quando è in viaggio gli piace telefonare da qualunque parte del mondo, e spende delle fortune per chiamarmi.»

«Carino, no?»

«Sì, carino. Lo ammetto.»

«E niente di più?»

Alice alzò le spalle. «Con lui mi sento come una pallina da ping pong: oggi baci e abbracci, domani sparisce.»

«E ti dispiace?»

«Mi dispiace che non riesca a diventare un vero amico.»

«Gli uomini non sono mai degli amici», commentò Isabel con rammarico. «Anche Raphael, che lo sembrava, in realtà era sempre il professore.»

Quelle settimane furono una tregua: Isabel indossò un vestito sciolto e andò alla segreteria dell'Università per informarsi sui corsi di perfezionamento che sarebbero iniziati in autunno, poi le venne in mente di telefonare a una compagna di laurea che ora lavorava al Piccolo Teatro, ma non ne parlò a sua madre, voleva orientarsi con calma su ciò che poteva veramente fare. Alice scrisse al chiarissimo professor Ribeira e gli preannunciò una sua visita, ma da un giorno all'altro arrivò Gabriele, felice, abbronzato e rapato come un monaco buddista.

«Se è una femmina», disse indicando il pancino della sorella, «dovresti chiamarla Shanti, così sarà finalmente un augurio di pace per tutti.»

«Non ti disturba che io non voglia un marito?» lo provocò Isabel.

«Un padre per il bambino è augurabile», rispose lui, «un marito non è indispensabile.»

«Parli come un guru», lo stuzzicò lei.

«Ma no! La mia è solo una filosofia del possibile.»

«Non ho ancora capito se sei un prete mancato o un monaco buddista 'in pectore'», ironizzò Isabel.

Lui rise: «Scarta la prima ipotesi, non mi va la castità assoluta».

«Perché, i monaci buddisti invece si sposano?»

«Anche. Ci sono tanti modi di essere monaci.»

«E la tua lucchese che ne dice?»

«Ah, allora la mamma ti ha ragguagliato su tutto.»

«Tutto? Ma se non si ricorda nemmeno come si chiama!»

«Fiorenza», rispose lui carezzando quel nome con la voce.

«Questa Fiorenza... è fortunata», mormorò Isabel con altrettanta dolcezza.

Il blitz di Alice a Madrid fu così improvviso e rapido che lasciò i suoi figli sbalorditi. Uscì di casa un mattino senza preavvisare e telefonò da Malpensa un quarto d'ora prima d'imbarcarsi sull'aereo. Ciò che voleva evitare era un rigurgito di lealtà da parte di Isabel nei confronti del professore, visto che negli ultimi giorni sua figlia si era rammaricata più volte della propria indecisione. «Dovrei essere io a dirgli che non voglio sposarmi», si rimproverava. «È un problema mio e invece te l'ho gettato addosso: mi faccio schifo. Raphael avrebbe anche diritto a farmi delle domande, non credi?»

«Finiresti per piangere e sentirti in colpa», prevedeva sua madre.

«Ma io mi sento in colpa!»

«Soffri pure, se ti fa star meglio», replicava Alice, irritata. «Ma toccherebbe a lui, invece, sentirsi in colpa. Non è più un ragazzo al quale scappano gli ormoni dal naso!»

Isabel restava sempre sbalordita quando sua madre se ne usciva con certe frasi biforcute che facevano centro due volte: contro Rahael e Pablo, in questo caso. Forse era stata questa lucidità ironica e impietosa a cozzare per trent'anni contro le bugie grossolane di suo marito, e adesso toccava a quei due averla come avversaria.

Alice tornò la sera stessa con un aereo che aveva già prenotato.

«Stile top-manager», esclamò allegra sedendo alla tavola che Isabel aveva lasciato apparecchiata, «come quei professionisti che volano, vanno in riunione e tornano alla base in giornata.» Mangiò con appetito prosciutto e melone e della crema di verdure. «Buona!» apprezzò. «L'hai fatta tu Isabel?» Sembrava proprio che il professor Ribeira non si decidesse a entrare in scena e sedere alla loro tavola.

«Avevi ragione, Isabel», dichiarò a fine pasto mentre sua figlia accendeva il fornelletto sotto la rituale caffettiera americana, «quella casa è una catacomba e il professore molto arrabbiato. Anzi», e cercò gli aggettivi più pertinenti, «era incredulo, offeso e adeguatamente arrogante.» Poi raccontò, come in una sceneggiata, le battute esatte ed essenziali del loro colloquio.

Aveva iniziato lei, con tono morbido e materno: «Isabel è molto giovane e perciò tocca a noi fare uno sforzo per capirla. Lei, professore, l'ha affascinata, ma il matrimonio la spaventa». Con sforzo, perché convincere o supplicare quell'estraneo le costava, aveva continuato cercando le sfumature della confidenza. «La comprenda, e lasci andare. Isabel ha bisogno... diciamo della sua benedizione, mi capisce?»

«Ah sì? E che cosa dovrei benedire? Il suo rifiuto?»

«Mia figlia non era pronta per essere una moglie, e adesso non è ancora pronta per diventare una madre. È piena di paure, ma anche di rancori verso se stessa. Per fortuna, il corpo ha una sua saggezza misteriosa, imperscrutabile, e così il corpo le insegnerà a essere madre, a poco a poco.»

«Io non m'intendo di queste alchimie femminili», aveva ironizzato Ribeira, «ma se lo dice lei...»

«Io so che accade. E ho fiducia. I figli si fanno con il corpo, con il ventre, con il cuore, poi vengono fuori e si conoscono. E allora comincia l'avventura loro e anche di quelli che hanno intorno. Anche la sua, professore, e la mia. Ci pensi.»

Lui aveva obiettato: «Ma io nemmeno l'avrò con me, questo bambino, se Isabel ha paura di sposarsi. E, in tutta onestà, nemmeno io sarei pronto a fare di nuovo il padre. Quando Isabel mi ha rivelato la sua maternità mi sono sentito vecchio. Non un padre, se mai un nonno».

Pensierosa, Alice aveva continuato: «Lei è stato per Isabel il maestro. Continui a esserlo, Ribeira. Noi donne abbiamo bisogno di amici, oltre che di uomini con cui fare l'amore e mettere al mondo figli. Se mio marito fosse stato un amico, quando eravamo giovani...» Si era interrotta, non voleva parlare di sé né di Alfiero: Isabel doveva restare al centro del colloquio.

«Insomma», lui sembrava impaziente di capire, «sua figlia l'ha mandata come ambasciatrice: perché? Aveva paura anche di dirmi che non vuole il matrimonio e nemmeno il figlio che aspetta?»

«No no! Isabel il bambino non l'ha rifiutato mai. Ma era smarrita. È stata una battaglia silenziosa, la sua, nascosta anche a me, combattuta con testardaggine per tenere fede alla promessa di sposarla, professore. Per questo ha tardato tanto a dirle che è incinta. Quando penso a come si è tenuta dentro tutta quell'angoscia durante l'estate... lavorava e studiava e non mi diceva niente, non aveva abbastanza fiducia, o forse aveva troppo orgoglio per farsi abbracciare da me e confessare d'aver paura.»

«Paura?» aveva ripetuto lui, irritato e offeso da quella parola. «E di che? Di me, per caso?»

«Che ne sa, lei, delle sue paure? Che ne sanno, gli uomini, delle paure delle donne? Quando la natura ci mette su un limite che dobbiamo superare, trasformarci per diventare madri... non tutte ce la fanno, come se non fosse il loro destino. O non ancora. E così tornano a essere bambine, figlie loro stesse. Com'è successo a Isabel.»

Non sapeva, Alice, da dove fossero scaturite quelle parole: erano pura intuizione, forse venivano dalla comprensione di quell'attimo in cui Isabel aveva versato in lei il suo smarrimento e lei l'aveva tenuta nelle sue braccia come in quelle lontane notti all'ospedale, piccola malata e fragile, e bisognosa della sua forza. Forse lei sapeva dare amore solo come sostegno, come resistenza, come aveva fatto con Alfiero. Perché lui non si era accorto di tutta quella forza solidale che gli aveva dato in trent'anni?

Guardava Raphael Gomez Ribeira, che era più vecchio di suo marito, che certo non si era lasciato mancare donne giovani, nella sua vita, affascinandole con il suo charme. Una ragazza ha bisogno di adorare il suo maestro, è una tappa di crescita, ma poi deve andare oltre. Lei aveva adorato Perrin, ma era cresciuta come moglie e madre rimanendo al fianco di Alfiero. E adesso questo professor Ribeira era chiamato a capire, a dare senza contropartita, o forse con una contropartita che chissà quale futuro gli avrebbe riservato.

«Questo dunque sarebbe il momento degli esami definitivi», aveva osservato infatti lui, con un sorriso che di nuovo era amabilmente ironico. Poi aveva fatto cenno alla domestica che stava sulla soglia con un vassoio. La donna era entrata per servire nei calici del vino di Xérès. Ribeira aveva offerto ad Alice il bicchiere dallo stelo sottile, e quel gesto era sembrato un segno di consenso, di pace. Ma, subito dopo, lui si era raddrizzato, impettito nella sua statura, per affermare: «Signora Prandi, lei forse sottovaluta che sua figlia, quando venne a darmi l'imprevista notizia della sua maternità, era preoccupata solo che ci sposassimo. E subito».

«Questo le dice quanto era confusa.»

«Non è stata una notizia positiva nemmeno per me», aveva sottolineato lui, «ma nella mia vita sono sempre stato all'altezza delle mie responsabilità.»

«Oh, anche Isabel lo sarà. All'altezza delle sue responsabilità materne, intendo dire.»

«Che includono dare un padre legittimo al nascituro.»

«Perché... se non fosse sposata, il padre legittimo cesserebbe di esistere?»

«Non giochiamo con le parole, signora.»

«O magari lei dubita che Isabel le abbia mentito? Di non essere il padre del bambino?»

«Per carità! Isabel è una colomba e la sposerei anche se dubitassi. La responsabilità è forma e la forma è sostanza.»

«M'illumini su questo suo assioma, professore», e Alice, nel riportare ai suoi figli quelle parole, pari pari, non tralasciò l'intonazione sarcastica.

Con un tono fermo e cattedratico lui aveva spiegato: «I Gomez Ribeira non nascono mai al di fuori del matrimonio».

«Quindi: niente matrimonio, niente nome al bambino. Che strano...» Alice aveva sorriso, fiera e imbattuta, «nella mia famiglia, invece, i neonati trovano sempre un nome pronto ad accoglierli.»

«Bel colpo, mamma!» esclamò Gabriele, notando che Isabel era impallidita. «Nascerà un Prandino o una Prandina.»

Dal pallore Isabel s'irrigidì nella durezza. «È vendicativo, e meschino. Aveva ragione Pablo, e io non volevo credergli.»

«Ti fa pagare il rifiuto», commentò Alice, obiettiva, «l'hai ferito nell'orgoglio.»

«Non nel cuore, di certo.» Dopo una pausa di silenzio Isabel domandò: «Gli hai dato la lettera?»

«Sì, l'ha appena scorsa e ha commentato: 'Mio figlio non si è scelta la miglior ambasciatrice'.»

Isabel gli aveva scritto illudendosi ancora di poter essere ascoltata. Gli aveva descritto con calore i sogni e i progetti che Pablo le aveva confidato durante la vacanza a Milano, la sua necessità del sostegno paterno, la sua incapacità a chiedere: «Sarebbe un insegnante di lettere triste e mediocre, mentre sente di essere un creativo e il cinema potrebbe rappresentare la sua espressione». Infine aveva supplicato la sua intelligenza di aiutarlo, di concedere al figlio soldi e sostegno perché potesse trovare la sua strada.

«Forse farà a pezzi quella lettera», mormorò ora, pensierosa, «o forse aiuterà Pablo per dimostrargli che è superiore ai suoi dubbi. Bene: fatti loro.» E con quelle parole il professor Ribeira, Pablo, Miranda e persino la Spagna furono esiliati nel silenzio: da quel momento Isabel evitò di pronunciare i loro nomi.

Ma i suoi silenzi furono una realtà nuova e dura per Alice, che era abituata alle poche parole del suo primogenito, ma si era sempre consolata con le confidenze della figlia. Forse, si diceva, Isabel stava maturando tacitamente le sue contraddizioni, o forse custodiva negli anfratti di quell'omertà le verità che ancora non erano affiorate.

«Mi dispiace pesare su di te con questa gravidanza», disse un giorno a sua madre, «fra poco non potrò più lavorare stando in piedi tutto il giorno.»

«Ruberei i soldi a tuo padre se servissero a far nascere bene tuo figlio», replicò Alice.

«Per il momento non me la sento ancora di dirlo, a papà», le confidò Isabel a disagio.

«Perché? Tutt'al più commenterà: *talis mater talis filia.*»

«Ma no! Anche tu?»

Alice annuì sorridendo: «Aspettavo già Gabriele quando mi sono sposata. Ero ai primissimi mesi e con quel vestito da sposa proprio non s'indovinava. Alfiero l'ha saputo dopo il matrimonio».

«E che cos'ha detto?»

Sua madre scoppiò a ridere quasi con ferocia: «Ha detto: mi hai battuto sul tempo, strega».

Ci pensò una telefonata di Bertrand Liebmann a ricondurre Alice verso la realtà accantonata nelle ultime settimane. Una chiamata dal tono riservato, quasi in codice. «Ma non leggi i giornali?»

«Poco, purtroppo: novità?»

«Parliamone, ma non ora.» Era sempre prudente e le sue telefonate a casa di lei molto laconiche.

Già, i giornali. Alice si procurò anche i quotidiani dei giorni precedenti, che davano maggior spazio a una notizia riportata da alcuni come scandalosa, da altri come necessaria conseguenza alle recenti dimostrazioni di piazza. Gli abitanti di due paesi dell'hinterland, penalizzati dagli abusi della World Wide, protestavano davanti al Palazzo di Giustizia. Gli avvocati della compagnia, quindi, avevano nuovamente chiesto il trasferimento del processo in altra sede «per incompatibilità». Il ricorso sarebbe stato esaminato dall'organismo giuridico di competenza, ma si poteva prevedere facilmente che il processo sarebbe stato trasferito a Roma, dove gli appoggi politici erano più efficaci.

Così Alfiero sarà scagionato, o quasi, e la World ne uscirà pulita come un giglio, ragionò Alice, *e se magari dovessero rifare da capo l'iter processuale tutto finirebbe per andare in prescrizione.* Ma ci sarebbe voluto tempo e non capiva perché Bertrand fosse preoccupato.

«In questa fase di attesa», ipotizzò lui quando si parlarono il giorno dopo, «gli avvocati di tuo marito potrebbero richiedere che gli vengano tolte le restrizioni a muoversi. Non credi che subito ne approfitterebbe?»

Approfittare: Alfiero era fulmineo a non perdere le opportunità, soprattutto quando si trattava di soldi. Adesso, poi, che aveva in mente di risposarsi! E forse a Roma, dove aveva un mare di conoscenze anche nelle gerarchie ecclesiastiche, poteva trovare una via traversa, più breve che non aspettare per altri due anni il divorzio. Alice venne colta da una sorta di smania di conoscere, o almeno intuire, le sue mosse. Ma l'idea di parlargli le aggrovigliava lo stomaco. Pensò che forse poteva, se non depistarlo, almeno sconcertarlo con la notizia della gravidanza di Isabel, ma le sembrava una bieca manipolazione del privato di sua figlia. Cautamente, però, le chiese: «Non credi sia venuto il momento di parlare a tuo padre? Se dovesse incontrarti col premaman?»

Con un'espressione apatica Isabel distolse lo sguardo dal video del computer. «Prima o poi dovrà saperlo. Ma non me la sento, non vorrei doverne discutere anche con Maruska.» Sembrava che, di giorno in giorno, sua figlia prendesse sempre più le distanze da quella realtà che ormai si manifestava nel suo corpo, come se fosse regredita, per una sorta di riflusso, ai mesi in cui preparava la tesi di laurea. Studiava e dormiva: appunti, libri, computer, ma nemmeno uno spiraglio su ciò che pensava.

Dopotutto, rifletteva Alice, *anch'io quando ero incinta non facevo che leggere Proust*. Decise quindi di agire e chiamare il numero di Maruska, ma non da casa né dal cellulare, per evitare che nella memoria della segreteria di lei restassero i suoi numeri. Non intendeva aprire bocca, solo sapere se erano in città o meno. Con sorpresa, sentì la voce registrata di Maruska: *Per comunicazioni urgenti chiamare questo numero: 06-34...*

Il prefisso di Roma. È probabile che si siano già trasferiti là. Digitò quel numero e le rispose il centralino del Residence Imperial. Allora, con un guizzo di malignità più forte del timore, chiese di parlare con l'architetto Prandi.

«I signori Prandi non sono in casa, ma se vuole lasciare un messaggio...»

«Certamente», e registrò dopo il segnale acustico: «Messaggio personale per l'architetto Prandi. Sua figlia gli manda a dire che fra qualche mese diventerà nonno».

Per un paio di giorni non ci fu alcuna reazione da parte di Alfiero. La seconda sera erano a tavola tutti e tre, mentre la tivù riempiva l'aria con la solita ripetitiva pubblicità e Alice affettava un arrosto profumato godendosela di nutrire i suoi figli. Il telefono squillò, Isabel lo prese distratta e subito si alzò dicendo: «Un attimo, si sente male, vado all'altro apparecchio». Per qualche minuto la sentirono confabulare appena oltre la porta, poi ridere ed esclamare a voce più alta: «Ah, lo sai! Bene: non c'è molto altro da spiegare».

Alice, curiosa di ascoltare con chi stesse parlando la figlia, le fece un cenno interrogativo e Isabel attivò il viva-voce: così rientrò dopo un anno, fra quelle pareti e con un'enfasi soddisfatta, la voce di Alfiero: «Ma brava, Isabel, non hai voluto più sposarlo. Sembravi così innamorata! Che cosa ti ha fatto il tuo adorato professore?»

«Niente!» replicò lei con calore. «Io non ho niente contro Raphael, ma il matrimonio mi fa paura.»

«Allora non lo amavi.»

«Non tanto da mettere i piedi in una trappola», scherzò lei, leggera.

«Brava!» ribadì lui. «Hai evitato la trappola in cui sono caduto io trent'anni fa. E... sai già se è un maschietto?»

«Non lo so, ma spero sia una Prandina.»

Fu una battuta profetica, questa di Isabel: non solo racchiudeva l'orgoglio di dare al nascituro il proprio nome, ma entrò nel lessico famigliare e nella leggenda di quella che venne battezzata Carla Mimì ma restò sempre, per gli intimi, Prandina. E Isabel, quella sera, ebbe modo di riflettere su quanti equivoci e segreti e rancori si erano sedimentati nel fondo di quel matrimonio che i suoi genitori avevano ostentato per trent'anni come un trofeo.

Gli addii si sommano sempre: uno strappo dal passato e uno dal presente. Alice guardava sua madre che, elegantissima, ben pettinata ma con la vista fortemente indebolita, cercava con fatica di firmare il rogito per la vendita della casa al lago.

«È un vero dolore, per me», diceva scuotendo il capo e i capelli vaporosi, «ma sono contenta che l'abbia comprata qualcuno che ama il mio lago.» Metteva una firma dopo l'altra sui documenti che il notaio le sottoponeva e intanto masticava frammenti di pensieri accorati: *È così, certo che è così quando s'invecchia: prima ti fanno vendere la casa, poi non puoi andare dove vuoi perché le gambe non ti portano, ti confinano in quattro pareti, e infine ti restano due metri quadri per seppellirti.*

Alice, guardandola, era oppressa dalla malinconia. Non provava il sollievo di aver condotto a buon fine la trattativa e non le dispiaceva neppure di vendere le pareti fra le quali aveva trascorso le estati di quasi tutta la sua vita, prima con i figli piccoli, poi più grandi e sempre con i brontolii uguali e insofferenti di Alfiero. *Di quella casa non m'importa, della vita di prima nemmeno: che cosa mi è rimasto?*

A quel punto si trovò in mano i tre assegni di pagamento che Mimì aveva appena ricevuti e che, come estrema resa, le porgeva dicendo: «Pensaci tu a metterli in banca e a investirli, io non ho più testa...» Poi, guardando in giro desolata, concluse: «In questa famiglia non c'è più un uomo che si prenda cura di noi».

Quasi in risposta Newland si congedò dall'amico che

aveva acquistato l'appartamento di Mimì e l'accompagnò a casa con la sua macchina insieme ad Alice. Lei lo invitò a salire e subito fece coricare sua madre nella sua stanza, a riposare.

«È stanca», mormorò tornando da Newland, «farò io gli onori di casa.» Lo fece accomodare e gli servì un aperitivo. «È stanca e triste», ripeté, «e so che cosa pensa. Che la prossima estate la passerà su quel terrazzo.»

«Certo, non ho mai visto un funerale simile per la vendita di una casa», commentò lui stupito, «chissà che lacrime per il trasloco.»

«No. Perché ci penserò io. Ho promesso al tuo amico che a fine mese l'appartamento sarà vuoto in modo che possano entrarci gli imbianchini.»

«Allora hai deciso», constatò lui, contrariato.

«Che cosa? Trasporterò da me i mobili antichi per la stanza di Gabriele, porterò qui gli oggetti che stanno a cuore alla mamma e per il resto sono sicura che mio figlio troverà qualcuno, un'istituzione benefica o magari la parrocchia, alla quale regalare tutto.»

«Ho capito, hai deciso che non parti.»

«Con te? Per gli Stati Uniti? Ma lo sai benissimo che è una specie di chimera. E Isabel?»

«Tuo nipote non nascerà fino a gennaio, o magari oltre. Sembra che i bambini del nuovo millennio abbiano la tendenza a fermarsi di più nella pancia delle mamme. Sul serio!»

«Chi l'ha raccontata? Woody Allen?» Alice sedette accanto a lui e lo guardò disincantata. «Dimmi che cosa ci farei in un paese come il tuo, un paese che non conosco, un paese immenso che mi sgomenta un po', con te che ci nuoti dentro come un pesce nel mare, un giorno qui, due là, hai amici che ti aspettano ovunque, oggi sei a Chicago e domani in California, saremmo come due atomi uno dei quali gira e l'altro non può che stare fermo a guardare... No, Newland, quello di cui ho bisogno non è fuori, è dentro.»

«Ti avrei fatto fare un bel viaggio, da costa a costa.»

«Io non sono una viaggiatrice.» E sorrideva pensando: *Sto anch'io invecchiando come la mamma? O questa è la chiusura immancabile di una storia simile a una bolla di sapone?*

Eppure Newland le era piaciuto, le piaceva, aveva riso e chiacchierato con lui, e incontrato gente nuova e guardato la vita scorrere in un modo diverso, come se tutti fossero su un palcoscenico: Newland era rinfrescante e frizzante, non come una coppa di champagne ma come una Schweppes: *pschhhh*, ed era già altrove. Ma cosa si aspettava, lei, da un uomo?

«Tornerò verso la fine di gennaio», previde lui, «e forse per allora sarai libera e magari potremo progettare un altro viaggio.»

«E io ti presenterò mio nipote.»

«Tu non sai ancora sbarazzarti del passato.»

«Perché? Uno che sta per nascere è il passato?» Rideva, Alice, e al tempo stesso era triste: Newland non capiva proprio che lei si era da tempo incamminata in un viaggio senza di lui.

La lettera era arrivata con la posta prioritaria, quindi proveniva dall'Italia e Isabel riconobbe subito il timbro postale di Roma. La lesse subito, mentre sua madre era fuori per la spesa, poi la rimise nella busta e la chiuse nel cassetto sotto una cartellina di appunti. Era una lettera breve, indignata, disperata, che la ferì come un colpo di pugnale.

«Isabel, ho saputo tutto da mio padre. Gli è bastata una telefonata di tre minuti per informarmi. Tu hai fatto l'amore con me e già sapevi d'essere incinta di suo figlio.

Fatti tuoi, ma io sento di essere stato ingannato e usato e manovrato come un ragazzino. E non credo che quel bambino sia di mio padre, anche se non gliel'ho detto perché non volevo entrare in questa storia squallida e triste. Per fortuna non si chiamerà Ribeira.

Ma sai qual è la domanda che mi perseguita, mi avvilisce, mi umilia? Tu chi sei, Isabel? Chi sei?»

Come estremo insulto, o prudenza, la lettera era siglata solo con una P.

Doveva passare del tempo prima che avesse una risposta.

14

«ALICE, finalmente! Sono tanti giorni che tento di parlarti e mi scontro sempre con la tua segreteria.» Era la voce di Alfiero, persuasiva, quasi tenera come nei momenti in cui le carezzava la pelle e le propinava le bugie più credibili. «Alice, sei lì? Sono sicuro di averti sentito dire 'pronto'.»

«Sono qui. Ma non ho trovato messaggi tuoi nella segreteria.»

«Alice, è passato più di un anno, non potremmo parlarci?»

«Ti ho detto che sono qui.»

«Non così, non con quest'animo aggressivo, ti prego.»

«Ti ascolto.»

«Ma perché non c'incontriamo? Sono successe tante cose in questi mesi: Isabel, il matrimonio andato in fumo, il bambino...»

«Parlane con lei, è la sua vita.»

«Alice, ti supplico: mi rendo conto che in una separazione c'è sempre un momento di ostilità irragionevole, ma noi due non abbiamo vissuto trent'anni insieme per restare poi nemici il resto della nostra vita.»

«Mi sembri un libro stampato, Alfiero.»

«Abbi pazienza», ridacchiò lui, «sarà l'influenza linguistica di Maruska. Lo so che detesti le frasi fatte, perciò ti chiedo semplicemente: possiamo vederci?»

Alice gli opponeva il suo silenzio e lui cominciava ad avvertire un brivido di ansia. «Farci la guerra non serve», gli scappò detto. «Dobbiamo vederci, anche per parlare dell'avvenire dei nostri figli.»

Lei rifletteva con calma: quell'incontro era una forca caudina inevitabile, doveva passarci sotto. Meglio quindi usare i toni morbidi della diplomazia.

«Non subito, Alfiero», rispose col piglio naturale di chi passa in rassegna i propri impegni. «Sto partendo per il lago a preparare il trasloco.»

«Il trasloco? Non avrai venduto la casa!»

«Sì. Mi è spiaciuto, ma era una decisione irrimandabile. Mia madre è piuttosto invecchiata in quest'ultimo anno e quelle due rampe di scale sono diventate una fatica, per lei. Anzi, quasi una barriera. Quando arriva lassù non vuol più muoversi dal terrazzino sul lago.» Senza che lo volesse, la vena di tristezza amara e profonda che in quei giorni teneva nascosta a tutti era filtrata nella sua voce, e subito Alfiero colse il pertugio attraverso il quale insinuarsi.

«Povera Mimì, mi dispiace. Quella casa, poi, è più tua che sua, e l'hai sempre amata. Avete bisogno di soldi?»

«Ne dubiti?»

«Potevi chiedermeli. Ti sono sempre venuto incontro.»

«Non avrei voluto pesare anche su Maruska.»

Alice era certissima che tutti e due stavano pronunciando parole effimere, che creavano un velo fumoso sulla realtà: Alfiero sapeva tutto, e aveva telefonato per ben altro. Ma non osava ancora esporsi. Perché?

«Comunque», concluse lei, «vendere la casa era l'unica decisione razionale, così Mimì avrà più liquidi e non dovrà preoccuparsi di spendere per i taxi e i tè con le sue amiche.»

«È sempre la solita manibucate?» disse lui, con simpatia. «Bene: ti chiamo io non appena torno.»

«Aspetta... Alice, sei ancora in collera con me?»

Le sfuggì una piccola risata. «In collera? Sai... si capiscono molte cose, Alfiero, e si cambia. A risentirci.» Interruppe la comunicazione e chiuse gli occhi, più che mai oppressa. Il suo ex marito suscitava in lei tutti i possibili motivi di disgusto, e per di più ne aveva ancora paura. *Ci siamo. Bertrand ha ragione. Sarà duro, lo scontro, durissimo. Ma io* tengo condiciones, *come direbbe Gomez Ribeira. E le mie ultime condizioni saranno: niente controllo del patrimonio e metà per uno del reddito, caro Alfiero. E non importa se dovrai sputare l'anima per accettarle: io non ho fretta e ho buone carte in mano.*

Ne parlò ai figli, di quella richiesta d'incontro da parte del loro padre, e la loro opinione fu lapidaria. Isabel: «Non so cosa dire, è una scelta tua. Ma sta' attenta, è indispensabile?» E Gabriele, sospirando: «Sarà un nuovo viaggio all'inferno, ma non puoi evitarlo».

In apparenza Alice era calma, come chi controlla le proprie emozioni. Ma quella notte la sua rabbia contro Alfiero esplose, incandescente e immutata, in un sogno così vivido e reale che il cuore le batteva furioso nella gola. Aveva afferrato Alfiero per la cravatta e lo teneva saldo mentre lo picchiava con la mano libera: sberle potenti sulla sua bella faccia e parole, parole orrende e roventi sputate con tutto il veleno che aveva in corpo mentre lui rinculava per sfuggirla e reagiva solo ridendo, insolente, invulnerabile alla sua furia, finché le gridava indignato: «Ma Alice, mi stai sciupando la cravatta!» E lei, allora, aveva sentito le forze abbandonarla, le braccia cadere e la rabbia cristallizzarsi come una corazza di ghiaccio.

Con questo nodo amaro, e una corrosiva diffidenza che la teneva all'erta, partì insieme a Gabriele per preparare i mobili e gli scatoloni con gli oggetti da traslocare a Milano. Sfacchinarono tutto il giorno mangiando solo un panino portato da casa; prima dell'ora di cena, mentre Alice scendeva nel locale accanto alla darsena per vuotarne l'armadio, Gabriele se ne andò in paese a comprare qualcosa di già pronto.

«Di tutta questa roba che ne faccio?» Alice parlava da sola quasi ad alta voce estraendo dai ripiani felpe, maglioni, T-shirt, bermuda e altri vecchi indumenti che i suoi figli e i cugini parcheggiavano da anni in quel vecchio armadio. E cominciò a riempire l'ennesimo scatolone. «Questi li diamo al parroco per i ragazzi dell'oratorio che fanno sport. Ah, ma devono esserci anche le cerate giù in barca...» Scese rapidissima per recuperarle prima di dimenticarsene, tirò la gomena che ormeggiava il fuoribordo e saltò nel natante. Stava rovistando nella botola dove tenevano anche il salvagente quando, alzando la testa, le parve di vedere qualcuno sul marciapiede della darsena. «Gabriele, già qui? Era già tutto chiuso?» ma subito si girò di scatto facendo oscillare l'imbarcazione, e restò immobile, muta, a fissare Alfiero che la guardava, le mani in tasca, i capelli e la barba più lunghi, in jeans e camicia a quadri, con una cert'aria giovanile e malandrina.

«Ciao, Alice.»

«Come sei entrato?»

«Ho ancora le chiavi. Ma prima ho aspettato che Gabriele uscisse.»

Lei si drizzò in piedi equilibrandosi sul fondo oscillante della barca e lentamente tirò la fune per avvicinarsi e scendere a terra.

«Vieni», lui si avvicinò, «ti do una mano.»

«Perché non mi hai avvertito?» chiese lei evitandolo.

Alfiero si strinse nelle spalle. «Tu mi sembravi intenzionata a rimandare questo incontro, io invece non ho molto tempo.»

«Che cosa ti fa fretta?» domandò lei sedendo sul fungo della bitta come se non avesse la minima intenzione di riceverlo in casa. Anzi disse: «Anch'io ho fretta di terminare questo trasloco, domani arriva il furgone. Perciò veniamo subito al dunque».

«Domani», stabilì lui, «ho bisogno che tu venga con me.»

«E perché, se è lecito saperlo?»

Subito la calma disinvolta di Alfiero sfumò nell'irritazione. «Lo sai benissimo. E non perdiamo tempo in chiacchiere inutili. Anzi, adesso ti vesti, vieni in macchina con me e partiamo subito.»

«Fossi matta...» E Alice si alzò stirando le braccia: «Sono stanca morta, tu arrivi qui d'improvviso e detti legge. Per caso, mi stai scambiando per la tua seconda moglie?»

«Lascia stare Maruska che non c'entra niente con questa storia.»

«Sicuro che non c'entri? Io so che c'entra: l'hai mandata in banca a ficcare il naso. E magari ha anche messo la pulce nell'orecchio a qualcuno che non immagini: qualcuno molto importante.»

«Ma cosa dici! Cosa dici?»

«Domandalo a lei. È Maruska che frequenta il tuo Vice. Non ti ha informato la tua ex segretaria, la fedelissima signorina Cleme?»

«La Cleme? Adesso capisco: la Cleme è in crisi di gelosia. Ha chiesto d'esser trasferita a un altro ufficio da quando io e Maruska stiamo insieme.» Ridacchiò come se quei pettegolezzi lo divertissero. «Non la può vedere, e scommetto che ha inventato delle storie su di lei per rifilarle subito a te.»

«E Gabriele? Gabriele ha visto la tua seconda moglie

scendere, per caso naturalmente, dalla macchina del Vice ed entrare con lui al *Sant'Ambroeus*. Giusto la settimana scorsa.»

«E con ciò? Ma di sicuro si è sbagliato, Maruska era a Roma. È tornata due giorni fa.»

«Si vede che ha una sosia...»

«Chiacchiere! Torniamo al sodo, ai fatti. Tu hai vuotato il mio conto a Ginevra e l'hai trasformato in un investimento a tuo nome.»

«Quel patrimonio faceva la muffa, ma soprattutto era l'unico modo di proteggerlo da eventuali indagini.» Fece una pausa significativa e specificò: «Da qualunque parte le indagini provenissero: è chiaro? Come avresti giustificato quella cifra, sia con la procura che con la World? La mia, quindi, è stata l'unica difesa possibile».

«Già. Come afferma quel tuo avvocato, tu mi avresti protetto. Te lo sei scelto bene, il tipo, ti ha certamente consigliato lui perché tu non mi avresti mai fatto una simile porcata.»

«L'idea, invece, è stata mia», precisò lei, compiaciuta. «E non la chiamerei 'una porcata', tanto per eliminare il tuo linguaggio triviale: è una legittima cautela, come l'ha definita l'avvocato Bertrand Liebmann che, come vedo, tu conosci.»

«Una cautela? È una rapina!» E con sarcasmo insinuò: «Sei andata a letto anche con lui?»

Alice lo fissò insolente. «No. Non scopo mai con gli amici.»

Una pausa improvvisa, e insopportabile per Alfiero che non riusciva a spuntarla, calò nell'atmosfera già elettrica che vibrava fra loro. Finché lui si spazientì di quel silenzio e quasi gridò: «Insomma: lo sai che cosa devi fare! Sbloccare quell'investimento. E subito».

Quasi con orrore vide la testa di Alice che, muovendosi

adagio, rispondeva di no. E certo sentì anche la profonda soddisfazione di lei, che constatava la sua impotenza. «Hai detto no?»

«Ho detto no. E le ragioni te le spiegherò, con più calma, in un momento migliore.»

Con un balzo Alfiero la prese per le spalle e la tirò in piedi. «Tu non mi dici no. Hai capito? E se vuoi spiegarti lo fai adesso, subito.»

«Vuoi che tuo figlio ci sorprenda mentre stiamo litigando per i tuoi affaracci? Quello che ho da dirti ora è che non ti permetterò di buttar via quel patrimonio, qualunque sia la sua provenienza. Ci ho pensato bene: servirà ai miei figli, a mio nipote e... e anche a te, quando la World non sarà più obbligata a darti una scrivania e uno stipendio perché sei complice delle loro frodi.»

«Senti senti il giudice! Ti ha mai fatto schifo il denaro che ho sempre guadagnato?»

«Mai! È per questo che lo proteggo per i tempi duri, quando ne avrai bisogno anche tu e per prima cosa mi toglierai l'assegno mensile. Sai, può darsi che allora anche Maruska ti riserverà delle sorprese, stancandosi del suo ruolo di seconda moglie.»

Con uno spintone Alfiero la mandò a sbattere contro la parete del locale-darsena. «Io... io a Maruska non potrò altro che baciare i piedi, perché è l'unica donna che mi ha prestato trecento milioni per pagare un debito.»

«E adesso sei ancora al verde, come al solito?» Alice, fredda, lo guardava negli occhi con un accenno di sorriso sulle labbra. «Sì, sei al verde. Peccato, ma tutto quello che posso proporti è un patto, un *gentleman agreement*, anche se non lo meriti. Io non ho toccato un franco, del tesoretto, ma sono disponibile a darti, da subito, la metà degli interessi annuali. E non è poco: in franchi svizzeri mi pare... centocinquantamila, così a spanne.»

«Centocinquantamila franchi? All'anno? Io ci sputo sopra a questa miseria. Quei soldi sono roba mia, e tu lo sai.»

«Nota bene», continuò lei imperterrita, come se lui nemmeno avesse parlato: «nota bene che tu, questa cifra, te la godresti da solo e noi, invece, ce la divideremmo in quattro. Non è una proposta generosa?»

Di nuovo una pausa di silenzio pesante. Non si indovinava nemmeno il fruscìo dei loro pensieri, persino il battito dei cuori sembrava sospeso. Poi, con un sibilo, Alfiero le andò più vicino, la prese per il colletto con uno strattone: il suo viso era una maschera furiosa. «Adesso... adesso capisco: tu vuoi tenermi in pugno, tu vuoi dominarmi, come hai fatto per anni. Non è il denaro che t'interessa, è il potere su di me, è sapere che aspetto da te la tua elemosina: dì se non è vero!»

Lei aveva paura ma resisteva, fissandolo. «Ti sbagli», ribatté secca. «Io voglio solo evitare che tu affondi sperperando tutti quei soldi, mentre servono anche a noi. Perché lo faresti in pochi mesi, per poi ridurti come un barbone.»

«Meglio barbone che tendere la mano a te.»

«Come vuoi, Alfiero: prendere o lasciare. Ma pensaci, ti conviene.»

«Mi conviene?» Lui sbattè gli occhi come se tutto gli girasse intorno e gridò: «Tu vuoi me! Me! E mettermi sotto i tuoi piedi miliardari!» E intanto la scrollava, le sbatteva la testa contro il muro mentre Alice tentava di liberarsi.

«Basta! E lasciami andare! Lasciami!» Improvvisamente sentì le mani di lui intorno al collo che premevano, respirò con fatica e si rese conto che il muro della darsena la chiudeva alle spalle. Urlò angosciata: «Lasciami!»

«Avanti, continua a dire di no e ti strozzo. Tu sei una troia da ammazzare, da sbattere come ti ho sbattuto quella notte. Non te ne ricordi? Di questo hai bisogno: sbatterti e lasciarti in terra, adesso, qui!»

Alice urlò ancora dimenandosi e scalciando per sottrarsi. Gli graffiò il viso con tutte e due le mani, lui si ritrasse e fu lei, allora, a spintonarlo. Non vedeva più niente, non sentiva più niente, non si chiedeva se qualcuno potesse udire le sue grida e venirle in aiuto, era solo pura rabbia, rabbia e paura, l'avrebbe ucciso se ne avesse avuto la forza, ma tentava almeno di colpirlo, sul viso e sul petto in una frenesia scatenata mentre lui cercava di afferrarle le mani, le braccia e incalzato indietreggiava. «Maledetto assassino, assassino della mia vita...» ansimava lei. E in quel momento lo sentì ridere, ridere come nel sogno in cui lo picchiava e lui protestava perché gli gualciva la cravatta, ridere della sua poca forza, dei suoi colpi che lui parava a stento ma che non facevano male, e quella risata le liberò dalle viscere una forza insospettata, sovrumana, la forza di cento, mille giorni frustrati e dimenticati, non gelosia, non vendetta ma rabbia, rabbia incandescente, un'ira violenta come un uragano: piegò un ginocchio e glielo sferrò nel ventre, lo vide boccheggiare e si avventò su di lui con un calcio violento, imprevisto, che lo investì sbilanciandolo. Per un attimo le braccia di Alfiero si spalancarono, ma subito si riprese, si aggrappò a lei perdendo l'equilibrio, scivolò sul bordo della darsena e precipitò all'indietro, tirandola con sé nell'acqua buia.

Il lago era gelido, Alice lo sentì chiudersi sopra la testa come un sudario. Ma era libera. Cadendo, Alfiero aveva mollato la presa.

Toccò il fondo sollevando una fanghiglia che percepì intorno come una nube e, come sempre, diede un colpo di reni verso l'alto. Ma uscendo non vide nulla. I capelli incollati al viso e la poca luce rendevano la darsena come una caverna oscura. Annaspò, riprese fiato e finalmente riuscì a vedere: senza volerlo era finita quasi alla metà dello specchio d'acqua, e guardava verso il lago. Avvertiva anche la debole corrente che veniva da fuori, era sola, nessun'altra testa galleggiava sulla superficie crepuscolare. *Non sa nuotare... Alfiero non sa nuotare*, e d'istinto si rituffò a occhi aperti in quella conca verdastra tenendosi in superficie ma cercando di guardare a destra e a sinistra. *Dovrei riuscire a vederlo, la darsena non è grande*, ma Alfiero sembrava scomparso. *Forse è riuscito a risalire... ma no, non in così poco tempo*. Di nuovo riemerse e guardò intorno: nessuno. Lo chiamò con quanto fiato poteva e le parve di scorgere l'acqua muoversi e ribollire vicino alla poppa del fuoribordo. *Se uno beve è finito... se è sul fondo...* ma era impossibile che il contraccolpo non l'avesse rimbalzato almeno per un attimo in superficie. Nuotò così rapida per avvicinarsi che si trovò a urtare con le mani contro la chiglia della barca, e mentre cercava di afferrare il cavo d'ormeggio gridò il nome di suo figlio, urlò, chiamò aiuto mentre la sua lucidità minacciava di crollare contro il panico dei secondi che passavano. E in quell'attimo ebbe un'intuizione: è sotto. Prese aria e s'immerse di nuovo. Improvvisamente le parve di vederlo: un'ombra, una forma indecisa ondeggiava nell'acqua torbida sotto la chiglia. Arrivò ad afferrarlo per un lembo del vestito e tirò disperatamente. Non seppe come riuscì a riemergere con quel corpo che la trascinava giù, non ricordò come mai fosse riaffiorata vicino al bordo della darsena: aggrappata al cemento viscido gridò ancora e ancora tenendo la testa di Alfiero fuori dall'acqua finché con uno sbattere di porte sentì che qualcuno scendeva e pochi attimi dopo le braccia di suo figlio trassero in salvo prima suo padre e poi lei.

Subito Gabriele mise Alfiero supino e iniziò a comprimergli ritmicamente il torace con le due mani. «Quanto è stato sotto?» domandò affannato.

«Non lo so, non lo trovavo...»

«Ma com'è successo?»

«Deve aver perso l'equilibrio, e ha tirato giù anche me nell'acqua.»

«Ti ha tirato giù?»

Poco dopo, mentre già disperavano, il corpo di Alfiero ebbe un sussulto, Gabriele lo girò su un fianco mentre un fiotto d'acqua nerastra gli usciva dalla bocca. «Dài dài, forza!» e gli premeva le costole mentre Alfiero vomitava, tossiva, rantolava e finalmente inspirava aria. «Ce l'hai fatta...» Lo lasciò per qualche secondo e si volse verso sua madre: Alice era in ginocchio sul pavimento bagnato e tremava senza riuscire ad alzarsi. «Stai bene?» L'aiutò con una mano e scrollò la testa come se notasse solo allora che era scalza e grondava acqua. «Vai dentro ad asciugarti, a lui penso io.»

Trascinò il padre all'asciutto sollevandolo per le ascelle e lo spogliò. Alfiero alzò le palpebre, ma sembrava non vedesse. Gabriele gli pizzicò una guancia, Alice tornò con un accappatoio e insieme gli infilarono le braccia nelle maniche. «Ce la fai ad alzarti?» lo sollecitò il figlio e in due lo sostennero fino a un lettino nel locale adiacente la darsena, dove Alfiero si lasciò andare come piombo, senza aprir bocca. Gli altri due lo guardavano: aveva la pelle grigiastra, i capelli e la barba bagnati, sembrava un povero gatto ripescato dall'acqua.

«Per fortuna ti ho sentito gridare», disse Gabriele ad Alice.

«Non ce l'avrei mai fatta a tirarlo fuori da sola: è maledettamente pesante.» Ebbe un moto di disgusto: «Che schifo, il fondo è tutto melma e non si vede niente. Lui era sotto il fuoribordo».

«Ma come siete caduti?»

«Dev'essere scivolato. Era aggrappato a me e mi ha tirato giù di peso.»

«Come è possibile?» Guardò sua madre: «Stavate litigando?»

Lei rispose solo con un cenno del capo, ma Gabriele la scrutava cercando di capire qualcosa da quel silenzio, poi le scostò l'asciugamano con cui si tamponava i capelli. «E questi segni che cosa sono?»

Alice si toccò il collo graffiato, dove stavano affiorando due ematomi ben visibili, e fece una smorfia di dolore. «Le mani di tuo padre», mormorò.

«Si è aggrappato a te per paura di annegare?»

Lei non rispose. Lentamente si avviò su per la scala a chiocciola e andò di sopra a cambiarsi. Si annodò intorno al collo un fazzoletto di seta per nascondere anche a se stessa le tracce di quell'aggressione, si guardò gli occhi rossi come se avesse pianto.

Dopo una mezz'ora di riposo, Alfiero alzò le palpebre e vide suo figlio seduto lì accanto. Le richiuse; lo sguardo di Gabriele gli suscitava sempre una sensazione di disagio e non sapeva perché, e nemmeno voleva domandarsi se Alice gli avesse raccontato della lite. *Tutta colpa sua, a momenti mi affogava.*

Ma Gabriele, pacatamente, lo informò: «È stata la mamma a salvarti. Ti ha cercato fin sotto il fuoribordo. Forse hai battuto la testa, vuoi che andiamo al Pronto Soccorso?»

«Voglio andare a casa.»

«Subito? Non è meglio che riposi?»

«Subito. Ma dove sono i miei vestiti?»

«Ti cerco un paio di jeans asciutti e una felpa. La tua roba è bagnata, te la metto in un sacco?»

Una mezz'ora dopo uscivano senza risalire la scala verso l'appartamento.

Gabriele aveva avvisato sua madre: «Lo riaccompagno con la sua macchina, non posso lasciarlo andare solo».

«Mangia qualcosa, prima. Bevi almeno un caffè. E chiamami quando arrivi a Milano, a casa nostra.»

Rimasta sola, Alice gettò nella spazzatura le due pizze comprate da Gabriele: erano ormai fredde e mollicce. Si preparò un punch al rhum, molto forte, e lo sorbì adagio avvolta in una copertina calda e distesa nel dondolo che Mimì aspettava l'indomani per il suo terrazzo. Le faceva male il collo. Braccia, mani e ogni muscolo, muovendosi, stiravano un altro muscolo dolente. Gabriele era tanto preoccupato per suo padre che nemmeno le aveva chiesto se si era spaventata.

E invece ho avuto paura. Mi stava strangolando. Eppure, quando era riemersa, aveva seguito solo l'istinto: trovarlo, tirarlo fuori da quell'acqua torbida che l'avrebbe affogato. La darsena non era molto profonda, ma lei aveva visto gente scomparire nel lago a pochi metri dalla riva. *Non credevo di farcela, di tirarlo a galla.* E aveva agito, ora se ne rendeva conto, indipendentemente dalla sua volontà, mossa solo da un istinto primordiale, assoluto. *Lui, per me, non l'avrebbe fatto, ne sono sicura. E poi non sa nemmeno nuotare.*

Affiorava di quando in quando, dal crollo della tensione, qualche frammento di domanda: *E adesso che cosa succederà? Che cosa dirà a Gabriele? È capace d'inventare chissà quali bugie... spergiurerebbe, o mi ammazzerebbe, per riavere quei soldi.* Il muro di distanza che in quei mesi era riuscita a costruire fra sé e Alfiero si era sgretolato come sabbia: erano nemici, nemici per la vita, e quella certezza la fece star male. *Perché? Perché ha ancora tanto potere su di me?*

Avvilita, chiamò Bertrand Liebmann a casa e subito si sentì sollevata al solo sentire la sua voce: gli raccontò tutto, in fretta, tumultuosamente, svuotandosi della paura e della tensione, affidò a lui l'ansia per ciò che sarebbe potuto ancora accadere, gli domandò agitata se in quei giorni aveva visto Alfiero.

«No. Davvero l'hai ripescato dal lago? Sei una donna straordinaria.»

«Ma adesso ho paura. Dovrò sentirmelo sempre alle spalle?»

«E tu speravi nel tuo *gentleman agreement*? È solo il primo round, Alice. Ma sta' tranquilla: c'è anche la fortuna.»

«La fortuna? Ma cosa mi stai dicendo, Bertrand? Alfiero è furioso, è fuori di sé, che cosa farà adesso?» E prima di rendersene conto aggiunse: «Vorrei che tu fossi qui».

«Anch'io. Dimmi dove sei, posso raggiungerti.»

«Domani?... No, ho il trasloco! Però poi torno a casa.» Il trasloco, i mobili, Mimì... «Ti chiamo.»

Più tardi, molto più tardi, Alice sentì squillare il cellulare: *È Gabriele, è a casa*, ma dalla voce sentì subito che era tragedia.

«Sono qui in casa di papà. Sta male.»

«Male come?»

«Non lo so, non reagisce.»

«È svenuto?»

«Quasi, mentre entravamo in casa. Poi si è riavuto e ha detto: sto male, ed è crollato di nuovo.»

«Sarà in ipoglicemia. Gli hai dato acqua e zucchero come ti avevo detto?»

«Non ha voluto fermarsi mentre eravamo in macchina, e adesso come lo faccio bere?»

«Gli è successo anche due anni fa, chiama subito un'ambulanza e portalo al Pronto Soccorso.»

«Aspetta: Maruska dice che deve aver saltato una delle sue iniezioni.»

«Può darsi, o forse c'entra anche lo choc. Telefona al Pronto Soccorso del Policlinico e chiedi, se c'è, del dottor Maggi: lui conosce bene la terapia speciale che fa Alfiero.»

«Maruska dice che potremmo fargli subito la sua iniezione. Forse si riprende.»

«Prova, è una piccola siringa già pronta: puoi fargliela in un braccio o prendendo una plica di pelle davanti, sullo stomaco.»

«Va bene, se si riprende ti telefono, altrimenti lo porto direttamente al Policlinico.»

Alice aspettò per più di mezz'ora torcendosi le mani e sentendo l'angoscia crescere come una marea. Se morisse... no no, non voglio nemmeno pensarci. Poi chiamò il numero di Maruska ma le rispose solo la segreteria telefonica. Allora, senza nemmeno deciderlo, chiuse casa e si trovò in macchina. Era quasi mezzanotte e la provinciale scarsa di traffico, in poco più di un'ora poteva arrivare al Policlinico.

15

SEMBRAVA la replica di un copione già vissuto: la corsa notturna in macchina, l'incubo dell'ospedale, i corridoi del Pronto Soccorso con le luci al neon alte e fredde. Era accaduto l'altro inverno a Parma dopo il tentativo di suicidio e due anni prima in quello stesso Policlinico dove Alfiero era stato ricoverato d'urgenza per una crisi improvvisa e pericolosa. Ogni particolare si ripresentava come le sequenze di un film di cui si possono prevedere le immagini. Ma questa volta l'azione s'interrompeva su un primo piano immobile, definitivo. Alice ne ebbe un impatto sconvolgente, una consapevolezza assoluta, capace di dilatare quel momento in un vuoto pauroso, nel quale la sua stessa presenza si perdeva.

«È in coma?» domandò tuttavia, prima di avvicinarsi al letto.

Gabriele, muto e impietrito, fece solo cenno di no. Ma Alice già lo sapeva, Alfiero aveva assunto quell'immobilità ultima che non lascia dubbi: gli occhi chiusi, il viso quasi infossato, la bocca socchiusa ma senza respiro.

«Quando è successo?»

Maruska era in un angolo con il medico. Fu lui a rispondere: «Era già in coma profondo quando l'hanno portato qui. È mancato poco fa».

Poco fa. Mezz'ora, dieci minuti prima, forse, era ancora vivo. Ma vivo come? Già affondato nella quasi morte del coma, in quella terra di nessuno dalla quale si può anche tornare, ma senza ricordi, solo col diffuso dolore di sentirsi riafferrati dalla realtà? E invece con un solo passo, forse misericordioso o forse terribile per lui, non c'è alcun ritorno. Che cosa si può fare, che cosa si deve fare, che cosa resta da fare quando la morte è così presente? Quando irrompe come una realtà che esclude tutto, quando afferma senza voce ma con parole lapidarie: «Lo sapete che sono sempre qui, ma non volete vedermi?»

Alice, stordita, percepiva tutto questo e tuttavia aveva meno paura della morte che del vuoto, perché la morte lascia ai vivi un esiguo, effimero spazio, un intervallo, un minimo tempo in cui l'altro può essere ancora presente. Si guardò attorno e vide che Maruska e Gabriele piangevano. Lei no, era senza fiato, senza lacrime, senza dolore. Era lì, testimone di quella morte appena avvenuta e già remota, sradicata dal tempo, consegnata all'eternità.

«Dobbiamo comporlo nella camera ardente», disse, «fare gli annunci sul giornale, stabilire un orario in cui gli amici possano venire a salutarlo.» Senza rendersene conto parlava come se Alfiero fosse ancora vivo. Maruska alzò il capo, smarrita dalla sua determinazione, ma Alice si rivolse proprio a lei: «Tu vai a casa e portagli qui un abito adatto, serio, elegante, camicia e cravatta come le avrebbe scelte lui. E un paio di mocassini morbidi: non vorremo lasciarlo coi piedi nudi o le calze. E tu Gabriele pensa agli annunci. Ah, io m'informo per un barbiere che gli sistemi i capelli e la barba come li ha sempre portati». E poiché suo figlio la guardava meravigliato gli spiegò, ma non per giustificarsi:

«Era una persona conosciuta, quasi pubblica. Ne parleranno i giornali».

D'imperio, nello smarrimento degli altri, Alice aveva ripreso il suo ruolo. E mentre il figlio stava per uscire gli raccomandò, perentoria: «Avverti prima di tutto i famigliari a Parma, il funerale avrà luogo nella loro parrocchia. Lui aveva espresso più di una volta questo desiderio».

«Ma quando mai lo aveva deciso?» domandò Maruska allibita, surclassata da quegli interventi che annodavano la morte di Alfiero al passato escludendo il suo ultimo anno di vita.

«Prima che tentasse il suicidio», rispose Alice, come se fosse ovvio che l'altra non conoscesse quel particolare a lei noto. «Ed è logico: a Parma c'è la tomba di famiglia.» Poi, con un tono persuasivo e quasi amichevole: «Maruska, per favore, Gabriele può portarti a casa a prendere gli abiti».

Così tutta la realtà drammatica dei rapporti reciproci si congelò perché potesse aver luogo un'adeguata rappresentazione a beneficio degli altri, e forse anche di loro stessi. La camera ardente nei locali dell'obitorio, abbastanza spaziosa e parata con drappeggi di velluto grigio perla, un catafalco centrale che reggeva la bara aperta nella quale stava Alfiero, vestito, elegante e composto in quella beatitudine effimera che prende il posto dell'espressione umana quando lo spirito si è allontanato.

Alice in piedi in un angolo della camera ardente, Maruska seduta nell'angolo opposto. Alice vestita non di nero ma di blu scuro, Maruska con indosso un abito che nemmeno sapeva quale fosse. Isabel nel suo premaman che schermava il crescere della vita dentro di lei, così inopportuno a vedersi in quel momento; Gabriele che andava incontro ai visitatori per accoglierli e salutarli.

Tutta la piramide dirigenziale della World Wide era presente, dal Capo al Vice, e poi giù fino all'afflitta signorina

Cleme, e anche gli avvocati che avevano difeso Alfiero in tribunale. I manager, i funzionari e i politici che avevano frequentato l'architetto Prandi non fecero mancare le loro sentite condoglianze ora che il defunto non rappresentava più un'incognita giudiziaria, e con loro i veri o falsi amici che per una vita Alfiero aveva invitato alla sua tavola, e che avevano continuato a frequentarlo senza tuttavia prender partito, in cuor loro, rispetto alla sua ultima unione. Ora salutavano i suoi figli e Alice, prima di mormorare condoglianze a fior di labbra anche a Maruska che, consapevole di essere emarginata, filmava tutto nella sua memoria. Alice, impassibile, osservava e registrava le presenze di chi, negli ultimi mesi, si era fatto negare alle sue telefonate e ora riemergeva in quella tiepida ipocrisia che annacqua i sentimenti in un funerale.

Il giorno seguente, un cuscino di rose sulla bara e una corona che spiccava per la scritta dorata *I tuoi cari*, il viaggio di pochi verso Parma, le esequie religiose con l'omelia dedicata da un monsignore al «caro figlio tornato a casa» e, infine, la deposizione nella cappella di famiglia. Tutto come ci si aspetta debba essere perché ognuno senta d'aver fatto la sua parte. E il vuoto, intanto, dilagava sotto i piedi di chi amava quel morto e ancora non lo aveva trasformato in memoria, di chi cercava di non pensare: *Non lo vedrò mai più*. Mai più si sarebbe riaperto quel loculo, mai più dissuggellato il coperchio di quella bara, perché colui che stava dentro ormai perdeva presenza e fisionomia, allontanandosi da se stesso anche nell'aspetto, si disfaceva senza dissolversi nel fuoco e nell'aria come dovrebbe accadere per chi ritorna a essere spirito. E gli altri, qui, ancora attaccati a quell'immagine ormai inesistente. Maruska che lo cercava dentro di sé e Alice che lo cercava fuori di sé. Infatti domandò a Maruska, prima che risalisse in macchina diretta a Milano: «Vorrei parlarti, ma non oggi e non qui. Potrei venire da te?»

L'altra la fissò meravigliata, era così scossa che tardava a rendersi conto delle parole che le venivano rivolte. Dopo una pausa, ma senza esitazione, rispose: «Ti aspetto, quando vuoi».

Gli altri, parenti e amici, presenti in quel pomeriggio soleggiato d'ottobre fra le tombe già infiorate in vista della festa dei morti, guardavano le due donne parlarsi come se quelle frasi fossero una dimostrazione di generosità reciproca. E forse lo era, o forse era solo il desiderio di capire che cosa fosse rimasto, all'una e all'altra, di quel morto di fresca nomina ma già rapito da una lontananza inimmaginabile.

«Sei sicura di volerle parlare?» domandò Gabriele due giorni dopo mentre sua madre si preparava per andare a trovare Maruska. «Non è meglio, magari, lasciar passare un po' di tempo?»

«No, vedi: non è più una questione fra me e lei, c'è altro.»

«Altro che cosa?»

Alice s'irrigidì. «Non lo so ancora, ma ognuno di noi è in parte depositario della sua verità.»

«Intendi dire la verità di lui? Del 'caro estinto'?» ironizzò Gabriele. «Sai bene che ognuno la interpreta come vuole, secondo il rancore o il perdono.»

«Sì, non è sbagliato ciò che dici, ma non è tutto.»

«E che cos'altro può esserci, visto che l'uomo che vi siete conteso ormai non può più rispondervi?»

Alice sospirò. «Non lo so, Gabriele, non lo so. Ne parleremo poi, o forse no, forse è qualcosa che riguarda solo me.»

L'architetto Alfiero Prandi è morto improvvisamente ieri sera. Ne danno il tristissimo annuncio la moglie Alice e la sua ultima compagna Maruska, i figli Gabriele e Isabel. I funerali si terranno a Parma in forma privata.

Questo l'equanime annuncio funebre stilato da Gabriele.

Da un attimo all'altro, e con immenso dolore, mi è stato tolto ALFIERO, il mio compagno. Maruska Fortuna lo piange insieme agli amici che lo amavano. E queste furono le parole di lei.

Fra gli estremi dei due annunci apparsi sulle pagine dei necrologi nel più importante quotidiano, prese posto un diluvio di condoglianze e di nomi tanto lungo da occupare quasi una pagina. Alfiero si sarebbe compiaciuto di quell'ultima rappresentazione. Ma il suo nome era destinato a ricomparire, e non per l'ultima volta, nei resoconti del processo che la sua morte non fermava, visto che non era l'unico imputato, ma al quale poteva dare una sterzata magari imprevedibile. Alice rifletteva che certo la World Wide sarebbe stata avvantaggiata dalla sua scomparsa che permetteva di addossargli senza esitazioni, né pericolo di smentite, tutta la responsabilità di decisioni prese non da lui ma ai piani più alti.

I morti sono compianti ma hanno sempre torto, e Alice scopriva che, una volta di più, Alfiero si era eclissato senza dare risposte. Ma lei voleva sapere e capire, perché ciò significava conoscere l'uomo con cui aveva vissuto trent'anni e fatto due figli, e che non aveva mai indagato sotto questo nuovo aspetto: fino a che punto la complicità di Alfiero con la World Wide rientrava nel peccato comune di corruzione, scambio di favori, e dove invece diveniva mafia, reato di cui vergognarsi? Forse parlare con Maruska era l'unico passo che le era consentito, visto che le risposte dal vertice della piramide non sarebbero mai discese. E tuttavia era turbata da quei pensieri che per la prima volta la rimescolavano e che la sua coerenza non riusciva a tacitare.

Al ritorno da Parma, la sera dopo il funerale, aveva trovato nella segreteria un messaggio di Bertrand Liebmann: «Sono qui all'*Hotel Diana*, chiamami», e il giorno dopo avevano fatto colazione insieme nella veranda dell'albergo, perché la delicatezza del momento suggeriva ad Alice di tenere Bertrand al riparo dalla curiosità dei suoi figli. E poi voleva parlare senza testimoni con lui, per farsi aiutare a decifrare quei nuovi interrogativi su Alfiero.

«Quando qualcuno muore», gli aveva detto, «si apre una sorta di vuoto, perché ci si dispera della sua mancanza: così è stato quando ho perso mio padre. La scomparsa di Alfiero, invece, ha riempito questo vuoto con una ridda di domande che poi si riducono a una sola: con che uomo ho vissuto per trent'anni? A questo punto è persino irrilevante che mi abbia lasciato per un'altra donna, conta di più la verità sul nostro matrimonio e su chi era in realtà Alfiero. È possibile stare insieme per tanto tempo senza saperlo?»

«Ed è possibile», aveva sorriso Bertrand in risposta, «vivere trent'anni con una donna come te senza conoscerla? Senza capirla?»

«Hai ragione. Ma a lui, di là, posto che esista ancora, non serve più sapere che donna sono. Io invece devo capire che uomo era. Ci siamo lasciati che per poco non mi strangolava...»

«E tu, pochi minuti dopo, l'hai salvato dall'annegamento.»

«Già. Più ci penso e più mi sembra incomprensibile.»

«Guarda nel profondo, e ti accorgerai che non lo è.»

«Non crederai che l'abbia fatto per generosità? E neanche per amore...»

«Lo so. Tu, semplicemente, ti sei gettata dalla parte della vita.»

Le domande oscure, ancora senza risposta, sembravano meno impietose nell'intimità lucida che esisteva fra loro, e che infondeva in Alice una nuova qualità di sollievo, quasi di pace, come quella che si prova accanto a qualcuno che non ha bisogno di troppe parole per comprenderti.

«Andrò a parlare con Maruska.»

«Ma non scambiare la sua verità per la tua», l'aveva avvertita lui, soggiungendo: «Io credo che faresti bene a uscire un po' da te stessa, almeno in questi primi tempi, per poter prendere le distanze dagli avvenimenti che hai vissuto».

«Anche tu come mio figlio! Sai cosa mi ha proposto ieri sera, mentre tornavamo dal cimitero? Di andare in India con lui, a vedere il villaggio per bambini in cui va a lavorare.»

«Può essere una buona esperienza. Quando partireste?»

«A dicembre, dice Gabriele. Pare che inizi la stagione migliore in quel clima pessimo. Però io mi fermerei là solo una decina di giorni. Non voglio lasciare sola a lungo Isabel, che nel frattempo starebbe da mia madre.» E aveva commentato, con un ghignetto un po' malizioso: «Mimì si è scoperta la vocazione di futura bisnonna».

Bertrand sembrava stanco e anche un po' perplesso. «Soltanto tu puoi decidere, ma forse questo viaggio ti aiuterà.»

«Mi aiuterebbe poterti parlare più spesso. Ho un groviglio qui nello stomaco... Bertrand, la morte di Alfiero mi sembra ancora inverosimile.»

«Una realtà onirica? Una sorta di brutto sogno?»

«No, un avvenimento senza spiegazione.»

«La morte non ne ha mai», aveva constatato lui, «e sai perché? Perché non ci si pensa abbastanza. E quando accade è come una folgore.»

Come una folgore. Maruska sembrava proprio un albero colpito dal fulmine: curva, prosciugata, quasi privata dei muscoli e dell'energia vitale. Infatti disse, quando Alice andò a trovarla: «Non sto male e non sto bene, semplicemente non esisto. Faccio fatica a guardarmi intorno. Persino questa casa dove abbiamo vissuto insieme mi sembra estranea».

Alice stava osservando l'ambiente con uno sguardo circolare, meravigliata che Alfiero avesse potuto vivere in quel caos dove persino la collocazione dei pochi mobili era incongrua. «Avete sempre vissuto in questa casa?» non si trattenne dal domandare.

«Perché? Ti stupisce? È molto diversa dalla tua e ad Alfiero piaceva proprio per questo. Ma non era sempre così disordinata, adesso sto imballando tutti gli oggetti che gli appartenevano.»

«Hai intenzione di venderla?»

«No, l'affitto e mi trasferisco a Roma.»

«Per sempre?»

«Chi può dire per sempre o mai? Muoversi è un mezzo come un altro per continuare a vivere, e qui non trovo più energia.» Guardò Alice attentamente, soppesando il bel tailleur pantalone, la camicia di seta che metteva una pennellata bianca fra i revers della giacca, i capelli tirati indietro in una coda liscia e lucente che sguarniva il viso scolpendo i suoi lineamenti incisivi. «Elegantissima, come sempre. Anche al funerale», e sembrava, con quelle parole, esibire per contrasto la tuta sformata che le cadeva addosso. «Insomma: di che cosa sei venuta a parlarmi?» Ma prima che Alice rispondesse precisò: «Se non ti fossi mossa tu l'avrei fatto io: voglio sapere da te la vera ragione per cui Alfiero è tornato da casa tua vestito di roba non sua e coi suoi abiti bagnati in un sacco di plastica».

«Gabriele non ti ha spiegato?»

«Sì, il tuffo nella darsena e tu che l'hai salvato. Ma perché è finito in acqua rischiando di annegare?»

«È scivolato e ha tirato giù anche me. Stavamo litigando, tutto qui.»

«Per via di quei soldi, immagino.» Maruska sedette su uno sgabello faccia a faccia davanti ad Alice, che sostenne il suo sguardo prima di rispondere.

«Di quei soldi tu sai tutto. Alfiero ti aveva mandato persino dal mio avvocato.»

«Non esattamente. Ma l'ho conosciuto, il tuo avvocato: un campione notevole di ambiguità. Mi ha detto che tutto era sotto controllo, ma senza specificare che il controllo era in mano tua.»

«Era l'unico mezzo per mettere al sicuro quel patrimonio da eventuali inchieste giudiziarie. E io sola potevo farlo.»

«Questo, secondo te, basta a giustificare la tua rapina? Povero Alfiero, non se l'aspettava, hai tarpato le ali a tutti i suoi sogni.»

«E anche ai tuoi, sicuramente», insinuò Alice, che tuttavia si domandava se Alfiero avesse rivelato a Maruska la cifra imboscata a Ginevra. Forse no, forse, nonostante il suo grande amore, aveva prevalso la prudenza.

«Io non ho mai creduto ai sogni di Alfiero, soprattutto in materia di soldi», replicò infatti Maruska, «e poi lui non ne parlava in dettaglio. Ma ho sempre pensato che le sue non fossero strategie concrete. Sai, stando per anni vicino al Capo era stato contagiato da una sorta di presunzione di onnipotenza: pensava e parlava come fosse un dio. E spendeva anche come un dio, questo sì, e senza quasi accorgersene. Ho dovuto dargli centocinquantamila euro per evitare che lo picchiassero a morte. Già gli avevano dato una passata...»

«Che cosa?» Alice stentava a crederle. Forse Maruska stava inventando a ruota libera come faceva nei suoi romanzi.

L'altra intuì questa sua diffidenza e confermò: «Sì, è così: è stato aggredito una sera tardi mentre usciva dall'ufficio, sotto il portone. Io ero via, e quando sono tornata l'ho trovato con la faccia gonfia».

«E chi era stato?»

«Uno di quei malavitosi di cui si servono gli usurai per convincerti quando non paghi.»

«Usurai?»

«Ti sorprende? Ma sono gli usurai quelli che prestano i soldi quando non si ha più credito nelle banche.»

«Non poteva chiederli alla World?»

«Evidentemente no. Io sono anche convinta che alla World Wide qualcuno sospetti che Alfiero abbia trasferito soldi all'estero, soldi della compagnia che lui maneggiava per ungere le ruote di manager e politici, roba grossa, non solo quello che aveva imboscato per sé in quella banca di Ginevra. Ho idea che quel tuo avvocato sappia molte cose sui traffici di Alfiero, che per anni, prima dei processi, operava in un giro internazionale.»

«Può darsi» ammise Alice, sapendo quanto Bertrand fosse al corrente di molti intrighi finanziari. «Ma che cosa ti fa pensare che alla World avessero dei sospetti su Alfiero? E chi?» Si accorse che, d'istinto, seguiva il procedere di quel colloquio con attenzione concentrata, e al tempo stesso quasi le ripugnava che loro due, moglie numero uno e quasi moglie numero due, fossero lì a discutere di soldi sul cadavere appena sepolto dello stesso uomo. Che schifo. Però era importante che Maruska dicesse tutto quello che sapeva: anche da eventuali menzogne o risposte nebulose poteva uscire uno spiraglio di verità.

«Il Vice non si fidava di lui», rispose apertamente l'altra. «Adesso che Alfiero non era più sfruttabile perché i processi l'avevano ridotto a una pedina usata, sperava di eliminarlo screditandolo davanti al Capo. Un ragionamento semplice, il suo, che io avevo tentato di far capire ad Alfiero più di una volta, ma lui non ci credeva, e poi si sentiva in una botte di ferro perché sapeva troppe cose su tutto e tutti alla World.»

Che cosa sa, invece, Maruska e non dice? Io credo però che dei dieci milioni di franchi Alfiero non abbia parlato nemmeno con lei.

«Alfiero aveva molta fiducia in te», le disse quasi con confidenza, «per mandarti in Svizzera al posto suo.»

«Ma non è servito.»

«E sapeva che tu frequentavi Biagio Falzoni? Vi si è visti spesso insieme.»

«Non spesso», precisò l'altra senza negare, «ogni tanto prendevamo un aperitivo insieme, apertamente. A me serviva per fiutare come andavano gli umori al vertice della World. Inoltre Falzoni ha molte conoscenze in Rai e mi ha dato una mano.»

«Uno scambio di favori, allora.»

«Io non avevo favori da fargli in cambio», negò lei. «E non gli ho mai venduto informazioni su Alfiero, se è questo che pensi. Non conoscevo i suoi movimenti e te l'ho già detto: sui suoi affari lui stava molto abbottonato. Per di più, quando ero andata a Ginevra in quella banca al posto suo, avevo intuito... non so come, che i giochi erano fatti: i soldi con cui Alfiero sognava di comprarsi il paradiso dovevi averli incamerati tu, e né lui né la World potevano recuperarli. Alfiero poteva solo sperare di persuaderti, e patteggiare.»

«Patteggiare?» si stupì Alice. «È quello che gli ho proposto, ma lui non mi ha lasciato nemmeno parlare.»

«Non ha accettato?» E Maruska quasi ne rideva.

«Mi ha preso letteralmente per il collo.» E con un gesto quasi di sfida Alice sbottonò il colletto alto della camicia fino a mostrare i lividi ancora evidenti. «E mi ha tirato giù nella darsena.»

Maruska la fissava incredula, come davanti alla scena immaginata di un film. «Potevi lasciarlo annegare...» mormorò poi, «tuo figlio invece mi ha detto che sei andata sott'acqua finché l'hai ripescato.»

Alice si riabbottonò il colletto. «L'ho fatto senza pensarci.»

«Per amore», disse l'altra.

«No, per un istinto di sopravvivenza.» E aggiunse, come se parlasse in trance: «Era come se, salvando lui, salvassi me stessa».

«Eh, sì», sospirò Maruska lasciandosi andare sul divano invaso da scatole, pacchi e cuscini, e guardò Alice in un modo diverso, quasi con commiserazione. «Lui non lo sapeva, ma tu lo amavi e lo ami ancora adesso. Altrimenti non saresti qui.»

Ma Alice obiettò: «Io voglio solo che tu mi dica che cos'è successo quando Gabriele ha riaccompagnato qui Alfiero, quando si è sentito male, quando lo avete portato al Policlinico, che cos'ha detto... e, insomma, tutto».

«Tuo figlio era presente, sempre.»

«Sì, ma Gabriele parla poco. Mi ha detto solo: 'Sai bene come è andata, ti ho telefonato'. Ma prima e dopo la mia chiamata, quando correvo verso il Pronto Soccorso, che cosa è successo? Che cosa ha detto prima di morire?»

Maruska socchiuse gli occhi come se guardasse dentro di sé e raccontò: «Ha cominciato a sentirsi male mentre stavano arrivando in città, così mi ha riferito Gabriele che voleva portarlo subito in ospedale. Ma Alfiero gli ripeteva che non era niente, che voleva assolutamente tornare da me. Quando è sceso dalla macchina, qui di fronte, per poco non cadeva, tuo figlio l'ha portato dentro quasi di peso. Poi si è ripreso per qualche momento... le ultime parole che ha detto: 'Amore amore, sto così male...' e poi ha perso del tutto conoscenza. Io non l'avevo mai visto in quello stato, mi sono spaventata a morte».

«Non sapevi niente della sua cura?» domandò Alice.

«No. Mi aveva spiegato una volta: 'Se dovessi sentirmi

male, fammi tu una delle mie solite fialette d'insulina', ma per fortuna non era mai capitato.»

«Ti aveva indicato quale?»

«Sì, mi pare, ma sono tutte uguali.»

«Non sono tutte uguali», replicò Alice, «hanno dosaggi diversi. Lo so perché gliene ho fatte parecchie.»

Di scatto Maruska si alzò e raggiunse la ribaltina del secrétaire dove Alfiero teneva i suoi farmaci. «Ecco, queste.»

Alice prese la scatola e notò che mancava una sola fiala. «Gli hai fatto questa?» e guardò Maruska esterrefatta.

«Non io. Ho paura degli aghi. L'ho data a Gabriele che ci ha messo un secondo. Poi abbiamo aspettato, neanche mezz'ora, ma Alfiero non si riaveva, così abbiamo chiamato l'ambulanza.»

Alice era così pallida da sembrare grigia. Guardava davanti a sé con le pupille sbarrate come se non vedesse niente. E invece no, vedeva. Vedeva Alfiero morto nel lettino del Pronto Soccorso, Alfiero che nel sogno rideva: «Non gualcirmi la cravatta», Alfiero giovane quando loro due si facevano l'occhietto per dirsi: «Dopo facciamo l'amore», Alfiero con la testa sul guanciale che la guardava dopo aver fatto l'amore, Alfiero con in braccio Isabel che prima non voleva, Alfiero nella poltrona del suo studio la sera del suo ultimo ritorno: «Voglio essere libero». Alfiero, Alfiero, no, non lui, ma la sua vita che lei custodiva, piantata come memoria indissolubile dentro di lei. Alfiero morto stupidamente, o no?

Non aveva quasi voce quando mormorò: «È una fiala d'insulina rapida, una dose che l'ha mandato in coma».

«Ma era già svenuto!»

«Non può averti detto di iniettargli questa fiala, di sicuro te ne aveva indicata un'altra. Fammi vedere tutte quelle che ci sono.»

Maruska rovistò nella ribaltina. «Oltre a quella c'è un'altra scatola, ma le fiale sono uguali.»

«No, hanno una scritta diversa. Ecco quelle che Alfiero si faceva ogni giorno. Ti sei confusa.»

«Non è possibile...»

«E l'hai ucciso, Maruska, l'hai ucciso.»

Dopo un silenzio stupefatto, l'altra si aggrappò a quella che le sembrava una prova contraria: «Non può essere! È morto più di un'ora dopo».

Alice si chiuse fra le mani il viso contratto. Non solo Maruska se l'era preso, ma l'aveva ammazzato così, senza saperlo, come si schiaccia una formica: era un obbrobrio, un oltraggio che gridava vendetta. Denunciarla. Trascinarla in tribunale, condannarla per la sua stupidità: era un assassinio, un assassinio. Scostò le mani e alzò il viso che era una maschera d'accusa. «L'insulina rapida può provocare il coma irreversibile e poi la morte. *L'hai fatto morire!*»

Silenzio, un tremendo silenzio. L'una e l'altra, fissandosi, stavano deglutendo quella verità. C'era, in quegli avvenimenti, ciò che appariva come un singolare disegno del destino: Alfiero era stato salvato dall'acqua per morire nella nebbia indolore del coma. La morte, vinta temporaneamente dall'intervento di Alice, si era servita della distrazione maldestra di Maruska: una fiala per un'altra, che ironia, che scherno. Ma l'aveva avuta vinta, la strega con la falce, non importava come e per mano di chi. Da quella notte in cui Alfiero l'aveva provocata con il suo finto suicidio aveva atteso, muta e in disparte, la sua occasione, e l'aveva colta nella confusione spaventata di Maruska. Senza drammi, senza appariscenza, senza dolore, giusto un passo di là e non si torna più indietro.

«L'hai fatto morire...» ripeté Alice, calma e terribile. «Io ti ammazzerei. Sei così balorda, così stupida fino all'incredibile. Potevi portarlo subito all'ospedale prima di far qualunque cosa... ma ti rendi conto? Lo hai ammazzato per caso...»

«Tu mi metti addosso una croce», gridò Maruska, e tremava, «ma io non ho colpa! Io non sapevo... io lo amavo, Alfiero, anzi lo amo, e almeno un anno di felicità io gliel'ho dato!» Alice la fissava con gli occhi spalancati. «Non l'ho ucciso, perché mi guardi così? Io ero spaventata, ho solo preso la fiala e l'ho data a tuo figlio. Perché tu, tu non gli hai detto di guardare se era quella giusta? Tu che sai tutto?» Riprese fiato e dopo un attimo domandò: «Che cosa vuoi fare adesso? Dirlo ai tuoi figli?»

«Mi domandi anche cosa voglio fare adesso», mormorò Alice. «Non posso far niente che lo riporti in vita. Potrei denunciarti, sì, trascinarti in tribunale, e tu negheresti. Omicidio preterintenzionale del tuo grande amore: che te ne pare come accusa? Ma c'era mio figlio presente, e testimonierebbe che è anche lui l'involontario responsabile della morte di suo padre. Uno scandalo, un polverone che ti metterebbe addirittura in primo piano. Tutti parlerebbero di te. È colpevole? Non è colpevole? Ti farebbero diventare una protagonista. E per la mia famiglia sarebbe solo un'altra sciagura.»

Maruska si alzò, respirando meglio. «È terribile, bisogna sempre pagare per un amore che ci ha dato qualcosa, almeno un barlume della felicità sognata.»

Alice girò lo sguardo verso di lei. «Ti prego, risparmiami! Io ho pagato abbastanza.»

«Ma tu non dimenticare che di Alfiero, e di te, io so diverse cose che piacerebbero molto alla stampa», avvertì Maruska che si stava riavendo dall'emozione. «E anche alla World: i soldi in Svizzera, l'avvocato che ti tiene mano, che ne dici?»

«Dico che piacerebbero molto al tuo Falzoni col quale fai lingua in bocca», esclamò Alice con tutta l'acredine possibile, «ma ormai è tardi per vendere al Vice le tue scoperte sulle malversazioni di Alfiero.» Di colpo si alzò per fronteggiarla, anzi per sovrastarla. «E t'illudi, non puoi provare niente, e alla World ormai conviene solo il silenzio. Recita pure la storia del vostro grande amore, ma adesso io so quanto vale.»

«Aveva ragione Alfiero quando diceva che sei senza cuore.»

«Lo lascio tutto a te, il cuore. Ma tu sta' accorta e non fare passi falsi, perché io non ho cuore ma ho cervello.»

Così, in quel mutuo scambio di minacce, era naufragato il dolore della tragedia. E forse nessuna delle due voleva aggiungere altro.

«L'unica soddisfazione che ti resta», concluse Alice quasi facendo una concessione, «è che Alfiero avrebbe voluto morire così, con una fiala d'insulina rapida.»

«Ma lui, adesso, non voleva morire», sospirò l'altra. «Con me, era finalmente felice.»

«Addio.» Ma sul punto di andarsene Alice girò ancora una volta lo sguardo verso di lei, col distacco di un commiato definitivo. «Ormai mi ero abituata a sapere che Alfiero era qui con te, ma adesso devo pensare che è là, in quel loculo.»

«No, guarda. Con me, Alfiero c'è sempre.»

Quando furono alla porta, consapevoli che quello era forse il loro ultimo incontro, Maruska domandò ancora: «Allora non lo dirai ai tuoi figli?»

«Della fiala scambiata? Per farli soffrire di più? No: anche Alfiero non vorrebbe.»

Erano sicure che nemmeno l'aria di quella stanza avrebbe conservato ciò che si erano dette. Solo la loro memoria.

Una memoria implacabile, doveva scoprire Alice nei giorni seguenti, che ora andava alla ricerca di Alfiero morto quanto l'aveva respinto ed emarginato da vivo. Veniva da lontano, adesso, l'immagine di lui, quando era così giovane da sembrare un ragazzo, con quella faccia rosea e rasata da cartolina mille baci, come diceva Mimì, con quella sensualità che aveva sconfitto l'anoressia di Alice a forza di buoni pasti e sesso a tutte le ore. Ci sapeva fare, Alfiero, era generoso del suo corpo come era generoso della sua scaltrezza, perché erano le sue ricchezze naturali, una riserva senza fondo di cui usare a piene mani per vivere, e che gli bastava alimentare spendendo allegramente e frequentando bella gente, gente che poteva servirgli.

Tutto questo Alice l'aveva sempre saputo, talora l'inorgogliva e sempre la divertiva: Alfiero le piaceva perché era vivo e infondeva vita al suo corpo e le aveva dato dei figli. Questo doveva essere un marito, e pazienza se non era un amico purché non si spacciasse per tale. Le tornavano in mente frammenti del loro rapporto prima di sposarsi; non convivevano, no, perché Mimì e Carlo Aloisi erano contrari, secondo le regole borghesi della loro generazione, ma chiudevano un occhio sulle loro vacanze insieme. Un weekend in Svizzera d'inverno, in un paese sotto un ghiacciaio, così freddo che non c'era alternativa che accucciarsi a letto sotto quei sontuosi piumoni. Una breve vacanza in Francia, in un *relais de campagne* nella zona della Loira, lei a godersi i *sons et lumières* davanti ai castelli, lui a sognare quando avrebbero fatto una crociera su una nave Costa in prima classe. *Un sogno poco più che provinciale*, pensava adesso Alice sorridendone con indulgenza, ma Alfiero era andato in fretta oltre quei desideri giovanili quando si era messo, finalmente, al seguito di un guru come il Capo.

Tornavano anche, con l'immediatezza di un tempo non passato, immagini dei primi anni di matrimonio, già pieni di contrasti ma vivi, con Gabriele piccolo e Alfiero impaziente perché tardava a trovare la strada del successo. Carlo Aloisi osservava attento, ma scettico, il suo arrabattarsi fra palazzinari milanesi e consigli comunali dell'hinterland trionfalmente rossi, sogghignava della sua tessera comunista e riconosceva che il sedicente architetto Prandi aveva genio nel procurarsi contatti, appoggi politici e persino amicizie fra quelli che contano. Ma per Alice, Alfiero era il marito con il quale faceva l'amore tre volte la settimana ed era così abituata al suo corpo che non si addormentava se non lo sentiva nel letto.

Poi c'era stato il calvario dell'emicrania e Jean-François Perrin, ch'era un altro capitolo della sua vita, folgorante ma non incompatibile con il suo matrimonio. Al ritorno dagli incontri con lui, Alice ritrovava più corpose le sue sicurezze coniugali, i suoi doveri di casalinga, e il suo piacere di far l'amore con Alfiero. Gli altri incontri erano state figure effimere, uomini di poche notti.

Certo, visto dal di fuori, il suo amore per Jean-François poteva sembrare il tipico adulterio borghese. Ma non lo era stato, perché lei aveva amato senza condizioni, senza chiedere più di ciò che lui poteva darle. Ed era già un dono immenso. Non aveva tolto nulla ad Alfiero, aveva tenuto fede al suo impegno quotidiano come una buona manager che ama il suo lavoro: ed era tutto ciò che lui le chiedeva. In fondo, lei e Alfiero avevano in comune gli stessi valori: sesso, sicurezza, famiglia, soldi... ora Alice se ne rendeva conto. E da questa omertà coniugale i figli, tanto amati ma così diversi, erano rimasti fuori.

Aveva pianificato di invecchiare con suo marito, di vedergli crescere la pancetta mentre lui certamente si sarebbe accorto delle sue rughe. Ma era stata tradita da Maruska, o piuttosto dall'irrequietezza di lui che gli faceva rincorrere chissà quali nevrotici aneliti di libertà.

Tutto quello che abbiamo vissuto allora nessuno può togliermelo, cercava di ripetersi ora dimenticando che soltanto poche settimane prima avrebbe fatto carte false per dimenticare Alfiero e la loro vita, e mentre riviveva quel flusso di ricordi sfumavano nell'ombra quei dieci milioni di franchi che ormai erano suoi, e scompariva quell'ultimo anno di vita che spettava a Maruska.

In quei giorni Alice venne a contatto per la prima volta con quello strato profondo di se stessa che giaceva oltre la sua lucidità mentale. Ma faceva tanta fatica. Le sembrava d'esser stata, negli ultimi anni, una donna nascosta anche a se stessa: lei sapeva soltanto d'aver vissuto la vita che aveva scelto: casa, figli, matrimonio, tutto ciò che ora non aveva più. E adesso tutto doveva cambiare, anche nella sua casa.

Fece ordine eliminando ciò che apparteneva al passato, salvo le letterine che i suoi figli scrivevano a lei o al padre, memorie dalle quali era ingiusto e impossibile staccarsi, e alcune foto di tanti anni di vita, diapositive scattate da Alfiero quando si era invaghito di una nuova Nikon professionale: le selezionò e fece stampare le più significative. Che stupende certe foto di Isabel abbracciata al babbone! E di Gabriele, il suo primo nato, piccolo e con un ciuffo nero. E lei stessa più giovane, magra, altera ed elegante come sempre.

Stava trasformando la casa del suo matrimonio nella casa dei suoi figli e di se stessa single, perché senza saperlo aveva bisogno di sentirsi e di essere vista per quello che era adesso. E tuttavia, pur identificandosi col nuovo ordine creato fra le vecchie pareti, avvertiva di essere di passaggio. Ma nemmeno le dispiaceva. Lei, che era stata immobile e stanziale per tutta la vita, ora si scopriva inquieta, quasi disponibile a divenire nomade, a cambiare pelle e aria. E forse cuore. Ma questo no, questo era più arduo. Il cuore era di pietra, anche se doleva. Un lutto è più terribile quando affoga nel rancore senza risposte.

Ma non era stata Maruska a privarla di Alfiero, era stato quel suo sprofondare improvviso e immemore nel buio. Alice non credeva alla vita dopo la morte: era una favola consolatoria che poteva andar bene per Maruska. «Con me, Alfiero c'è sempre», aveva affermato con aria di sfida. Ma lei non chiudeva gli occhi di fronte alla realtà nuda: Alfiero era là che si disfaceva in quel loculo freddo, e questo, questo la faceva orribilmente, inspiegabilmente soffrire.

Inverno

16

IL viaggio in India iniziò con l'arrivo di Fiorenza la sera prima della partenza, e Alice non seppe spiegarsi perché la sua presenza le procurasse un disagio che rimase indecifrabile. La ragazza si presentò alla porta con ai piedi un paio di grosse sneakers e sulle spalle un piccolo zaino con un materassino arrotolato. Di statura breve, appariva più alta per il portamento diritto e la testa che stava fieramente sul collo con il mento un po' rialzato, gli occhi azzurro vivo abituati a guardare chi le stava davanti con un'immediatezza che sconcertava. Era arrivata dalla Garfagnana con un'auto noleggiata, carica di quattro enormi valigie colme di oggetti, indumenti e farmaci destinati al villaggio.

«Le hai già portate alla compagnia aerea?» domandò subito Gabriele. «Ho ottenuto che ci abbuonino la spesa per il carico eccedente a scopo benefico.»

«Già fatta tutta la trafila, i bagagli sono depositati in aeroporto e ho restituito la macchina.» Sollevò lo zaino quasi chiedendo il permesso di entrare e sorrise rivolta ad Alice: i suoi occhi brillanti, magnetici, rivelarono subito che Gabriele doveva esserne stato affascinato, conquistato, dominato. Non era bella, Fiorenza Corti, non era alta, non era slanciata, ma il suo corpo tonico, i suoi movimenti scattanti emanavano una tale energia da creare intorno a lei un'aura di vitalità. «Ho fame», disse liberamente dopo i convenevoli e le presentazioni, «e sono un po' stanca, ma domani, con undici ore di aereo, avremo tempo di riposare.»

«Ha solo questo zaino?» domandò Alice indicandole il ripostiglio in cui appoggiarlo.

«Sì, quando sono là compro per pochi soldi un paio di quei loro vestiti di cotone, sono comodissimi.»

«Allora lei ci è già stata.»

«Al villaggio? Sì, ma per pochi giorni, una decina: il mio bambino, allora, era più piccolo, non potevo lasciarlo a lungo.»

«E adesso invece?»

«Ha iniziato la scuola, e sta con i miei. Ma ci è voluto del bello e del buono per convincerlo che stavo lontana fino al prossimo Natale. E forse più.»

«Povero piccolo, ne soffre?»

«Per qualche giorno, ma serve a dargli un po' di autonomia.» Autonomia. Quella sembrava la parola più adatta a interpretare Fiorenza, che Gabriele chiamava Floris, con un sapore molto dolce nelle consonanti. «Posso dormire sul tappeto srotolando il mio materassino», disse dopo cena.

«Ma c'è la camera di Isabel pronta!» esclamò Alice. «Devo solo togliere la mia valigiona dal letto.» Però quando fece per sollevare quel monumento di bagaglio si rese conto con imbarazzo che doveva essere eccessivo. «Non ho mai fatto un viaggio in paesi con quel clima», quasi si scusò, «e Gabriele non mi ha dato dei consigli.»

«Penso che bastino molte T-shirt e dei pantaloni», suggerì la ragazza, «e una giacca di cotone. La temperatura, d'inverno, dovrebbe essere intorno ai trenta gradi, ma spesso è molto più alta.» Guardò l'orologio: «Sono stanca e domani il viaggio sarà lungo: due aerei e più di cinquecento chilometri in macchina su certe strade...»

«Non mi avevi detto che c'era un treno?» domandò Alice a suo figlio.

«Sì, ma che treno! Padre Thomas, per riguardo a te, ci manda a prendere da una macchina.»

«Ma io non vorrei godere di privilegi!» esclamò Alice, a disagio.

Gabriele le sorrise: «Anche così non sarà facile».

E va bene, concluse Alice tra sé mentre trasportava la valigia in camera sua per svuotarla e preparare un bagaglio più piccolo. Intuiva che il confronto sarebbe stato fra lei e quella ragazza forte e un po' ruvida che suo figlio guardava con la fiducia di chi si sente preso per mano.

Durante tutto il viaggio, infatti, Fiorenza tenne d'occhio tutto e tutti: i bagagli, gli zaini, i facchini, i biglietti, i trasferimenti da un aereo all'altro. Si occupò di loro due: del mal di testa di Gabriele che soffriva l'aria condizionata troppo fredda, dell'inappetenza di Alice che respinse il vassoio con i cibi preconfezionati. Lei mangiò di buon appetito e per consentire ad Alice di allungare le gambe sul suo sedile e riposare, andò a trovarsi un posto vuoto in fondo all'aereo, accanto a quello delle hostess, e ci dormì seduta, tranquilla.

A Dubai, dove l'aereo fece una sosta tecnica senza che i passeggeri potessero scendere, Fiorenza suggerì ad Alice: «Venga, andiamo a respirare un po' di ossigeno vicino agli sportelli aperti, nell'interno l'aria è pesante».

Alice l'osservava pensando: *O ha la fortuna di trovarsi bene ovunque, oppure è capace di astrarsi dai disagi del presente.* Le fece qualche cauta domanda: «Lei vive a Lucca o dove c'è il centro termale in cui lavora Gabriele?»

«Ci lavoro anch'io e abitiamo insieme.»

«Anche il suo bambino?»

«Lui sta coi miei. Noi lo vediamo ogni fine settimana, se gli orari ce lo permettono.»

«È il nostro volontariato settimanale», intervenne sorridendo Gabriele che le aveva seguite, e dichiarò: «La domenica è una giornata di puro stress nella cornice della sua vecchia, bellissima cascina».

Sua madre non ne era sorpresa: anche con Tamara era andata così, Gabriele dava sempre la precedenza alla donna che aveva vicino. Ma dietro Fiorenza non c'era lo spettro di un mostro annidato nel profondo com'era stato l'alcolismo di Tamara, c'erano la campagna e la vita semplice. E tuttavia Alice percepiva, fra i due, un'attesa reciproca di qualcosa che doveva accadere, forse non imprevisto ma non ancora deciso. Sentì premerle sulla lingua una domanda che sembrava logica: «Perché non vi sposate?» ma la trattenne perché intuiva che riguardava l'essere profondo di suo figlio, quel nocciolo di mistero che deve schiudersi da solo. Lei pure, dopotutto, era fatta così.

Sbarcarono a Bombay che era quasi sera, e prima ancora di mettere piede sulla pista Alice ebbe la sensazione di urtare contro un muro di calore. Fu il primo tuffo in una realtà che persino la sua pelle rifiutò subito. Ma si affrettò, con la borsa da viaggio in mano, dietro Gabriele e Fiorenza che spediti la precedevano. Dopo tre ore d'attesa il secondo volo li portò a Hydebarad. Alice cominciava ad avvertire la stanchezza e taceva, anche Gabriele se ne accorse. «Potremmo cercare un albergo e riposare fino a domattina», le propose. Ma Fiorenza aveva già individuato oltre le transenne l'autista che li aspettava e lo salutava festosa: «Hy, Sunil! We are here!» e allora Alice si disse che avrebbe potuto riposarsi dormicchiando in macchina durante l'ultima parte del viaggio, e non sapeva ancora che sarebbero arrivati al mattino, quando avrebbe visto la sua prima alba in India, rosea, fresca e luminosa sullo squallore di una realtà inimmaginata.

Fiorenza e Sunil trascinarono le valigione nella stanza dell'alberghetto che padre Thomas aveva prenotato per loro.

«E tu?» domandò Alice al figlio.

«Ho una camera più piccola. Voi avete bisogno di spazio e qui starete comode.»

Era infatti una camera abbastanza ampia, disadorna, con due tipici letti indiani di corde intrecciate. Mentre Alice si coricava esausta, Fiorenza la trasformò in un bazar vuotando i bagagli e cominciando a selezionare vestiti e indumenti secondo il sesso e la misura, contando pantaloncini, gonnelle, camicine, berrettini, mutandine, magliette, pochette, fermagli per capelli, penne e matite colorate, giocattoli, peluche, e facendone una nota. Un lavoro rapido e un po' affannoso, ma necessario per rendersi conto, prima d'incontrare i bambini, di quale poteva essere la distribuzione e di che cosa invece bisognava comprare in loco per farli contenti tutti, perché ognuno avesse il suo dono, senza essere dimenticato, e un dono gradito, che non provocasse delusioni.

«Non c'è niente di peggio che vedere la faccia di un bambino quando riceve un dono che non capisce, per esempio un indumento di lana che delude le sue aspettative», spiegò Fiorenza mettendo delicatamente in una scatola alcune bambole. «Queste Barbie sono poche ma preziose: fanno andare in visibilio le bambine, specialmente se hanno una treccia di capelli che si può pettinare.»

«Ma noi che cosa dovremmo fare?» domandò Alice, che si sentiva spaesata e incapace di immaginarsi un ruolo.

«Io sono venuta per lavorare, tu sei visitatrice. Non preoccuparti, capirai al momento come puoi muoverti.»

L'avventura iniziò nel pomeriggio, dopo qualche ora di

riposo, quando attraversarono la città, un agglomerato di case povere e di strade che s'intersecavano ramificandosi l'una dopo l'altra senza dare a chi le percorreva il senso di una direzione. «Vijayawada è la terza città di questo stato», la informò Fiorenza mentre guidava, «ma in realtà è più che altro un paesone formicolante di un milione di abitanti. È anche un importante nodo ferroviario e nei pressi della stazione si trovano spesso bambini abbandonati dai genitori: li mettono sul treno chissà dove, e via! Se ne liberano, ma non per cattiveria, solo perché non hanno niente da dargli da mangiare e sperano che qualcuno li trovi e si prenda cura di loro.»

Si fermarono alla stazione, dove in un negozio meglio fornito di altri Fiorenza intendeva comprare dei dolcetti e delle caramelle da distribuire ai bambini quando fossero giunte al villaggio. E mentre la ragazza faceva la spesa, Alice girellò qua e là lungo il primo binario dove la gente sostava in attesa di un treno. E a un tratto si sentì toccare timidamente il vestito; guardò giù e vide una bimba forse di quattro anni che la guardava tirandola per la gonna perché la seguisse. Una piccola mendicante con il moccio, sporca e patetica.

Non c'era molta luce, sotto la tettoia, e Alice non si accorse subito che la bambina camminava adagio trascinando un piede enorme, elefantiaco, che strisciava dietro di lei come una cosa inerte, che quasi non le apparteneva ma che lei si portava appresso come se fosse un'appendice naturale, e addirittura dimenticata. Alice, che non aveva più saliva in bocca, la seguì fin dietro un angolo dove un altro bambino, forse un fratellino più grande, teneva davanti a sé una cassetta con delle cianfrusaglie: qualche stringa, qualche bottone, qualche forcina, anellini da infilare chissà dove. La piccola le fece cenno di comprare. Il ragazzino scrollò il capo e le disse qualcosa, forse rimproverandola perché quella signora non era certo una cliente per la sua merce, ma l'altra afferrò la mano di Alice con la sua, piccola, calda e appiccicosa, dandole un brivido di pietà e di repulsione. Con gesti precipitosi ritrasse la mano, prese dal borsellino delle rupie che Gabriele le aveva dato in attesa di cambiare dei soldi, gliele mise sul palmo e corse via. Non disse una parola, a Fiorenza, di quell'incontro.

Non si aspettava nemmeno di conoscere, quel primo pomeriggio, la fondatrice di Children's Help, l'organizzazione che da alcuni anni si occupava dei bambini in quella provincia dell'Andra Pradesh e che sosteneva la costruzione del villaggio di padre Thomas. Gloria Gallant era una bella donna all'incirca della sua età, alta e sorridente, con quella calma che somigliava alla tranquilla naturalezza di Fiorenza, più simile al distacco che alla pietà per i deboli. Le diede il benvenuto dicendo: «Suo figlio ci ha parlato spesso di lei, e finalmente ci conosciamo».

Forse Gabriele le ha parlato di me come di un possibile sponsor generoso, arguì Alice con la sua immancabile, realistica diffidenza. Aveva sentito parlare di questa intraprendente signora americana che viveva in Italia e da anni si dedicava ai bambini indiani abbandonati, e con un filo di malizia si domandava come mai i filantropi dovessero sempre andar tanto lontano per aiutare il prossimo. Gabriele, però, le aveva raccontato che Gloria non era una donna ricca, né sfaccendata, ma piena di risorse. Qualche anno prima, la perdita di un figlio per un incidente l'aveva quasi uccisa. Ed era andata a cercarsi altri figli, oltre ai due, già adulti, che le erano rimasti.

C'è sempre una perdita che ti fa il vuoto dentro, pensò Alice ricordando le parole di Gabriele, un po' sorpresa da quel viso calmo e distante. Le notizie che ebbe da lei, poche e concise informazioni, le sarebbero sembrate esagerate, quasi impossibili se l'autorevolezza misurata di quella donna non avesse dato loro credito. Gloria Gallant affermò che oltre seimila bambini al di sotto dei dieci anni, venivano impiegati dalle industrie di quella città nei lavori più umili e peggio pagati, mentre le autorità non si occupavano di far rispettare la legge che vietava il lavoro minorile. Altri bambini in età scolare venivano venduti per cento dollari l'anno a chi se ne serviva per la raccolta del cotone, lavoro durissimo che li stremava dall'alba al tramonto; altri ancora, ceduti come piccoli schiavi a famiglie benestanti, erano i più fortunati perché almeno mangiavano ogni giorno. Tutti, però, restavano irrimediabilmente analfabeti e senza altro destino che la miseria.

«E le bambine?» continuava Gloria presa da un'improvvisa, indignata emotività. «Nelle famiglie meno povere, in cui le donne incinte possono farsi fare un'ecografia, le femmine spesso non riescono nemmeno a nascere, perché vengono abortite in favore di un futuro figlio maschio, e nelle famiglie miserabili non sono mai nutrite con lo stesso cibo dei fratelli. Raramente vanno a scuola e il loro destino è un matrimonio precoce oppure... la strada. Molte, se sono almeno graziose, hanno la chance di essere vendute per gli harem a luci rosse degli sceicchi del Golfo. E questo è un bel guadagno per i figli maschi di quelle famiglie.»

Alice taceva con la sensazione angosciosa d'essere indottrinata su una realtà che non sembrava possibile, ma la sua interlocutrice continuava senza enfasi: «Nel villaggio di padre Thomas abbiamo già raccolto duecentocinquanta bambini di strada che non hanno nessuno, che vivevano cibandosi di elemosina e di spazzatura insieme ai cani randagi. Li abbiamo lavati, spidocchiati, curati, nutriti. E hanno anche una scuola che la notte serve da dormitorio per una cinquantina di loro, perché le due case-famiglia scoppiano. Ma ormai anche la scuola è diventata insufficiente».

«Mi sembra difficile cambiare una realtà come questa», obiettò Alice.

«Come vuotare il mare col famoso cucchiaio», interloquì Fiorenza che se n'era stata in disparte. «Ma una cucchiaiata per volta...» E rise alleggerendo d'improvviso la serietà stringente di quel confronto.

Perché di confronto si trattava, Gloria Gallant e Fiorenza lo sapevano, fra la perplessità incredula della nuova venuta e la determinazione della loro volontà.

«Si faccia accompagnare da suo figlio a visitare il cosiddetto riformatorio», suggerì Gloria mentre si congedavano, «e toccherà con mano come vivono dei bambini imprigionati là per la sola colpa di non avere nessuno.»

Quando uscirono, e il sole ancora cocente le dardeggiò di nuovo sulla nuca, Alice avvertì più forte lo spaesamento che le suggerivano le vie polverose di Vijayawada, un'ansia che confinava col senso di colpa. Fiorenza guidava la macchina scalcinata che serviva da collegamento con il villaggio e infilava le strade anonime, senza alcun punto di riferimento, come se ci abitasse da anni. Le sue mani grandi, energiche, giravano il volante rigido e cambiavano marcia a ogni ostacolo che impediva il transito: animali, carretti, gente che attraversava con sprezzo dei veicoli. Alice si voltava ogni tanto a guardare quel suo profilo nitido e duro: Fiorenza non aveva niente della grazia patetica di Tamara, che aveva incantato Gabriele con la sua fragilità.

La sua è una forza della natura, o dell'amore? Ma che specie di amore? Lei non conosceva e non capiva quella sorta di amore vasto e sereno che sembrava appartenere a Fiorenza, e anche a Gabriele. Come si amavano? Come si desideravano? Che cosa condividevano? Le era estraneo quel loro affidarsi l'uno all'altra senza i soprassalti della passione come due vecchi coniugi, o come amici.

Il villaggio di padre Thomas, a trenta chilometri di distanza verso la costa, era una piccola oasi. «Quando sono arrivato qui la prima volta non c'era niente, o quasi», raccontò Gabriele che era venuto loro incontro. «Molto più vicino al mare c'erano soltanto delle capanne di frasche di pescatori itineranti, che si fermavano qui per il passo dei pesci e poi se ne andavano seguendo le migrazioni dei branchi. Capanne come quelle erano l'unico ricovero per i bambini che venivano abbandonati, ma col monsone i tetti volavano via. Padre Thomas ha acquistato questo terreno con il denaro che gli ha dato Gloria e l'ha cintato per farci il villaggio. La prima costruzione è stata la scuola che papà aveva disegnato. E guarda ora, in poco più di un anno che cos'è stato fatto», e mostrava con orgoglio le due case-famiglia quasi finite che insieme alla scuola tenevano al riparo i bambini, il dispensario, la capanna con la cucina, l'orto, il pollaio e la stalla con le bufale che fornivano il latte.

«E chi le munge?» domandò Alice che guardava intrigata quei dorsi grigi, quelle gobbe irsute.

«Diamo lavoro a dei contadini che badano all'orto e alla stalla, ma anch'io all'occorrenza ho dato una mano.»

«Tu? E cos'altro fai qui?»

«Quello che occorre: il maestro di rincalzo, l'ortolano, l'imbianchino che intonaca i cessi, l'uomo di fatica, l'infermiere, il fisioterapista per i bambini disabili: li porto dal dottore, gli faccio fare ginnastica, e gioco con loro.»

«E come gli parli?»

«Un po' d'inglese e qualche parola di telugu: ci capiamo benissimo.»

«Ti alleni per quando avrai figli tuoi.»

Ma lui non rispose. Disse invece: «Dobbiamo costruire al più presto un'altra casa-famiglia e una casa a parte per i bambini handicappati, una cucina con una mensa per tutti, la lavanderia e un'altra scuola perché la prima non basta più».

E finalmente Alice li incontrò, proprio sulla soglia della scuola che Alfiero aveva disegnato, l'unico suo progetto disinteressato: una costruzione a piano terra, col tetto piatto a terrazza, intonacata di bianco. Bambini fortunati, quelli, bambini che avevano dimenticato i loro stracci per indossare calzoncini, magliette e sandali colorati, bimbe coi nastrini in fondo alle trecce, occhi grandi, curiosi ma un po' diffidenti verso la nuova venuta. Alcuni di loro avevano già veduto Fiorenza un anno prima, ma l'altra, l'altra chi era? Sarebbe forse diventata una *mummy* per qualcuno di loro?

Fiorenza pescò nella borsa dei dolcetti da distribuire e Alice, che si era riempite le tasche di caramelle, le cercò per offrirle, ma se le vide strappare da quelle manine scure e furtive, leste come chi sa che un piccolo tesoro si deve rapire al volo. Acchiappavano, ridevano e fuggivano, la guardavano e poi voltavano le spalle ritornando nei gruppetti che sembravano offrire la sicurezza di essere insieme agli altri. Alice si vuotava le tasche di caramelle e lecca-lecca ma non cercava di toccarli, i bambini, né di carezzarli, forse per non imporsi o perché erano i loro occhi a trattenerla, occhi scuri e interroganti quasi a chiederle: «ma tu chi sei?», o forse erano le loro mani che, guardinghe, le tiravano il vestito come a saggiare la sua risposta. Fiorenza ne aveva tanti intorno, invece, le sfregavano la testa sulle ginocchia, certo l'avevano riconosciuta.

«Domani già sapranno chi sei», le disse accorgendosi del suo imbarazzo, «la mamma di daddy Bele.»

«Daddy Bele? Lo chiamano così Gabriele?» E poi ammise: «Tu sei più capace di accoglierli, e loro lo sentono».

* * *

Ciò che Alice visse nei giorni che seguirono non si trasformò nelle immagini di viaggio che si incollano in un album e si sfogliano poi per ritrovare bei ricordi. Non si può chiudere in un album un accavallarsi di pietà e rifiuto, rabbia e disperazione, impotenza e delusione, perché non c'era senso in quella miseria, nessun senso che volontà umana o divina potesse tollerare, non c'era un alito di sollievo, non c'era una razionale speranza di cambiare qualcosa, perché chi viveva quella realtà non vedeva altro e non si aspettava alcun mutamento.

«È difficile», disse Fiorenza commentando il suo silenzio, «perché questa gente vive così... come se fosse un destino. È difficile entrare nella loro realtà, modificarla nel modo giusto.»

«E quale sarebbe il modo giusto?» domandò Alice, che si sentiva impotente e incapace di capire.

«Aiutarli, ma senza sopraffarli.»

«Mi sembra un'utopia», e aggiunse, «sono milioni, milioni in un paese enorme, che cresce continuamente.»

«Forse», ammise Fiorenza, «ma è l'unica via. Oggi andiamo al riformatorio», programmò poi tornando alla sua funzione di guida. E scarrozzò Alice fin oltre la periferia urbana dove, in un casermone squallido, vivevano un'ottantina di bambini e ragazzi, grandi e piccoli, sani e malati che non avevano commesso nessun reato ma non avevano nessuno. E non potevano uscire, erano come in carcere. Lo stato dava loro due pasti al giorno, ma niente di più. Le facce dei più grandi erano già indurite, con occhi feroci, come quelle di certi uomini che Alice aveva notato incrociandoli per strada, bambini senza infanzia, ragazzi che già avevano coagulato tutte le loro forze nell'istinto di sopravvivenza, che vuole la sopraffazione del più debole.

«Abbiamo distribuito latte, frutta, dolci e magliette nuove», riferì poi Alice a suo figlio, «ma non sono stata capace di tirar fuori un sorriso. Certi ragazzi mi facevano paura, avevano uno sguardo agghiacciante. E io mi sentivo un verme.»

«Pensa che non hanno un cortile in cui giocare e sfogarsi, prendere aria, magari litigare senza odiarsi. Non hanno altro che noia, segregazione e due pasti, miseri, al giorno. Se riusciremo a convincere il direttore manderemo là un insegnante due volte la settimana.»

«Ma a cosa servirà?»

«Almeno i ragazzi avranno due appuntamenti settimanali con il mondo di fuori.» Quindi Gabriele concluse: «Domani è domenica; se vuoi, dopo la messa puoi venire con noi al ghetto».

«Il ghetto?» disse Alice, quasi risputando quella parola malaugurante.

«Sì, chiamalo così, o *slum* o *favela*, come dicono in Brasile, si tratta sempre di un ammasso di case miserabili, di frasche, assiti o lamiere, senza acqua né fogne, con la gente stipata in niente spazio, soprattutto donne, vecchi e bambini malnutriti.»

«E gli uomini?»

«Fuori a cercare il poco lavoro che trovano.»

Cose che si leggono ogni tanto nei giornali e si dimenticano, si diceva Alice, già afferrata dall'ansia di quella visita, *cose che si vedono alla tivù quando succede un terremoto o un'inondazione, e passano via. Ma qui, no. Qui niente si muove.*

In quel paese tutto stagnava immutato nel sole impietoso, nel caldo liquescente, nella polvere che asciugava i polmoni mentre percorrevano una strada sterrata fuori città fino a un agglomerato di capanne fatte con foglie di banano, plastica e cartoni pressati. Di fronte: una discarica. I bambini razzolavano fra i rifiuti cercando, che cosa? Che cosa potevano trovare in quell'immondizia anch'essa poverissima?

«Cercano delle vecchie pentole, cucchiai rotti, qualunque oggetto di metallo buttato via, pezzetti di ferro, di rete metallica arrugginita, tutto ciò che gli uomini possono di nuovo fondere per farne dei recipienti da vendere al mercato.»

Fiorenza aveva portato un bidone di latte e adesso spillava il liquido schiumoso dal rubinetto nei bicchieri di carta, offrendolo poi alle donne e ai bambini. «Prendi lo scatolone e distribuisci i biscotti», ordinò ad Alice. «Uno per ciascuno, altrimenti non bastano.»

Alice obbediva, distribuiva e sorrideva, quando riusciva a ricordarsene, ma evitava che la toccassero, sfuggiva quelle mani scure e sporche che chissà quanti germi avevano addosso, soffriva di non potersi tappare il naso per l'odore marcio di spazzatura e di fogna. Ma da dove veniva quel lezzo terribile, se Gabriele l'aveva avvertita che le fogne nemmeno esistevano? E che cosa ci faceva lei, lì, a distribuire biscotti in quell'inferno mentre voleva solo voltarsi e scappare?

Una donna uscì dalla capanna più vicina con un neonato in braccio, piccolo e nudo, con gli occhi chiusi: andò verso di lei che aveva esaurito la scorta dei biscotti e glielo tese, anzi glielo depose in mano. *No...* Alice chiuse gli occhi voltando il viso e tenne il bambino lontano da sé. *No, questo no, questo bambino quasi morto no, non lo voglio...* E tutt'a un tratto, sull'onda di quel rifiuto viscerale, il mondo intorno si avvitò su di lei come se fosse caduta al centro di un imbuto vorticoso, un imbuto di nausea e di dolore.

«È il sole, ha preso troppo sole!» esclamò Gabriele che la sostenne al volo. «Portiamola in macchina, in albergo!»

Fiorenza terminò la distribuzione del latte e li raggiunse più tardi in camera, dove Gabriele aveva fatto coricare Alice con una pezza gelata sulla fronte. Ormai lei riconosceva le avvisaglie di una crisi di emicrania, si sentiva sprofondare nel dolore, vomitò più volte in un catino, soffrendo e vergognandosi, supplicò sfinita suo figlio e Fiorenza di lasciarla sola, se la sarebbe cavata, sapeva qual era il decorso di una crisi e non c'era altro che coricarsi al buio in attesa del peggio. Da quasi quindici anni, da quando Perrin l'aveva curata, non aveva più subìto un attacco così feroce. Ricordava bene la qualità del dolore, la sua intensità crescente, e sapeva che nessun farmaco era in grado di alleviarlo. Era una spirale irriducibile, un torchio che le stringeva le tempie come se la scatola cranica fosse troppo stretta per contenere il cervello. Si lasciò sprofondare dentro il male come in una palude, sapeva che sarebbe durato almeno ventiquattr'ore.

Ma durò anche più a lungo. Giaceva nel letto dalla rete di corde e aveva freddo nonostante il caldo soffocante. Immagini strane, che non appartenevano né alla realtà né al sogno, le sfilavano davanti come se passassero nella stanza. Sapeva, in un angolo della sua mente, che erano create dal suo cervello, eppure erano più vere e penetranti della realtà. Alfiero e ancora Alfiero la inseguiva e la soverchiava: *Non sono morto... non morirò mai*, le soffiava nella mente, e Jean François la guardava muto facendo cenni di diniego e mostrando una delusione amara: *È colpa tua, Alice, colpa tua.* Ma quale colpa? Quale?

Tu hai gridato contro Dio, tu hai detto che non ha pietà! Chi l'accusava? Padre Thomas dall'altare? Sì, era lui, era lui. *Ma padre, perché dovevo invocare 'Signore, pietà'? Di che cosa chiedergli pietà se è lui che ci ha fatti così, fragili e cattivi, attaccati solo ai soldi e alla vita?*

A tratti le sembrava di riemergere da quelle allucinazioni, avvertendo le mani che le rinnovavano la pezza fredda sulla fronte, poi risprofondava nel caos di un mondo nebuloso che non aveva altra realtà se non il dolore. E allora apriva gli occhi e balbettava: «Portami via, portami via, voglio andare a casa».

«Sì, sì. Calmati. Appena starai meglio.» La voce di Gabriele, spaventato perché non aveva mai visto sua madre soffrire una crisi così lunga e dolorosa, veniva da fuori del suo cervello, ma era tanto, tanto lontana.

Poi, come un'onda d'urto passa lasciando che le acque dietro di sé si plachino, il dolore lancinante scemò, si diluì in lunghe pause di sollievo, si quietò finalmente nel sonno senza sogni.

Alice percepì il fresco lieve dell'aria sulla fronte, aprì gli occhi e vide, oltre la finestra, un barlume di luce. Aveva sete ma era troppo debole per alzarsi e cercare l'acqua. Girandosi su un fianco vide qualcuno nel letto accanto al suo, ma non era Fiorenza. Si levò su un gomito aspettandosi che la stanza le girasse intorno, ma il suo sguardo si posò, stabile e limpido, sul viso di suo figlio. Era rimasto a vegliarla e si era addormentato.

Come assomiglia ad Alfiero... Se non fosse stato per il velo scuro della barba, più folta di quella paterna, Gabriele sarebbe stato il clone di Alfiero a trent'anni. Come lei, solo lei, lo ricordava. Le venne un empito di emozione e pensò: *È proprio vero che i padri rivivono nei figli, ma forse solo nella carne. Gabriele ha un'anima diversa. Anche diversa da me.*

Vide che si muoveva, forse era stato il suo sguardo a svegliarlo, a volte si sente uno sguardo anche dormendo, forse anche da morti. Alfiero aveva sentito con che pietà lei l'aveva guardato nella camera ardente mentre gli altri gli passavano davanti senza vederlo?

«Mamma, sei sveglia? Stai meglio?»

«Sì, da un po'. Mi dai un bicchier d'acqua?»

Lui balzò giù dal letto come se si sentisse in colpa per essersi assopito, versò dell'acqua dal thermos che l'aveva mantenuta fresca e mentre sua madre beveva la guardò e sorrise: «Sì, stai meglio. È passata del tutto, vero?»

«Del tutto. Ma tu hai dormito almeno un po'?»

«Sì, non volevo lasciarti sola di notte. E Fiorenza ti ha assistito ieri.»

«Ma che giorno è?»

«Martedì. Ti è durata quasi quarantott'ore.»

«Già...» E chiuse gli occhi. Si sentiva leggera ma esausta. Improvvisamente suo figlio le vide un barlume di sorriso sulle labbra. «Sai, poco fa ti guardavo dormire. Non so da quanto tempo non mi succedeva, perché sei sempre via. E mi pareva di vedere tuo padre tanto gli somigli. Ma tuo padre giovane, come tu non puoi ricordarlo.»

«E com'era?»

«Come te, bellissimo.»

«Io non so se sono bello, forse papà lo era. Ma tu lo vedi anche nel ricordo dell'uomo che hai amato.»

«Io l'ho amato? Non ne sono sicura, ma dopo la sua morte me lo rammento sempre com'era da giovane.»

«Sì che l'hai amato. Io lo so. Tu l'hai amato e cercavi di non ammettere neanche con te stessa la fatica di amarlo. Un po' come ho fatto io con Tamara, finché ho resistito. Ma non era la via giusta, mamma: tu ti aspettavi che papà cambiasse, io che Tamara non bevesse più, ma loro non volevano, e perciò tutti i nostri sforzi erano destinati al fallimento. Solo adesso ho capito che la via giusta è dare amore senza dire agli altri che cosa devono fare o no. Altrimenti è una pretesa. Come se sfamando i bambini del villaggio o distribuendo latte a quelli degli *slum* dovessimo anche imporre a quella gente di vedere il mondo come lo vediamo noi, di vivere come viviamo noi. Sì, possiamo indicare qualche miglioramento con la nostra presenza, il nostro lavoro, ma senza imporre niente. Ognuno trasforma la vita a partire da se stesso.»

«E anche Fiorenza la pensa così?» domandò Alice, colpita da tutte quelle parole, un discorso lunghissimo per quel suo figlio che più spesso taceva.

«Sì, certo... ma lei è diversa, ha maggiori aspettative.»

«Anche su di te?»

«Che cosa intendi dire?»

«Non ci hai mai pensato? Fiorenza mi sembra una donna fatta per il matrimonio.»

Gabriele ebbe un'esitazione: «Ma io, forse, non altrettanto».

«A me Fiorenza piace, anche se è tanto diversa da me», dichiarò Alice, «e io credo che la sua vitalità ti equilibrerebbe.»

Suo figlio sorrise e appoggiò la fronte su una mano, come se si confessasse. «Io mi domando sempre come faccia Fiorenza a essere così sicura, così dentro a quello che fa. È una cosa che mi turba.»

«Ma voi due», chiese Alice animosa, «voi due fate l'amore o vivete casti a trent'anni?»

«Ma, sì, certamente: però fare l'amore con una donna non significa capire chi è! Insomma, capire una donna è difficile, anche solo intuirla!»

«E che c'entra col sesso? Il sesso è natura, istinto, non si fa con il cervello: devo essere io, una donna e tua madre, a spiegartelo?»

Imbarazzato, lui cercava di sottrarsi a quell'argomento, ma Alice sapeva che poi sarebbero stati lontani per mesi, e Fiorenza vicina, e si chiedeva: quella ragazza forte e decisa era abbastanza sensibile per il suo Gabriele, così difficile ad aprirsi? A un certo momento, come se fosse conseguenza delle sue parole, lui ammise: «Una donna, sai, resta sempre un mistero».

«Anche Fiorenza? Anch'io, tua madre, resto per te un mistero?» ribatté Alice.

Lui sbottò in una mezza risata: «Tu, poi!» e prima che Alice replicasse raccontò: «Ricordo che una sera, avevo circa otto anni, mi capitò di entrare nella tua camera mentre ti vestivi per andare alla Scala. Stavi infilando un paio di calze con un bordo di pizzo nero e ti sei seccata perché ero entrato senza bussare. Mi hai cacciato via: 'Esci subito!', ma io non riuscivo a muovermi, non riuscivo proprio e non sapevo perché. Ero molto turbato. Sei stata tu, tu la prima a farmi scoprire il mistero che esiste in una donna».

«Il sesso.»

«No, non solo il sesso. Voi donne avete dei sensi misteriosi; la maggior parte degli uomini li ignora perché ne ha paura.»

«E Tamara? E Fiorenza? E altre? Anche loro sono rimaste un mistero?»

«Quando le ho conosciute ormai il mistero femminile l'avevo accettato, però rimane tale.»

«Che strano», rifletté Alice a mezza voce, «riesci ad accettare Dio, ma ti turba il mistero di una donna.»

«E tu allora? Che non riesci ad accettare di aver amato tuo marito anche adesso che è morto?»

Alice si sdraiò di nuovo. «Forse lo amavo e forse no, forse erano vere tutte e due le cose. Forse il mio, come il tuo per Fiorenza, era un sentimento non riconosciuto, sommerso. Forse non c'è mai un solo modo di stare al mondo.»

Nel pomeriggio, dopo che ebbe preso per la seconda volta una tazza di tè, Gabriele la informò che aveva prenotato gli aerei per il suo ritorno. «Sunil ti riaccompagnerà a Hydebarad, sarai più sicura con lui che con me.» Si accorse che

Alice era imbarazzata per non sapersi opporre a quella sua decisione e la rassicurò: «È giusto così: la tua non era solo una crisi di emicrania dovuta al troppo sole: era una crisi di rifiuto. Non sei ancora pronta per quello che si affronta qui».

«Forse non lo sarò mai.»

Il giorno dopo andò con Sunil al mercato e spese tutte le rupie che le restavano comprando caschi di banane, cesti di frutta, tre sacchi di riso e tutte le scatole che trovò di biscotti. Tornò al villaggio per salutare padre Thomas mentre l'autista portava i viveri alla dispensa.

«Mi faccia un preventivo a spanne di quanto denaro occorre per costruire la cucina, la lavanderia e un'infermeria completa per la dottoressa che aspettate fra due mesi», disse al sacerdote.

«Oh, le cifre le ho già in mente, ma sono pesanti.»

«Forse», e Alice lo sfidò sorridendo, «sono più pesanti i peccati che dovrei farmi perdonare. Speriamo che basti.»

Ma padre Thomas alzò le sopracciglia e le sorrise. «Guardi che Dio non ha una contabilità come la nostra.»

«Bene, prima che parta mi dica la cifra che ha in mente e la banca a cui mandare il bonifico», e con l'ironia che sempre la difendeva dal sentimento, si sentiva un po' come un Rotschild che fa del bene a buon mercato.

«Anche suo figlio ne sarà felice», soggiunse il sacerdote.

«Ah, mio figlio vi regala del denaro che non si vede e non si conta, ma sorpassa di gran lunga quello che io posso darvi. Io, come vede, me ne vado.»

«Non è la prima. Ma poi qui si ritorna.»

No, non io. Non credo. Perché davvero non vedeva l'ora di strapparsi dalla pelle tutto quel calore, quella polvere, quella disperazione, quella miseria, ma temeva che, purtroppo, tutto avrebbe continuato a esistere nella sua memoria profonda, nonostante la lontananza e la sua volontà di dimenticare.

Prima di partire passò a salutare Gloria Gallant, che non si stupì della sua precipitosa ritirata, anzi le confidò con solidarietà sincera: «Sapesse com'è stato difficile anche per me, le prime volte. Un rifiuto che mi sgomentava. Ah, ma lei può aiutarci anche da lontano», e prese dal cassetto una cartellina.

«Qui ci sono i dati e le fotografie di una dozzina di bambine sotto i dieci anni o giù di lì, a volte non è facile stabilire la loro età: dobbiamo trovare loro degli sponsor altrimenti sono destinate... lei immagina dove. Bastano trecento euro l'anno per ognuna, e avranno vitto, vestiti e scuola.»

«Sono abbandonate anche queste?» domandò Alice prendendo le schede con delle misere polaroid di bimbe che la spaventavano con i loro occhi colmi di aspettative. «Vorrei cominciare da me, ma è difficile scegliere.»

«Non ci pensi, adesso. Vivono in famiglie poverissime, nel villaggio di pescatori o negli *slum*, alcune negli orfanatrofi, e queste, quando sarà possibile, le accoglieremo nel villaggio.»

«Troverò il modo», la rassicurò Alice, e intanto calcolava rapida: *Tremilaseicento euro l'anno per tutte e dodici: è quello che una Daria Fusi o gente come lei spende per una vacanza.*

Cinque giorni era durata la sua avventura indiana, e mentre riattraversava la vasta campagna dell'Andra Pradesh, cresceva in lei la smania ma non il sollievo d'andarsene.

All'aeroporto di Hydebarad, dopo aver consegnato il bagaglio, aspettò il volo fermandosi a guardare i piccoli negozi. Non aveva acquistato niente che le ricordasse l'India, quei colori di natura, quello sfolgorìo delle albe che nei momenti migliori l'avevano colpita. Comprò tre sciarpe di seta trasparente, verde, viola e turchese, colori puri come pietre preziose, con ricami di piccole perle dorate. Una per Mimì, una per Isabel, e quella viola per sé.

Quando l'India scomparve in basso con il decollo dell'aereo, prese un sedativo per allontanarsi anche da se stessa.

17

INDOSSAVA un abito lungo di velluto nero, senza maniche, ma le spalle erano avvolte dalla sciarpa di seta indiana, di un viola ravvivato dai fitti ricami di perline dorate. Un abito inconsueto, forse un po' sopra le righe per il suo stile, che le scivolava sul corpo senza segnarne le forme, rendendolo tuttavia più presente. Il brillìo inquieto delle perle e dell'oro si rifletteva sul suo viso.

«Sei dimagrita, un po' pallida.»

«Non ho quasi mangiato per una settimana.»

«E questa sciarpa? Con quel pallore... ti dona.»

«L'ho comprata all'aeroporto di Hydebarad. Volevo portare almeno un bel ricordo dall'India. Uno, almeno.» E sospirò, dandosi per vinta: «Ho sbagliato tutto, capisci? Non ho capito niente né di me stessa né degli altri. E adesso mi sento come se fossi soffocata da un mazzo di spine, di contraddizioni».

Bertrand taceva osservandola. Si era acceso un sigaro sottile dal quale si levava qualche anello pigro e profumato. Se ne concedeva uno al giorno, era come un viatico alla concentrazione.

«Mi sono lasciata convincere da mio figlio a fare quel

viaggio», continuava lei, «ed è stato un errore, anzi uno sconvolgimento. Ma perché l'ho fatto? Forse mi sentivo in colpa nei suoi confronti per aver sempre ignorato la sua manìa di dedicarsi agli altri. Il suo mi sembrava uno di quegli entusiasmi infantili che poi si superano con l'età della ragione, e invece no, forse è proprio una vocazione. Che io posso capire, ma non accettare fino in fondo. Mi domando: che scelta ha fatto? Di vivere alla giornata, senza sicurezze, senza avvenire... O magari ho fatto quel viaggio perché volevo vedere, controllare dove sarebbero andati a finire i soldi che già avevo deciso di dargli. In ogni caso», e le sfuggì dell'ironia verso se stessa, «le mie motivazioni non erano né nobili né generose, e l'esperienza è stata un incubo.»

«Quali siano state le motivazioni o le intenzioni», osservò Bertrand, «credo che per tuo figlio l'importante sia averti come sponsor dei progetti che gli stanno a cuore.»

«Mi ha sempre avuto dalla sua parte!» ribatté lei con veemenza, «anche negli anni in cui stava con Tamara ed era convinto di poterla salvare dall'alcol. Ho persuaso io Alfiero a comprare un appartamentino per loro due. Ma questa volta, no, l'ho proprio deluso.»

Sedevano nella veranda della casa di Bertrand a godere il sole di dicembre che la scaldava come una serra. Intorno, una cornice di piante verdi le dava un'aria da giardino d'inverno.

«Io credo invece che tuo figlio abbia capito la tua reazione di rifiuto, ma che tu non possa sopportarla. È contraria a una falsa immagine che hai di te stessa.»

«Falsa immagine? Io non ho false immagini di me stessa. Io ti dico schiettamente che tutta quella miseria mi ripugnava. Quelle baracche cadenti, quelle donne con in braccio bambini denutriti, quella fame, quella polvere, quel caldo, quella puzza, quel sopravvivere senza ragione e senza speranza... Mi vergognavo di provare più repulsione che pena, ma non potevo evitarlo, mi facevano schifo quelle loro mani scure e quei loro stracci, mi domandavo dove fosse Dio e vedevo mio figlio e gli altri che tentavano di fare le sue veci, di sopperire alla sua divina assenza... io, invece, io non riuscivo nemmeno a toccarla quella gente, e quando una donna del ghetto mi ha messo tra le braccia un neonato così piccolo e denutrito che sembrava una gallina spennata, ho dovuto chiudere gli occhi e fare uno sforzo per non cadere, perché mi faceva orrore.»

«Non tormentarti, non siamo padroni di certe reazioni.»

«Tu credi? Io non mi aspettavo quella miseria disumana. Si ha un bel vedere i documentari o leggere i reportage dei giornalisti: sono solo immagini e parole. Non ti fanno sentire sulla pelle né gli afrori, né l'umido appiccicoso, né le mani che ti toccano, né quel sole maledetto che ti cuoce il cervello, e nemmeno quegli occhi di bambini che non chiedono niente ma ti fanno vergognare di quello che hai, e persino dei tuoi pensieri.»

Bertrand continuava a tacere; il suo era il silenzio dell'ascolto che dà spazio alle parole dell'altro in un'apertura libera e infinita, ma in quello spazio Alice si perdeva disorientata.

«... e poi vedevo Fiorenza che distribuiva il latte delle bufale al mattino presto, quando c'è un alito di aria fresca, e subito dopo apriva l'infermeria, dove una coda di gente venuta da fuori aspettava, aspettava, non sapeva far altro che aspettare... Io la invidiavo, quella ragazza, perché in tre giorni aveva già imparato qualche parola di telugu, la loro lingua locale, metteva insieme qualche frase, e allora vedevi quelle facce che si aprivano come se fossero rinfrescate da una nuvola di pioggia...»

«Come hai detto?»

«Sìì... sorridevano, come se quel caldo d'inferno e quell'apatia svanissero al suono delle poche parole che lei diceva facendosi capire anche coi gesti.»

«Hai fotografato tutto nella memoria.»

«L'unica cosa che sono stata capace di fare è chiedere a padre Thomas di che cos'avevano più bisogno. Perché io ero inutile, io non servivo: lo sapevo, lo sentivo. Sarò utile solo domani, quando farò un bonifico bancario che però non mi metterà in pace la coscienza.»

D'improvviso Bertrand si chinò verso di lei, le prese una mano e gliela baciò teneramente. Alice ne fu sorpresa ma rimase zitta, a occhi chiusi.

La casa era circondata da un giardino che la distanziava dalla strada e la difendeva dai pochi rumori del traffico, in una zona residenziale dove le ville sembravano sonnecchiare sotto gli alberi. Ai limiti della cintura verde, la città densa, cosmopolita, segnava il passo in favore della Svizzera più antica, fresca e silenziosa, patrimonio dei ricchi.

«Non capisco che cosa mi stia succedendo, ora che Alfiero non c'è più», continuava Alice fissando, oltre i vetri della veranda, la luce che declinava, «davvero non capisco...» E si girò a guardare Bertrand, come se lui potesse aiutarla a decifrare quell'enigma: «Io fatico a ricordare Alfiero morto, devo proprio andarlo a cercare nella memoria tornando in quella camera ardente parata a lutto, con la bara sul catafalco... e poi subito svanisce. È come se, morto, non appartenesse a me, ma a Maruska. E invece mi torna sempre davanti quando era giovane, a trent'anni, a quaranta, perché Alfiero era onestamente un gran bell'uomo, era... insomma, sento l'impulso mai provato prima di parlare della sua bellezza». S'incantò, come se davvero le stesse davanti agli occhi: «Era ben proporzionato, non altissimo, il suo era un corpo che irradiava una sensualità naturale, piacevolissima... le gambe lunghe, le spalle un po' spioventi, tanto che doveva farsi imbottire un po' le giacche, e allora non portava ancora la barba, i capelli erano lisci, lucidi, sempre tagliati dal miglior parrucchiere di Milano. Ed era elegante, anche quando era squattrinato, superbamente elegante».

«Lo amavi», constatò Bertrand con un sorriso indulgente.

«Mi piaceva. Ma amarlo... no, credo di no.»

«Forse ti sembrava troppo pericoloso ammetterlo», suggerì lui, e aggiunse, «sarebbe meglio lo ammettessi almeno ora.»

«Se anche lo facessi, che cosa cambierebbe?»

«Beh, ti vedresti com'eri, con le tue paure e le tue difese. E come sei adesso: non molto diversa dalla ragazza di allora.»

Lei alzò le sopracciglia, un po' stupita. «Non sapevo che un famoso avvocato, esperto in finanza, fosse anche uno strizzacervelli.»

«Ma un buon avvocato», ribatté lui, «dev'essere anche psicologo, altrimenti come può indagare i suoi avversari e i suoi clienti?»

«Anche i suoi clienti?»

«Soprattutto: deve capire che cosa vogliono davvero, che cosa si aspettano da lui al di là delle previsioni obiettive.»

«Vediamo, allora», domandò Alice quasi per metterlo alla prova, «io che cosa mi aspetto da tutto quello che mi è piombato addosso?»

Seriamente, Bertrand rispose: «Devi scoprirlo da te. Non serve dirtelo».

Lei si allungò più comoda nella poltrona e sogghignò appena. «Anche tu come Gabriele. Si vede che non sono ancora pronta a scoprire le verità della mia vita. Sempre che servano a qualcosa.»

«Servono a capire che cos'hai in sospeso.»

«Tutto ho in sospeso!» esclamò Alice drizzandosi improvvisamente emozionata. «Tutto. E chi potrebbe rispondermi? Mio padre, Jean-François e soprattutto Alfiero, gli uomini della mia vita, non ci sono più: sono terra, cenere, parole passate, ma nessuna parola presente e futura.»

«Non c'è magari un altro uomo?» domandò Bertrand, sorprendendola.

«Ah, sì: Newland, il quasi americano. Ma sai come dice il poeta: 'Non so dove i gabbiani abbiano il nido, dove trovino casa...' Lui è così: vola e arrivederci.»

«E questo per te è un problema?»

«Ma no! Però in realtà non so chi sia.»

Allora Bertrand la fissò intensamente. «Ma quando mai, tu, sai chi ti sta davanti? Quando mai fai una domanda al di là dell'immagine che vedi? Chi ascolti? I tuoi figli, forse. Ma a quale uomo hai mai chiesto di raccontare se stesso?»

Lei ammutolì e Bertrand Liebmann non sembrò aspettarsi alcuna risposta, perché già sapeva. Quelle domande erano fatte per colpire, penetrare, e restare dentro.

«Com'è silenziosa, questa casa», mormorò Alice dopo una pausa lunga, di tutt'e due, «c'è una quiete così profonda che quasi spaventa...»

«Oh, no... basta non temere la solitudine. Specialmente in certi pomeriggi di domenica, magari piovosi o con un po' di bruma, il mondo scompare. Dalla finestra si vede qualche uccello che sfreccia fino ai rami degli alberi vicini, o qualche foglia che cade. E c'è solo la pendola come battito del presente.»

«Ci stai bene, tu, in questa casa.»

«Mi ci sono abituato», rispose lui, «e qualche volta riesco a goderne il meglio.»

Alice si frenò dal domandare: «E il peggio qual è?» perché Bertrand, talora, sapeva tenerla lontana da sé.

Dopo la cena non le domandò se preferiva restare ospite in casa sua, non le chiese di terminare con lui quella sera per la quale, forse, lei aveva indossato un abito diverso che rendeva più inquietante la sua presenza. La riaccompagnò invece all'albergo e prima di baciarle la mano disse: «A domani. Ma se non dormi, puoi chiamarmi al telefono. Io sono un gufo che ama la notte».

Era vero: quando mai Alice aveva rivolto domande intime, profonde, domande di verità, agli uomini della sua vita? A suo padre, al severo, taciturno Carlo Aloisi aveva mai chiesto: «Dimmi perché sei tanto infelice. Lo sento a pelle, capisco che c'entra Mimì e c'entro anch'io, sento che ti consuma la vita, ma tu non dici niente, niente!» Aveva scoperto dopo, dalle parole scriteriate di sua madre, quel lontano, cocente dubbio che lei non fosse sua figlia, e poi il rimorso di non averla subito amata. A Jean-François non aveva mai domandato: «Siamo in due, io e la norvegese, nella tua vita? O ce ne sono altre?» No: aveva preferito trovare una risposta nell'atavica poligamia maschile. Ma era una vera risposta? E neanche per l'amante di suo marito aveva provato curiosità. Mai avrebbe domandato ad Alfiero: «Chi è la donna che ti dà l'illusione di essere nuovamente giovane e felice?» E a suo figlio: «Che cosa ti aspetti da Fiorenza? Che cosa rappresenta, nella tua vita, quella ragazzotta rustica, un po' incolta, che ti ha fatto innamorare?» E infine a Newland: «Chi ti chiama negli Stati Uniti? La chimera di un nuovo incontro, o magari la tua ex moglie?»

I suoi uomini avevano orbitato intorno a lei senza che un suo sguardo leggesse nella loro interiorità profonda, e tutte le domande che Alice ora si rivolgeva con una tristezza lucida e senza speranza avevano un solo significato: *Ho badato solo a me stessa*. Questa era la realtà mai riconosciuta del suo innato egoismo, e Bertrand l'aveva rivelata nello specchio di poche parole: «Chi ascolti? A quale uomo hai mai chiesto di raccontare se stesso?» Domande radicali che non si potevano eludere, domande che la turbavano; eppure Alice non gliene voleva, perché Bertrand non usava la verità per ferire.

Il giorno seguente fece un bonifico molto consistente a favore di padre Thomas, appoggiandolo alla banca indiana dove confluivano le offerte per il sostegno del villaggio. Ormai si fidava della Children's Help, quella catena di volontari che, come suo figlio, davano tempo, denaro e cuore a quel villaggio appena iniziato che per continuare a esistere aspettava i soldi di chi li tiene stretti in pugno. Avrebbe fatto anche lei la sua parte di benefattrice, per Gabriele, ma in cuor suo tutto il loro agitarsi le sembrava paragonabile alla pretesa di vuotare il mare con un cucchiaio. Come diceva Fiorenza, che invece aveva fede nell'impossibile. Suo figlio certo si sarebbe meravigliato per l'ammontare del bonifico, sapeva che tutto il denaro lasciato da Alfiero era amministrato da lei, ma nessuno, all'infuori di Alice, ne conosceva la cifra.

«Non mi va di tornare subito a Milano», disse a Bertrand quando, uscita dalla banca, l'ebbe raggiunto nel suo studio, «ho voglia di camminare e pensare. Ma non preoccuparti per me, non intendo distrarti dai tuoi impegni.»

«Nel pomeriggio sono libero da appuntamenti, e mi piacerebbe mostrarti il mio giardino», le propose lui.

Alice passeggiò lungo il boulevard che costeggiava il lago, poi s'inoltrò in una via elegante di negozi, si riposò in una tea-room, ed era sorpresa perché non pensava a niente, viveva soltanto, e nemmeno lo scrigno di ricordi che legavano Ginevra a Jean-François si schiudeva in qualche occasionale barlume. Ma no, in quella nordica giornata d'inverno lei si limitava a camminare senza passato e senza futuro come se il presente fosse una parentesi. Forse una parentesi di inconsapevole attesa del prossimo incontro con Bertrand.

Magari faremo una partita a scacchi, pensò e non si aspettava di scoprire che l'avvocato Liebmann aveva una seconda passione, oltre gli scacchi: le piante, fossero comuni o rare, che trovavano la collocazione più accurata sia all'aperto che nella serra, seguite quotidianamente da un giardiniere e supervisionate da lui stesso.

Il giardino non era visibile dall'ingresso della casa, si estendeva dietro e non era vasto, ma godeva di un breve corso d'acqua derivato da un canale immissario del lago, niente più di un ruscello, che però aveva il fondo di pietre bianche, scintillanti e fitte come un pavimento, sulle quali l'acqua scorreva limpidissima in lieve pendenza prima di tuffarsi, con un salto, in una vasca naturale verde e profonda.

«Ho visto un ruscello come questo in un tempio di Kyoto», spiegò lui. «Sai come viene chiamata dai giardinieri giapponesi questa cascatella d'acqua liscia e silenziosa? Si chiama: 'a sciarpa di seta'.»

«E quella specie di lanterna che cos'è?» domandò Alice.

«È esattamente una lanterna di pietra. L'ho fatta venire dal Giappone. Si è ambientata bene anche in questo giardino occidentale che non ha nessuna pretesa di essere esotico.»

«Ma è solo decorativa, non fa luce.»

«Sì, invece. Basta porre nell'interno un lume con della resina, oppure con olio di citronella che bruciando tiene lontani gli insetti e profuma l'aria.»

Camminarono lentamente per i vialetti, quindi passarono nella serra. «Vedi? Il mio giardiniere ha una passione per queste piccole orchidee dai petali tigrati. Io lo lascio fare, ma a me sembrano fiori ambigui, fiori mondani che non sanno parlare: si mostrano e basta. Non regalerei mai a un'amica un fiore come questo.»

Alice sorrideva senza rispondere e rivedeva Bertrand sulla spiaggia di Sharm, al mattino presto, mentre stuzzicava i granchi infilando uno stecco nei buchi della sabbia umida. Si domandò come mai quell'uomo, così formale ed elegante nel suo ambiente, in vacanza fosse tanto mal combinato con indosso delle brache informi e un cappello mencio.

«Perché andavi a caccia di granchi e li facevi uscire dai nascondigli?» gli domandò a sorpresa.

Ma Bertrand non se ne stupì e rispose: «Perché mi piace andare alla scoperta di chi si nasconde».

Allora lei lo invitò: «Parlami di te, invece».

«Di me?» E quasi rise. «Vuoi che ti faccia la mia scheda personale?» Poi continuò, serio: «Nato per caso in Svizzera, mentre stava finendo la guerra: 1945, marzo, segno dei Pesci. Non ho ricordi d'infanzia, forse non ho avuto un'infanzia che resti come un nucleo di memorie. Ma ho avuto, in compenso, un chiaro destino di sopravvivenza. Mio padre, ebreo, è stato inghiottito dalle ultime retate dell'olocausto, mia madre, ariana e luterana, fece in tempo a rifugiarsi in Svizzera, in un paesino di montagna così piccolo che ancora adesso conta, in inverno, un centinaio di abitanti. E lì mi ha messo al mondo. Poi mi hanno portato negli Stati Uniti, a Cleveland, dove vivevano due fratelli di mio padre, e là sono cresciuto. Ma non mi sono mai sentito né ebreo né americano».

«E tua madre?»

«Non me la ricordo: è morta pochi mesi dopo la mia nascita per una forma di depressione invincibile. In realtà non ha voluto sopravvivere alla sparizione di mio padre e io, il figlio, non le bastavo per vivere.»

Bertrand parlava con un tono impersonale, camminando e guardando davanti a sé. Alice lo fermò posandogli una mano sul braccio. «Sembra che tu stia parlando di qualcun altro», mormorò, «non di te stesso.»

«Sì, forse è così. Sono più di vent'anni che non parlo di me con qualcuno, quasi non ne sono più capace.»

«Ma guardami in faccia, Bertrand: sto ascoltandoti.»

«Stai ascoltandomi?»

«Sì, poco fa dicevi che non ti sentivi né ebreo né americano.»

«È così. Al college, per esempio, mi rifiutavo di partecipare a qualunque sport e quindi, puoi immaginare, mi autoemarginavo dai miei coetanei. Non avevo amici. Quando scoprirono che ero bravo con gli scacchi mi fecero diventare il loro campione, ma gli scacchi sono un gioco nel quale eccellono i russi, e quindi apparivo una volta ancora diverso.»

Alice sorrise. «Proprio non ti integravi!»

«Infatti. Ma nessuno intuiva che dietro il mio cervello ben funzionante c'era un gran deserto di sentimenti e una gran fame di qualcosa che non conoscevo. Forse... forse, Alice, fin da giovane sono andato alla ricerca di qualcosa d'introvabile.»

«Mi piacerebbe averti conosciuto allora», disse lei, pensierosa, «in certe cose dovevi somigliarmi.»

«Davvero? Ma credo che ti avrei deluso. Non ero certo brillante. Man mano che divenivo adulto sentivo crescere in me una specie di indistinta nostalgia, come di un bene mai conosciuto e comunque perduto. Mi sono laureato in legge, poi specializzato in diritto commerciale internazionale alla Columbia University, e poi... e poi l'Europa. Sarebbe lungo raccontare come sono approdato qui definitivamente, l'occasione è stata un'ulteriore specializzazione finanziaria, ma in realtà Ginevra mi è sembrata l'unico angolo d'Europa che in qualche modo mi riguardasse. Magari soltanto perché sono nato poco lontano di qui.»

«È stata solo quella vaga nostalgia a riportarti in Svizzera?» azzardò lei, così intrigata da non accorgersi che lo sollecitava scavando più a fondo in quell'uomo che si scopriva con reticenza, anzi con ritrosia.

«Oh, c'è stata anche una donna», ammise Liebmann, «una storia molto importante, ma solo per me.»

«Non sarà stata la sola...» ammiccò Alice.

«Le altre...» e lui fece un gesto indefinito, «le altre non ho avuto tempo di vederle, tantomeno di coltivarle. Sai, la professione, le sfide continue, quel surrogato di sicurezza e di appagamento che ti dà il successo, ti fanno crescere addosso una specie di corazza naturale», e sorrise, «come quella dei granchi. O forse ho avuto semplicemente paura della vita. Così, non ho altra radice che quell'indistinta nostalgia.»

Lasciata la serra, Alice si era seduta su una panchina del giardino. Cominciava a far freddo, ma non voleva mutare l'atmosfera di quel colloquio che, forse, era più facile lì all'aria aperta, dove le parole sembrano rapite e custodite altrove. Gli disse, alzando il viso verso di lui rimasto in piedi: «Mi sembra d'incontrarti per la prima volta, come quel mattino a Sharm».

«Quando sei andata a fare il bagno? Ti ho guardato scendere verso il mare con quel costume bianco e la cuffia. Le donne, adesso, non si mettono più la cuffia da bagno.»

«Ma io sono stata giovane in altri tempi, e adesso sono in quell'età balorda in cui la faccia non coincide più con quello che sei dentro.»

«Perché? Ti senti diversa dal tuo viso?»

«Sì, Bertrand. Ho ancora i capelli tutti scuri, niente pelle cascante sotto il mento e la taglia è la stessa dei miei trent'anni. Ma dentro, dentro non c'è che contraddizione: non sono vecchia e non sono giovane. Non capisco più quella che ero e chi sono diventata.»

«È un progresso», osservò lui, «una trasformazione in atto.»

Con improvvisa, disarmata sincerità, Alice gli confidò: «Un uomo come te mi attrae e mi spaventa».

Liebmann la scrutò, sorpreso: «Ti spaventa?»

Lei cercava le parole per esprimere quella contraddizione. «Mi attrae perché, con te, mi sento libera senza riserve, mi spaventa perché tu vedi anche quello che di me non conosco.» Poi scrollò il capo quasi desolata: «Ma tu chi sei? Me lo chiedo per la prima volta in questo momento. Forse... forse perché fra noi due non ci sono mai state tentazioni di letto, e io un uomo lo conosco, lo capisco solo quando faccio l'amore con lui».

«Dovresti sposarmi, Alice», dichiarò lui con una serietà scherzosa.

Lei reagì con un sussulto. «Ma tu... tu sei un amico!» E quella le sembrava un'obiezione logica, addirittura ovvia.

«Appunto», confermò lui con dolcezza. «Tu, da una vita, sei alla ricerca di un amico.»

Il «colloquio nel giardino», così Alice lo definì, prese posto nella loro memoria come un seme in una serra calda, nascosto e dormiente, mentre lei veniva ripresa dal vortice della vita altrui. Di Isabel, e del bambino che non si decideva a nascere. Nell'intimità più assoluta fra loro due, sua figlia si era finalmente tolta il peso dal cuore. Aveva parlato di Pablo, di Siviglia e dei suoi dubbi sulla paternità della nascitura che ormai chiamavano Prandina. I conti che la ginecologa, durante l'ultima visita, aveva fatto e rifatto a partire dall'ultimo mestruo davano superato, di pochi giorni, il periodo normale di gravidanza, ma Isabel era perseguitata da un tarlo: il ritardo non poteva essere la spia del momento in cui il bambino era stato concepito?

Dunque: l'ultimo mestruo è stato metà aprile. Due giorni dopo sono partita per Madrid e solo a fine settimana ho fat-

to l'amore con Raphael nello studio. Il bambino potrebbe esser stato concepito allora e quindi, secondo la ginecologa, sarebbe un po'in ritardo sulle previsioni perché, di regola, le primipare anticipano sulle date previste. Ma se fosse accaduto a Siviglia, cioè oltre dieci giorni dopo?

Una notte svegliò Alice infilandosi nel lettone e mettendosi a sedere accanto a lei con due cuscini dietro la schiena.

«Cosa c'è? Stai male?»

«No. Ma ho una fissa: e se il bambino fosse stato concepito a fine aprile, quella notte a Siviglia? Si spiegherebbe come mai ritarda, anzi, non tarderebbe affatto perché la previsione della sua nascita sarebbe per fine mese.»

«La tua ginecologa che cos'ha detto?»

«Ha fatto i soliti conti dall'ultimo mestruo. Ma come vedi non sono sicuri.»

Alice si rivoltò nel letto, riafferrata dal sonno. «Non c'è niente di sicuro. Il corpo non è una macchina, e poi le gravidanze vanno con le lune.»

«Come dice la nonna. Mimì è convinta che si può stabilire esattamente la data della nascita e del concepimento a partire dalla posizione della luna.»

«Ma per carità! Hai fatto l'amore con il lunario in mano?»

«Io mi ricordo perfettamente che quella notte, a Siviglia, era luna piena.»

«E allora fatti i tuoi conti e calcola a che data ti portano.»

«A fine mese. Mancherebbero ancora dieci giorni.»

Isabel era patetica, cercava tutte le vie per persuadersi che il padre non era Raphael. Ma era giusto assecondare quelle che ad Alice sembravano fantasie? Le stringeva il cuore pensare che non c'era un uomo vicino a lei a carezzarle il pancione, a condividere l'attesa. «Se ti consola pensare che sia Pablo il padre del bambino, pensa che al cinquanta per cento hai ragione. E comunque è un Ribeira, puoi anche decidere tu chi vuoi sia il padre.»

«Mamma!... Sei orribilmente cinica!»

Alice trasse la figlia sotto le coperte. «Non prendermi alla lettera. Cerca di capire: loro, gli uomini, ci mettono un secondo a fare un figlio e poi magari se lo dimenticano. Noi ce lo teniamo in corpo per nove mesi. La natura è così: dà solo a noi il privilegio dell'unica certezza. E magari l'aritmetica di Mimì è anche giusta.»

«Ma non mi toglie il tormentone!»

«Pazienza: hai una casa, una cuccia calda, tuo figlio nascerà quando Dio lo vorrà.»

«È la prima volta che ti sento parlare di Dio.»

«Già, ma lasciami dormire, altrimenti mi tormenta anche lui.»

Erano diversi giorni, infatti, che Alice conduceva un suo personale dibattito col Padreterno, Dio o comunque l'Essere che, a detta di tutti, è onnipotente. E anche adesso stava a occhi chiusi senza potersi riaddormentare, inseguita e tartassata da pensieri che, ragionando, non portavano da nessuna parte. Alice, infatti, non aveva difficoltà ad accettare le leggi di natura, compresa la morte come fine di tutto, ma l'idea di Dio era troppo difficile per il suo cervello logico che non poteva mettere insieme la presenza del male, del dolore, con la bontà di un Essere onnipotente che avrebbe potuto evitarlo, o almeno metterci una pezza.

«Il tuo è un modo grezzo e arrogante di rapportarti a Dio», l'aveva messa in guardia più di una volta suo figlio, ma con dolcezza, come se al fondo non credesse all'agnosticismo di sua madre. Al che Alice ribatteva: «Io non ho nessun rapporto con questo signore che non vedo».

La sua attuale diatriba con il Padreterno era iniziata quella domenica mattina in India, quando era entrata nella chiesa dove padre Thomas diceva messa e dove Gabriele e

Fiorenza assistevano insieme ad altri volontari del villaggio. Era molto presto, la funzione si svolgeva prima che iniziassero le attività e in realtà la chiesa era una disadorna stanza-cappella nella scuola di San Francesco di Sales tenuta da suore missionarie. L'altare era coperto da un telo candido, con calice e patèna in umile terracotta smaltata.

Al momento dell'invocazione liturgica: «Signore pietà, Cristo pietà» le voci di quei ragazzi, che Alice aveva visto affannarsi a distribuire un po' di cibo e un po' di bene, avevano attizzato la sua ira in un'invettiva silenziosa contro l'Onnipotente: *Li senti? Ma li senti? E ti chiedono anche pietà. Perché e di che cosa, dico io, se si sforzano di fare quello che tu non fai? Tu guardi giù, se guardi, e vedi ciò che vediamo tutti: questa miseria, questa ingiustizia, questo dolore senza senso, e non muovi un dito. E loro che si fanno in quattro, anzi in quaranta, ti domandano pietà. Dovrebbero urlarti nelle orecchie: muoviti! Abbi 'tu' pietà del dolore! Tu, pietà di quelle donne e di quei bambini! Fa' un po' vedere che ci sei!*

Ma Dio non sembrava interessato a risponderle, o perlomeno lei non lo sentiva. E allora era uscita dalla cappella ed era rimasta nel cortile ad aspettare gli altri. Guardava lassù il cielo vuoto che già stava sbiancandosi per la vampa del sole, e guardava dentro di sé l'amarezza della sua vita senz'altra ragione che vivere senza ragione. Così, con quell'amarezza senza fine, era continuata la sua disputa con Dio: *È vero, io non ti ho mai cercato, ma nemmeno tu hai allungato un dito verso di me, un gesto come quello che Michelangelo ha dipinto nella Cappella Sistina quando ti ha raffigurato mentre infondevi la vita ad Adamo. Forse pensi di averlo fatto quando sono nata, o forse io vengo unicamente da una combinazione di cellule fra mio padre e mia madre. Di sicuro, mentre facevano l'amore, loro non se ne sono neanche accorti che tu avevi allungato il dito e la mia vita era cominciata, e magari neanche tu. Forse per questo, dopo, ti sei sempre dimenticato di farti vivo... Insomma: è troppo, troppo difficile credere che ci sei, ma è difficile anche credere che non ci sei.*

Poi Gabriele l'aveva portata a visitare il ghetto vicino alla discarica e ora si rendeva conto che la crisi di emicrania era stata l'acme della sua rivolta. Anche contro Lui. Che cosa si poteva rispondere, ora, all'angoscia di Isabel, oltre a indicarle le certezze della natura? *Lo partorisci, è tuo figlio. Il padre, se non è presente, se non lo vuole, non è importante.*

Ma non è così, non è così! Suo padre, Carlo Aloisi, era stato qualcuno nella vita di Alice, la sua mano l'aveva ripescata dalle acque buie dell'anoressia. E Alfiero non avrebbe mai cessato di essere «il babbone» per Gabriele e per Isabel, che adesso ridevano indulgenti delle sue manie e delle sue bugie. Di chi, di che cosa aveva bisogno sua figlia che si teneva in pancia un bambino non ancora pronto a respirare e soffrire, e che forse, per qualche imperscrutabile ragione, non voleva ancora nascere?

«È inquieta, intrattabile, persino stizzosa», disse Isabel alla nonna. «È arrivata dall'India e si è subito fiondata a Ginevra da quel suo avvocato. Poi è tornata a casa ancor più stralunata: quasi non mangia, non cucina più, legge di notte o se ne va in giro per casa come un'anima in pena, insomma: fa di notte giorno e poi dorme fino a mattina tardi. Ti sembra lei?»

Mimì annuì senza scomporsi: «Sì, quando era malata e non voleva mangiare, da giovane, faceva così».

«E allora che cosa possiamo fare?» Isabel non sapeva fronteggiare il mutamento di sua madre, che aveva lasciato trascorrere Natale e Capodanno come se non fossero nemmeno feste e sembrava strappasse i giorni dalla vita senza guardarsi intorno, senza vedere gli altri e, forse, neppure se stessa.

«Ci vorrebbe un uomo per ridarle animo», dichiarò Mimì convinta, «come ha fatto suo padre. Se Carlo non l'avesse presa per mano, allora, come se fosse una bambina piccola, non l'avrebbe persuasa a mangiare. Io non sapevo più che fare con lei, e poi lei neanche mi guardava. Ma adesso? Io gliel'ho detto», e sottolineò con forza le parole: «Dovevi andare in America con quel tuo amico giovane e simpatico, quello che mi ha fatto vendere così bene la casa. Io me n'ero ben accorta che loro due, sì, insomma... se l'intendevano. E così avrebbe fatto un bel viaggio, altro che India!»

Si rese conto che Isabel non la seguiva; le soluzioni estemporanee della nonna, a base di viaggi, alberghi di lusso e uomini compiacenti la irritavano. C'era ben altro che l'India nella nera impasse di sua madre: c'era la solitudine e c'era la morte di Alfiero, della quale Alice non faceva mai parola. Mai, nemmeno per caso. Come se non fosse mai accaduta. Lei, Isabel, sapeva bene che tenaglia fosse un problema accantonato, un problema insoluto che si tenta di vanificare non parlandone mai. Sta giù, nel fondo dei pensieri: Pablo e Raphael stavano nel pozzo dei suoi dubbi.

«Mah... io ho già i miei problemi. Devo fare questo bambino e poi, a breve termine, trovarmi un lavoro. Ma non alla calzoleria.»

«Tua madre deve aver ereditato un bel po' di soldi», insinuò Mimì, «ma come al solito non se ne sa niente.»

«Io mi sento in imbarazzo a parlar di soldi con la mamma.»

«E se invece Maruska avesse fatto piazza pulita di quello che Alfiero aveva ancora?» ipotizzò Mimì. «È un rebus, ma secondo me tuo padre non aveva sperperato tutto come sostiene Alice.»

«Non nominare Maruska alla mamma. È tabù.»

E invece Maruska rientrò quasi con un colpo di mano, in casa loro, non chiamata, ma nemmeno respinta quando la videro inquadrata nel video. Era stata l'informatissima Daria Fusi a segnalare, con una telefonata, la sua presenza su Rai tre in seconda serata: «Le fanno un'intervista per lanciare la sua prossima trasmissione. Ormai l'ingegner Biagi è il suo sponsor e l'appoggia anche nella tivù nazionale».

Sorrideva, Maruska Fortuna, come chi ha acchiappato per la coda una chimera, e si era preparata con coscienza al nuovo ruolo: abito e pettinatura tradivano l'intervento di un professionista del look, parlava con un accento che aveva perduto le inflessioni emiliane e rispondeva alle domande del conduttore con quella sincerità accattivante che nasce dal volersi esibire senza veli, quasi a dire: «Vedete? Sono tutta qui, sono come voi, eccovi il mio cuore e la mia anima».

Si è rifatta il look e deve aver preso lezioni di dizione, rifletté Alice, studiando la sua immagine e paragonandola alla donna grigia e distrutta che aveva incontrato solo tre mesi prima. *Bisogna ammettere che ha sette anime come i serpenti: nemmeno la morte di Alfiero l'ha piegata.*

E invece Maruska parlava proprio di lui, dell'Alfiero che Alice non conosceva, il compagno tanto atteso nella sua vita e infine giunto su un bianco destriero a regalarle almeno un anno d'indimenticabile felicità. Un solo anno, ma non tutti possono aver tanto, nella vita. Senza pudore, e con quel pizzico di enfasi che rende più calde e convincenti le parole, quel cocktail che sapeva usare a piene mani nei suoi romanzi, Maruska costruiva il ritratto del suo grande amore: un uomo felice che le aveva dato felicità. «La morte non può portarti via un uomo che hai amato e ti ha amato», dichiarava con un tono di quasi beatitudine, «e infatti Alfiero vive con me, nella mia nuova casa di Roma che ho arredato come lui aveva deciso. È accanto a me quando mi sveglio al mattino, mi consiglia nelle mie decisioni, e la sera, quando siamo soli, mi parla con la stessa immutata dolcezza di quando mi era fisicamente vicino...»

«Oh, mio Dio», lamentò Isabel, «sta costruendo l'icona del caro estinto. Volete che spenga?»

«No, aspetta», la fermò Alice, «voglio vedere fin dove arriva.» A che serviva quella manipolazione di Alfiero? Ma a poco a poco, nel corso dell'intervista, si chiarirono le trame più sottili della comunicazione.

«È lui che m'ispira», diceva Maruska. «Quando ero disperata durante le prime settimane di lutto, ho cominciato a udire, vicino a me, la sua voce. Non ne ero sicura, non volevo smarrirmi in un'illusione uditiva, finché ho distinto bene le sue parole: 'Chi ha bisogno di aiuto?' Non ho subito capito il significato della frase, ma a poco a poco ci sono arrivata: io, io dovevo farmi quella domanda, io dovevo chiedermi chi potevo aiutare e come... è stata un'ispirazione grandissima, e da quelle sue parole è nata l'idea della mia trasmissione che inizierà a giorni e ha proprio questo titolo: 'Chi ha bisogno di aiuto?'»

Maruska fece una pausa per far riposare la voce e i telespettatori, quindi concluse: «Chi vorrà telefonarmi, scrivermi, incontrarmi sarà il benvenuto. Potrà raccontare la sua storia, esporre i suoi problemi, chiedere aiuto in ogni modo, e io farò il possibile per non deluderlo. Certo, non ho la bacchetta magica che fa sparire dubbi e dolore, ma il mio cuore sarà aperto a tutti e sono sicura che Alfiero mi ispirerà come uno spirito guida».

«È di un'abilità diabolica», esclamò Isabel. «Ti rendi conto di come sa manovrare, utilizzare tutto? Anche il suo grande amore.»

«E il bello è che ci crede», commentò Alice.

«Sono convinta che avrà un successone», dichiarò Mimì. «Lei è una che gli uomini li capisce.»

«Forse se lo merita, il successo», sospirò Alice stanchissima, alzandosi per rifugiarsi di nuovo in camera sua, nel suo silenzio. Perché è il silenzio che decanta le sensazioni, allontana i pensieri superflui, matura le emozioni. Ma Alice non sapeva ancora che cosa stesse trasformandosi dentro di lei. Non si era accorta che, nella notte in cui Alfiero aveva tentato il suicidio, si era chiusa la sua vita di prima, quella vita fatta di matrimonio, figli, benessere goduto, certezze perseguite come un diritto. *Ma non c'è diritto ad alcuna certezza.* Ed era cominciata, in sordina, la sua seconda vita, quella delle insicurezze, delle contraddizioni, della solitudine, una vita che non le sembrava sua. *Una vita che ancora non sento nelle mie mani.*

Ma c'era, questa seconda vita. Nascosta sotto la terra invernale, come un bulbo goffo e squamoso, aspettava di germogliare, di fiorire. Aspettava, inconsapevole, un'altra primavera.

18

«Bertrand, è nata! Tu sei il primo a saperlo.»

Lui era così emozionato che non seppe che cosa dire, tanto gli sembrava stupido e banale chiedere: tutto bene?

Alice ripeté: «È nata, mi hai sentito? Sono nonna».

Allora udì la sua voce, un po' stentata, che rispondeva: «Alice, vorrei essere lì con te».

«E allora vieni, vieni subito! Ti aspettiamo tutte a braccia aperte.»

Che cosa volesse dire quel «a braccia aperte» e quel «tutte» Bertrand Liebmann non se lo domandò e non gli parve impossibile anche se non conosceva nessuno della famiglia di Alice, ma si era creata fra loro due una sorta di corrente, un'indefinibile risonanza, che lo trascinò con in mano un mazzo di rose bianche alla culla di una neonata con gli occhi blu scuro, spalancati, così rosea e paffuta che sembrava nata da almeno una settimana.

«Tre chili e mezzo, questa cicciona», la presentò, fiera, Alice, «una stazza da maschietto. Chi ci è andata di mezzo è Isabel: ore e ore di travaglio, non si decideva a uscire, questa bambinona.»

«Mamma... ormai tutto è passato!» protestò Isabel che

guardava Bertrand Liebmann con interesse, quell'uomo di cui conosceva solo il nome e che ricambiava il suo sguardo con molta dolcezza. Con sorpresa lo vide chinarsi sulla culla e sollevare la neonata.

«La prego, Isabel, vorrei vederla con la sua bambina in braccio.»

«Me la dia.» E Isabel se l'accomodò nel cavo del gomito, mentre Bertrand prendeva dalla tasca della giacca una piccola macchina fotografica digitale. Guardò l'immagine nel minuscolo schermo e scattò numerosi flash, cogliendo madre e figlia in diversi atteggiamenti, quindi invitò Alice: «Non vuoi posare con loro?»

«Anche nonna Mimì!» esclamò Isabel. «Vieni da questa parte: quattro generazioni di donne della stessa famiglia!»

Bertrand scattò e scattò ancora dei primi piani alla neonata, promise d'inviare le foto ingrandite e stampate, poi salutò Isabel e prese Alice sottobraccio per uscire: «Accompagnami al bar, ho bisogno di bere qualcosa. I bambini mi emozionano a tradimento».

Alice annuì dicendogli: «Sai? Ti ho pensato molto, e adesso comincio a non sorprendermi delle tue reazioni. Come se riuscissi a capirti».

Al bar della clinica c'erano solo due infermiere. Lui chiese dello champagne, ma c'era solo dello spumante. «Peccato, ma facciamo ugualmente il primo brindisi a questa bambina che ha l'enorme fortuna di avere intorno alla culla tre donne che la amano. Non tutti partono così, alla grande.» C'era, in quelle parole, l'eco di una solitudine, di un abbandono vissuti fin dal primo attimo di vita, percepiti con ogni cellula prima ancora che con la mente e depositati nel fondo della memoria in attesa di un risarcimento.

«A Carla Mimì», disse Alice toccando col suo calice quello di lui, e guardandolo negli occhi aggiunse: «E a quel bambino nato in solitudine più di mezzo secolo fa».

* * *

Alice non contrastò il desiderio di sua figlia che, uscendo dalla clinica, preferì andare a casa di Mimì. «Almeno finché mi abituo all'idea di avere una figlia», spiegò scherzando a sua madre. «Per di più la nonna non ha niente da fare e la sua domestica si ferma tutto il pomeriggio. Così tu potrai startene tranquilla e venirci a trovare quando vuoi.»

Fu un passo a doppio taglio: Alice fu sollevata dal trambusto di un neonato, coi pianti, gli orari, gli imprevisti, e al tempo stesso si sentì esclusa. Che cosa c'era ancora da aspettare, nella sua vita? Negli ultimi mesi erano passati su di lei: un trasloco, una morte, un addio e una nascita, senza contare quel viaggio in India che restava presente tramite la cartelletta con dodici facce di bambine, dodici paia d'occhi che la fissavano dalle polaroid.

Bertrand era tornato a Ginevra il giorno stesso del suo arrivo e Alice aveva la sensazione che, forse, senza dirsi nulla si erano detti tutto. Ma bastava? Però Bertrand c'era. Era come la lanterna di pietra del suo giardino, con una luce raccolta e costante. Lei gli telefonava spesso di sera, anche tardi, anche solo per raccontargli la sua giornata senza prospettive.

«Mi ero aspettata tanto da questa libertà di andare e venire», gli confidò una volta, «e invece faccio sempre le stesse cose: due lezioni d'inglese la settimana, qualche cinema al pomeriggio come i pensionati, un po' di palestra tanto per non impigrirmi e le visite a Isabel che mi ha dimostrato di non aver bisogno di me.»

«Hai dimenticato la musica, i libri, gli scacchi.»

«Ma lo sai che mi sveglio ancora, la mattina, con questa domanda in testa: 'che cosa devo cucinare?', come quando avevo tutta la mia famiglia?»

«Alice, mia cara carissima Alice», mormorò lui, quasi accorato.

«Scusami. Non dovrei opprimerti. Certe volte mi domando che senso abbia telefonare a un amico e non aver niente di nuovo, di divertente, nessuna idea, nessun progetto da raccontargli.»

«Non basta dire che hai bisogno di lui?»

«No, non credo. Perché tu mi stai ad ascoltare, ma non hai bisogno di me.»

«E invece il mio ascoltarti è proprio aver bisogno di te, sentire almeno la tua voce.»

«Tu mi giustifichi, sei indulgente, ma io mi trovo molto lagnosa e mi detesto per questo. Non mi sopporto, Bertrand, non mi riconosco più, mi sento sprofondare in una specie di palude... e mi sembra persino che non m'importi né di Isabel né della bambina, preferisco che stiano da Mimì e non rompano il silenzio assurdo di questa casa... Non sento più nemmeno la musica, me ne sto qui a pensare al passato, a rimetterlo continuamente in ordine e a domandarmi perché il futuro è così inesistente, così vuoto. E inquietante.»

Dopo una pausa di silenzio che rese la sua voce diversa, quasi provenisse da uno spazio più lontano e al tempo stesso più intimo, lui replicò: «Non aver paura. Sei come un'adolescente che aspetta qualcosa che arrivi a sconvolgerti. Forse l'amore, Alice, perché è solo l'amore che sconvolge la vita. Ne so qualcosa anch'io, credimi».

«Ma quale amore? Per che cosa? Per chi?»

«Per il tuo passato che adesso rimpiangi, anche per Alfiero che chiami ancora tuo marito, per gli uomini che ti sei presa senza amarli... per la vita in sé e per quello che ancora può darti.»

«No, ti sbagli. Io so soltanto d'essere una donna sola, sola persino nelle fibre dei miei pensieri, ma sto ancora dritta sulle mie gambe, anche se con fatica.»

«E a testa alta. Ma se la alzi troppo vedi solo un orizzonte confuso e non ti accorgi più di chi ti sta intorno, e ti ama.»

«Ma chi mi ama? Isabel, mia madre, i miei falsi amici? Sai cosa dice Mimì? Ognuno per sé e Dio per tutti. Ma Dio guarda dall'altra parte.»

«Tu sei molto lucida, Alice. Ma questa lucidità cavillosa uccide la speranza.»

«La speranza? Anche tu come Gabriele, come Fiorenza, come tutti gli illusi che sognano di vuotare il mare con un cucchiaio...»

Così si snodavano, nella tarda sera, le battute fra Alice e Bertrand: come un filo d'intimità che si svolgeva tenace dall'uno all'altra, faceva e rifaceva il percorso assottigliando le distanze più coi silenzi che con le parole, perché c'era un grande pudore fra loro e una grande delicatezza nel toccare i nodi dolenti che avevano alle spalle. Ma quelle telefonate divennero per Alice un appuntamento, un modo inconsapevole di parlare con se stessa, un'abitudine: «Come il caffè e i cioccolatini *After eight*», diceva a Bertrand facendolo ridere.

Una sera stava per digitare il numero del suo cellulare, e già immaginava lui nella poltrona di giunco della veranda, con gli anelli profumati del sigaro e quei suoi occhi grigi, attenti, spesso un po' maliziosi come quando snidava i granchi dai buchi nella sabbia, ma una chiamata imprevista, una voce estranea e aliena, le disturbò l'orecchio impreparato a una notizia inattesa.

«Alice, sono Maruska.»

Frenò il gesto che stava per premere il pulsante del cordless e strozzare subito quella voce. Invece domandò, calma: «Che cosa vuoi?»

«Invitarti alla mia trasmissione.»

«Come ti viene in mente? E perché?»

«Sai almeno come si chiama? Si chiama: *Chi ha bisogno*

di aiuto? E io so che ti occupi di bambini che hanno bisogno di aiuto.»

«Chi te l'ha detto?»

«Che importa? Vieni qui e parli di quei bambini.»

«Ma chi te l'ha detto?» ripeté Alice, agitata.

«Non prendertela. L'ho saputo da Isabel. L'ho chiamata io dopo aver letto quel suo annuncio sul *Messaggero*, il quotidiano di Roma. Mi è sembrata una innovazione 'stupenda' l'annuncio di una nascita. Ma l'avrai visto! È di qualche giorno fa e diceva: *È nata Carla Mimì Prandi. È bellissima. Lo annunciano, emozionate, sua madre Isabel, la nonna Alice e la bisnonna Mimì*. Non è splendido?»

«Non lo sapevo», rispose Alice mentre pensava: *Di sicuro l'intenzione non era che lo vedessi tu.*

«Beh, Isabel mi ha raccontato del tuo viaggio in India e di come stai occupandoti delle adozioni a distanza. Mi sembra un tema perfetto per la mia trasmissione. Vieni qui e ne parli. Vedrai che successo.»

«Ti mando le foto delle bambine da adottare, puoi parlarne tu che sei molto più brava di me.» In realtà lei non aveva nemmeno più riaperto quella cartellina, e quegli occhi nelle foto polaroid, che chiedevano senza risposta, erano una realtà rimossa come una vergogna da dimenticare.

«Ascolta, Alice», continuò Maruska, persuasiva, «io sono il conduttore della trasmissione ma chi deve parlare, rispondere ai telespettatori quando telefoneranno, dare la sensazione viva di quello che hai visto, sei tu. Solo tu puoi farlo.»

«Ma io non so, non so... e non mi piace espormi.»

«Non capisco. Perché non vuoi parlare di questa tua esperienza?»

«Perché è stata durissima, e negativa.»

«Ragione di più: se è stata difficile darà alla tua testimonianza una maggiore intensità.» S'interruppe un istante, quindi domandò, con la sua sfrontata immediatezza: «Alice, è perché ci sono io?»

«Te l'ho detto: non mi piace espormi.» Ma subito, e Alice non seppe mai il perché, sentì la propria voce chiedere: «Quando sarebbe?»

«Fra due settimane, ti va bene?»

Esitò ancora, ma sentiva dentro di sé l'eco delle parole realistiche di Gabriele che capovolgevano il problema: «L'importante è dare, al di là delle intenzioni». Per quale motivo non avrebbe dovuto approfittare «lei» della trasmissione di Maruska?

«Ma a un patto», stabilì, «si parla solo dei bambini e del villaggio che li accoglie. Nessuna domanda che mi riguardi, chiaro?»

«Proprio nessuna? Non posso nemmeno chiederti perché sei andata a visitare quel villaggio? Che cosa ti ha spinto in questo momento della tua vita?»

«Ero con mio figlio che trascorre tre mesi là come volontario: tutto qui.» E quasi con tono minaccioso aggiunse: «Non farmi dei saltafossi, Maruska, come certe tue colleghe che mirano a far confessare in pubblico i fatti personali: io so difendere la mia intimità».

«D'accordo. Allora è sì, ma non ripensarci, non farmi un bidone.» Tirò il fiato e dopo un attimo, in un tono diverso, non più risoluto ma quasi titubante, mormorò: «Alice, sono contenta che, per una volta, tu possa servirti di me».

«Già», replicò l'altra, «è vero.»

Le due copie del *Messaggero*, ben ripiegate e con l'avviso inquadrato dal pennarello rosso, erano partite ormai da tre settimane: una all'indirizzo di Calle Goya, a Madrid, l'altra al precario recapito che mesi prima Pablo le aveva lasciato, la casa dei suoi amici romani. Ma chissà se lui abitava ancora da loro? Isabel non sapeva se sua madre avrebbe approvato, perciò aveva ordinato l'annuncio tramite fax, tenendolo nascosto a tutti fuorché a Mimì.

Le parole volano come farfalle, come fiori, o colpiscono come saette, e Isabel non riusciva a prevedere se avrebbero provocato un'emozione, un rifiuto, una risposta. Ma nutriva una convinzione irrazionale e profondissima: quello che si fosse fatto vivo dei due uomini, quello era il padre di sua figlia. Il suo messaggio, quindi, non era una comunicazione, era una chiamata che andava al di là delle parole, era una sonda nel mistero, dove si muovono forze e consapevolezze che noi non conosciamo e non possiamo valutare. Isabel non era molto cosciente di tutto questo, aveva agito così, istintivamente, e non avrebbe saputo spiegarne il motivo. E nemmeno si aspettava il miracolo di un riconoscimento, forse nemmeno lo desiderava. Ma che sua figlia attraesse lo sguardo di suo padre questo sì, lo voleva, fosse il vecchio signore che teneva tanto alle convenzioni e faceva l'amore di nascosto con le sue discepole, o fosse il ragazzo che si era lasciato sedurre da una notte di luna velata. Sì, Isabel ricordava bene quel chiarore diffuso fra le nuvole lievi, che non riusciva a specchiarsi nelle acque del Guadalquivír.

Prandina poppava come tutti i neonati, dormiva a fasi alterne, piangeva per farsi ascoltare, ma sempre più spesso Isabel la sorprendeva nella culla con gli occhi spalancati, quegli occhi blu che non si sapeva, per ora, da dove venissero.

«Tutti i neonati hanno gli occhi così», sosteneva Mimì, «ma poi cambiano. Magari ha preso il colore da Alfiero.»

«No, gli occhi del babbone erano più chiari.»

«Ma poi cambiano», ripeteva la bisnonna. E continuava vantando i suoi settant'anni che ora, secondo lei, la ringiovanivano: «Lo sai che non mi par vero di essere bisnonna? Ieri, al bar dove vado qualche volta a prendermi il caffè con la panna montata, ho raccontato a un vecchio signore che quando mi vede mi fa un po' il filo: ho una bisnipotina. Non voleva crederci».

«Tu sarai sempre corteggiata, Mimì», commentò la nipote che per coccolarla la chiamava per nome, «perché dipende da noi che gli uomini ci guardino. E tu ci tieni.»

«Mi credi che non ti racconto storie?»

«Ma certo!» Lei, invece, aveva desiderato che Pablo la guardasse fino a non poterla più dimenticare? Forse. O non si era lasciata prendere a occhi chiusi da quella passione come da un turbine di danza nel quale non si guarda nemmeno il partner, che resta al limite del vortice, quasi sconosciuto? E invece, al termine della danza ecco Prandina, quella bamboccia che aspettava tutto da lei per vivere.

«Io spero sempre che lui venga, prima o poi», confessò pensierosa, e aggiunse desolata, «ma mi sembra quasi impossibile.»

Mimì non le domandò nemmeno chi intendesse dicendo «lui», riusciva fin troppo a intuire qual era l'uomo che non veniva nominato per scaramanzia. E con una domanda che sembrava imprevista ma era sottilmente collegata a quell'intuizione osservò: «Hai poi ricevuto le foto che ci ha fatto quell'avvocato, quell'amico, quel non so che cosa di Alice?»

«Arriveranno. Mi ha telefonato d'averle già spedite.»

«Ti ha telefonato? Ma guarda...» E soppesava secondo i suoi canoni quello sconosciuto: svizzero, avvocato, un vero signore, soldi doveva averne, di età giusta, perché quell'altro, più giovane, andava bene per uscire la sera o fare un bel viaggio, ma insomma, quell'orba di sua figlia dove aveva gli occhi? Mimì, ora che doveva regalare i suoi vestiti di un tempo per via del salvagente al giro vita, invidiava la sua stangona, snella e asciutta proprio come un'alice. «Non ha ancora cinquant'anni», disse concludendo il suo discorso mentale, «e io, alla sua età, facevo altro che faville!»

«Ma di chi parli, nonna?»

«Di tua madre. È in crisi e sta scivolando nel genere vedova triste.»

Isabel non si stupì e ribatté: «Magari succederà qualcosa che l'aiuterà a uscire dal guscio».

«Chi? L'avvocato?» ipotizzò subito Mimì, per la quale la soluzione era sempre rappresentata da un uomo.

«Non lo so, non lo so ancora.» L'idea le era venuta come un colpo di vento alcuni giorni prima, quando Maruska le aveva telefonato d'improvviso, complimentandosi per la nascita e per l'annuncio sul *Messaggero*.

Dunque non è passato inosservato, e forse anche Pablo... Ma l'idea non riguardava Pablo e Prandina: mentre l'altra parlava, Isabel rifletteva che il caso è una delle probabilità offerte dal momento, bisogna prenderlo al volo e utilizzarlo: e Maruska impersonava il caso e quella probabilità da cogliere.

«Bella la tua trasmissione, interessante», la lusingò, «l'abbiamo vista fin dalla prima sera, l'idea è geniale e tu hai una verve...» Poi, come se fosse un corollario del discorso, esclamò: «A proposito, sai di che cosa si occupa mia madre adesso? Di bambini abbandonati, che hanno bisogno di aiuto...» E aveva continuato, descrivendo Alice quasi come una missionaria di Madre Teresa. Era un amo irresistibile e Maruska, consapevole, aveva abboccato.

Forse Pablo non verrà, si diceva ora Isabel per non illudersi, *o forse risponderà a quell'annuncio solo per insultarmi ancora, per rifiutare me e la bambina. Sarebbe meglio così che non vederlo per niente, meglio di questa attesa sospesa a un filo, a una speranza che forse non ha ragione d'essere. Sii logica, Isabel, lui e suo padre sono stati chiari, e soltanto tu sai che la bambina è comunque una Ribeira. Ma adesso basta con questo tormentone. Pensa ad altro, se no ti agiti e il latte ti diventa cattivo. Almeno così dice Mimì, e ha già avuto ragione una volta: di chi può esser figlia Prandina, che è nata a fine gennaio, nove mesi e cinque giorni dopo la famosa notte di Siviglia?*

«Mi tagli i capelli», disse Alice, decisa.

Il parrucchiere soppesò la lunga chioma che toccava le spalle. «Tagliarli, quanto?»

«Corti, non cortissimi. Appena sotto l'orecchio.»

«E magari un po' scalati. Lei, però, ha capelli lisci, corposi: le formeranno una specie di caschetto.»

«E allora? Lei non è la miglior forbice di Milano?» Alice sorrise cercando di attenuare il tono di sfida: «Domani sera sarò in tivù: vorrei un look fresco, agile, e semplice».

«Bene», lo stilista famoso alzò una ciocca spuntando metà della lunghezza, «avrà un aspetto del tutto diverso.»

Diverso. Da chi? Da se stessa? Dalla donna che da una vita portava i capelli lunghi e spesso li raccoglieva in una coda alla nuca? Di che cosa andava alla ricerca? Di un'immagine di sé alternativa, rimasta nascosta, sommersa per più di metà dei suoi anni?

Man mano che le forbici d'oro del parrucchiere di fama le alleggerivano la chioma, Alice seguiva quella spoliazione di se stessa con una curiosità distaccata, e quando uscì con la sacca in mano per recarsi alla Stazione Centrale a prendere il Pendolino aveva la sensazione di guardare, dal di fuori, la signora vestita del pesante tailleur stile vagamente anni Trenta, il collo liscio e nudo che sporgeva dal bavero e la testa piccola, il viso addolcito dalle ciocche che le carezzavano le guance. Lei, proprio lei, e insieme un'altra da conoscere. Strana sensazione.

«Ti sei tolta dieci anni dalle spalle», commentò Maruska

quando le andò incontro nel corridoio d'accesso al teatro dove tutto era già pronto, pubblico compreso. Tipico orario per le trasmissioni al femminile: le 16,30, quando le donne, sazie delle immancabili telenovele, fanno zapping in tivù. «Lì per lì quasi non ti avevo riconosciuto. Vieni. Hai portato le foto delle bambine da adottare?» Le guardò con occhio critico e fece una smorfia: «Bruttine, ma funzioneranno. Sono sicura che ci saranno tante telefonate e vedrai che le sistemeremo tutte».

«Un momento», frenò Alice prendendo, a propria insaputa, il tono distaccato e autorevole che l'aveva colpita in Gloria Gallant, «con le telefonate si potrà procedere semplicemente a 'prenotare' le adozioni. Ma le bimbe non possono essere scelte: questa sì, mi piace, l'altra no. E in un secondo tempo dovrò conoscere chi si propone: bisogna evitare le decisioni impulsive, emotive, che magari poi non durano nel tempo. Sarebbe molto negativo, per le bambine, avere qualcuno che poi non s'interessa più di loro. Ed è soprattutto per questo che ho deciso di partecipare.»

«D'accordo. Al dopo ci penserai tu», tagliò corto Maruska, il cui orizzonte non andava oltre il termine della trasmissione. Quell'immagine di Alice, così diversa da prima, le procurava un fastidio indefinibile: era come se, in quel lasso di tempo, colei che considerava ancora la sua antagonista avesse percorso un tratto di strada sopravanzandola di nuovo. Decise che, nel corso della trasmissione, avrebbe cercato di darle poco spazio, con il tipico meccanismo di certi conduttori scafati: fare delle domande e darsi subito, da sola, le risposte con un ritmo che di fatto riduceva l'altro quasi alla pura presenza.

Ma non fu così, perché Alice si prese tempo e audience. Ciò che disse, seppe creare un silenzio carico d'aspettativa, mentre gli operatori riportavano continuamente la telecamera su di lei, quasi andando alla ricerca della sua faccia inconsueta, senza altro trucco che il suo pallore elegante.

Nell'atmosfera un po' artificiosa del teatro si materializzò, tramite le sue parole, la realtà del villaggio per i bambini di strada, presero vita le mani e i cuori che lo facevano esistere, e come essi avessero bisogno dell'aiuto di tutti.

«E allora tu», interloquì Maruska con quella confidenza che di fronte alle telecamere si trasforma subito in complicità, «tu hai deciso di eleggerti loro ambasciatrice nella nostra trasmissione.»

«No, non è così», precisò Alice, «io sono solo una testimone, e non delle migliori. Perché io non sono stata capace di reggere l'urto della loro povertà... una miseria non immaginabile perché troppe volte al di sotto della condizione umana.» E con sincerità scarna, priva di retorica, raccontò dei bambini abbandonati dai pescatori che seguivano le migrazioni dei branchi di pesce, raccolti da padre Thomas sotto tre capanne di frasche e poi nella scuola. Descrisse la nascita del villaggio nello spazio sterposo con in fondo il boschetto di palme, le prime due casette che ormai scoppiavano per il numero di bambini raccolti, i piccoli che invece vivevano con le famiglie nel ghetto e razzolavano nei rifiuti, i ragazzi violenti rinchiusi in carcere perché non avevano nessuno, le donne dall'aspetto dimesso e fiero, la distribuzione del latte e il duro lavoro di padre Thomas e dei volontari, e ancora ancora... quasi non aveva più voce quando confessò, di se stessa, d'aver fallito, d'esser tornata di corsa incapace di dare aiuto. E adesso lo chiedeva a loro, disse rivolta al pubblico in sala e a tutti coloro che ascoltavano, perché ogni sera, ogni notte, quando chiudeva gli occhi, i volti dei bambini in attesa di un padre o una madre anche da lontano, la inseguivano persino nei sogni.

Il silenzio era autentico e profondo dopo le sue parole

che non consumarono più tempo di quello previsto, e in quel silenzio cominciarono a sfilare le immagini delle dodici bambine mentre Maruska leggeva i loro nomi: «Janaki, dieci anni... Kumari, otto anni, Rhada, undici, Suma, solo cinque anni...» E quelle figurine vestite alla meglio con una gonnella a fiori e una camicina più larga delle loro spalle magre, con i capelli legati da un piccolo nastro, entravano, coi loro occhi colmi di aspettative, nell'immaginario di milioni di persone, chiedevano e davano, chiamavano e rispondevano.

Quando Maruska le domandò: «Perché, fra tutti i bambini abbandonati, hai dato la precedenza a queste femminucce?»

«Perché sono le più deboli e le più fragili», rispose Alice, «le meno desiderate dalle famiglie, e non hanno la grinta dei maschi che sanno rubare per sopravvivere. No, la miseria le destina alla strada, alla prostituzione. Non hanno neanche la poverissima dote indispensabile per il matrimonio, e spesso sono vendute a uomini che ne fanno delle schiave.»

Dopo le ultime parole Alice tacque e si mise in disparte. Avrebbe voluto uscire, sparire.

E invece si scatenò una serie di chiamate sia dal pubblico in sala che da quello lontano: apparve sullo schermo il nome e il numero telefonico di lei perché si potesse contattarla, mentre pensava sgomenta: *Adesso come farò? Chiunque potrà entrare nella mia casa, nella mia vita*... e le sembrava d'essere privata di ciò che da un po' di tempo era la sua sola risorsa: la possibilità di nascondersi, di rifugiarsi nel confortevole anonimato del proprio appartamento.

«È stato un successo», confermò Maruska soddisfatta quando, a fine trasmissione, uscirono dal teatro. «Domani ti manderò i nominativi di chi ha già fatto richiesta per adottare un bambino o una bambina. E come avevo promesso: niente domande che ti riguardano.»

«Credo di aver detto abbastanza, di me stessa», mormorò Alice ancora turbata.

«Eppure ne avrei delle domande da farti!» esclamò l'altra accennando col mento a qualcuno che, a pochi passi, stava chiaramente in attesa.

Alice corrugò le sopracciglia, seguì la traiettoria di quel gesto e «lo vide». Il cuore le si sciolse e gli andò incontro, sorpresa. «Bertrand!»

Lui le baciò la mano: «Sei stata bravissima, ti ho seguita dal monitor». E fissò Maruska che guardava tutti e due, divertita.

«Comincio a capire molte cose», disse lei, raggiungendoli.

«Vi conoscete?» Ma la domanda di Alice era tanto superflua da suonare ridicola.

«Certamente.» Liebmann accennò un inchino: «Madame...»

«Siete la coppia meglio assortita che io abbia mai visto», ammise Maruska, «come il gatto e la volpe.»

«Dopo te e Alfiero», ribatté Alice, caustica.

«Povero Alfiero! Non lo avrebbe mai immaginato. Pensava sempre che tu fossi disperata, quasi sull'orlo del suicidio, e invece... Invece la sua ex moglie si è scelta, per paladino, il miglior esperto finanziario di Ginevra. Tutto sotto controllo, vero avvocato?»

«Infatti.»

Maruska sorrise, ma un po' amara. Nel match che aveva per posta i soldi di Alfiero era stata battuta. Ma no, perché battuta? Lei era imbattibile: i soldi vanno e vengono, ma Alfiero l'aveva amata, Alfiero ormai era suo.

«Auguri!» esclamò sfottente. «E figli maschi, magari adottati.»

* * *

«Maruska è sempre inopportuna», commentò Alice mentre bevevano al bar dell'hotel *Parco dei Principi*.

«Ma ha delle buone battute», osservò Bertrand.

«E tu da chi hai saputo che ero a Roma? Non si può sfuggirti!» E rise.

«Vai in tivù e pensi di sfuggire a qualcuno? Aspetta d'esser tornata a casa e sentirai le tiritere degli amici che ti hanno visto. È stata Isabel a informarmi: giorno, ora e canale. E anche in quale teatro a Saxa Rubra.»

«Mi ha allargato il cuore vederti. Ero così tesa...»

«E adesso, dopo un aperitivo?»

«Portami a mangiare, e a dormire. Con te.»

Per qualche secondo Bertrand la scrutò con uno sguardo fra il tenero e il divertito, poi replicò: «Non vorrei proprio che ci precipitassimo nello stesso letto come se ci buttassimo giù in un burrone».

«Che cosa vuoi dire?»

«Che non sono pronto, Alice, a far l'amore con te senza che tu mi ami.»

Lei rimase in silenzio e solo dopo aver respirato profondamente domandò: «È un rifiuto?»

«Sai bene di no.»

Lei scosse la testa, un po' canzonatoria. «Ti comporti come farebbe una donna: tentata, ma riluttante.»

«Proprio così. Io non ho timore delle mie reazioni che possono sembrare 'al femminile'.»

«E io non ho argomenti maschili da opporti, Bertrand.»

«C'è sempre il tempo, come argomento. E tu ne hai ancora bisogno. Vieni, su: andiamo a mangiare qualcosa e poi filo in aeroporto: c'è un volo serale per Ginevra in cui si trova sempre posto.»

Alcuni giorni dopo le arrivò a casa, con la posta internazionale, un cilindro di cartone che conteneva un foglio di pergamena arrotolato. Lo srotolò: era una poesia. Un biglietto accluso di Bertrand diceva: «Forse questo poeta polacco riuscirà a dirti le parole che non ho saputo esprimere».

Qualche volta verrò nei tuoi sogni
come un ospite inatteso, arrivato da lontano:
tu non mi lasciare fuori sulla strada,
non chiudere la porta.
Entrerò senza rumore e mi metterò seduto in silenzio,
nel buio stringerò gli occhi per vederti
e poi, quando a lungo ti avrò guardata,
ti bacerò e andrò via.

Un'altra primavera

19

«NON vuoi proprio tornare a casa?» domandò Mimì perplessa. E subito precisò: «Se desideri restare ancora qui, per me va bene, figurati. Però dovresti almeno andare a prenderti altri vestiti: è più di un mese che ti arrangi con gli stessi due pantaloni e quei tre brutti golfoni».

«Sono comodi», spiegò Isabel. «Ma hai ragione: andrò a casa e farò una sacca con qualcos'altro, se mi tieni qui ancora un po'.»

«Sei in freddo con tua madre?» Mimì non demordeva dalla sua indagine.

«Ma scherzi? Senti nonna: se sommiamo il mio caos di poppate e pannolini al suo caos di e-mail e telefonate che cosa ne risulta? Una casa invivibile. Aveva ragione mio padre di lamentarsi che quell'appartamento era insufficiente.»

La nonna alzò le spalle: «Oh, se è per questo gli uomini hanno sempre da ridire sulla casa che abitano: o non è abbastanza grande, o c'è qualcosa che non va. Mio marito, tuo nonno, ce l'aveva con questa vetrata che dà sul terrazzo: diceva che era un invito per i ladri».

«Ma andiamo! Una terrazza al quinto piano!»

Mimì alzò una mano in segno di dissenso. «Invece aveva

ragione: dal sesto piano, che è una mansarda, si salta giù come niente. E così ho deciso di mettere una chiusura con delle inferriate mobili. Domattina, credo, viene l'installatore.»

«Domani?»

«Domani o dopo. Sai, non ci sono più i ladri di una volta, adesso ci sono anche i ladri acrobati, una malavita diversa. Rapiscono anche i bambini.»

«Senti, Mimì, non diventerai catastrofica come la mamma, eh?»

«Tua madre, purtroppo, ha quasi sempre ragione. E poi capitano cose che non mi piacciono. Per questo pensavo che forse tu e la bambina stareste meglio a casa di Alice.»

«Vuoi mandarmi via o è successo qualcosa che non so?»

Mimì sedette, inquieta. «Telefonate. Sì, strane telefonate a vuoto. Tiro su il cordless, dico pronto e non si sente niente. Non una sola volta, ma più volte.»

«Magari erano sbagli...»

«Sì, appena sentivano la mia voce toglievano la comunicazione. Non sono scema, ti ripeto che è così: non si trattava di sbagli.»

«E poi cos'altro?»

«Poi non lo so, forse è solo un'impressione mia, ma ieri, quando sono andata ai giardinetti con la bambina nella carrozzina, mi sembrava d'essere osservata. Sai, quelle cose che senti e non sai spiegare.»

«Hai notato un tizio, o più d'uno, che vi stavano intorno?» domandò Isabel, allarmata.

«No, non direi. Ma come si fa a sapere? A volte una persona ti cammina vicino, guarda la bambina che dorme, dice: 'che bella!' e si ferma.»

«Uomini o donne?»

«Ti dico che è solo una sensazione, ma...»

«Ma?...» E Isabel si attaccò, zitta, a un'ipotesi piuttosto improbabile, ma perché no?, niente era prevedibile o previsto in tutto ciò che era accaduto. Così, senza indugi, domandò: «Te la ricordi la faccia di Pablo?»

«Ma certo, non girarci intorno, l'avrei subito riconosciuto.»

«Anche con un paio di baffi o con la barba?»

«Oh, Dio, Isabel! Non vorrai che uno si metta barba e baffi per vedere una bambina!»

«Ma per vederla senza essere riconosciuto magari sì.»

«Davvero?...» Era quasi eccitata, Mimì, all'idea di quell'ipotesi, che poi somigliava a una farsa o a una telenovela: tutto ciò che sapeva di avventura, imprevisti, sentimenti, le faceva riassaggiare il gusto della vita. «Davvero pensi che potrebbe essere lui?» E già sorrideva.

«Non lo so. Ma intanto al telefono cercherò di rispondere io, e vediamo che cosa capita.»

L'indomani era una giornata umida e fredda, Isabel decise che avrebbe fatto prendere aria alla piccola sul terrazzo, ben coperta nella carrozzina. Telefonò a sua madre e la pregò di metterle in una borsa pantaloni, felpe, camicie e qualche gonna lunga: ne aveva bisogno. Non ci furono telefonate misteriose, senza risposte all'altro capo del filo. La sera Alice arrivò con gli abiti della figlia e s'invitò a cena mettendo in tavola una torta di verdure ancora tiepida di forno. «Almeno qui con voi mi viene un po' di appetito», disse.

«Come vanno i tuoi bambini adottivi?» domandò Mimì versando del vino bianco, freddo, che sapeva piacere a sua figlia. «Li hai sistemati tutti?»

«Ce ne sono ancora tanti che aspettano. A giorni mi manderanno i dati e le foto di altri. Ma bisogna procedere con prudenza e valutare bene le persone disposte alle adozioni.»

«Ti sei trovata un bel da fare», commentò sua madre scuotendo il capo, «ma dovresti anche svagarti un po', fare un bel viaggetto, magari qualche giorno a Parigi con un'amica: vedi un po' di bei negozi, vai a un istituto di bellezza di quelli coi fiocchi e...»

«Oppure», intervenne Isabel, «perché non fai un salto a Ginevra da quell'avvocato tuo amico? È simpatico, e sono sicura che...»

Alice non la lasciò terminare: una ribellione fulminea e insensata la fece balzare in piedi. «Voi due! Non sapete far altro che parlare di vestiti e di uomini! Mi volete vedere accoppiata a ogni costo, basta che ci sia un uomo vicino a me e sono sistemata, come se l'aver perduto il marito mi avesse ridotta a metà...» E respirò con affanno prima di esplodere: «Ma la volete piantare? Io sono sola e me ne sto sola, e se mangio o non mangio, dormo o non dormo sono affari miei! Capito?»

«Capito. E risiediti. Sei diventata intrattabile come quando avevi diciassette anni.» E Mimì alzò le spalle.

«E dagli con l'anoressia! È passata una vita, da allora, una vita... la mia vita. E ancora non ci credo, e certe volte mi sembra che tutto debba di nuovo succedere daccapo... ma non la vita che ho vissuto, un'altra, un'altra...»

«Mamma!»

Sconvolta dall'emozione, Alice piangeva: poche lacrime, stentate, e un nodo durissimo alla gola. Si alzò di scatto. «Accidenti, non mi va più neanche di mangiare!» Respinse il piatto con la fetta di torta, s'infilò la giacca di piumino e prese la borsa. «È meglio che vada a casa. Scusate.» Uscì chiudendosi dietro la porta in modo che Isabel e Mimì, che si guardavano incredule, non dovessero nemmeno alzarsi da tavola.

«Io la vedo male», commentò sua madre, desolata. «Ma noi? Che cosa le abbiamo fatto noi?»

«Niente, nonna. Fa e disfa tutto da sola, dentro di sé.»

Più tardi, appena passate le dieci, squillò il telefono. «È

lei, è Alice», disse Mimì apprensiva. Ma non rispose nessuno. «È il solito cretino.»

«Lascia stare, nonna, e va' pure a letto. Porto il telefono in camera e se chiama qualcuno rispondo io.» Isabel preparò i biberon per la notte e il mattino presto: ormai Prandina prendeva tre poppate al seno e due biberon. *A fine aprile avrà già tre mesi. È quasi primavera.* Le piante sul terrazzo erano in germoglio, i giacinti nella coppa di terracotta già fioriti. *Ho ancora tre mesi per svezzare del tutto la bambina. Poi dovrò trovarmi un lavoro, non posso continuare a fare la laureata disoccupata, starmene dalla nonna, e prendere soldi da mia madre.* Ma i suoi erano progetti rimandabili, dopotutto Alice le passava mensilmente un assegno di millecinquecento euro e i mesi che aveva davanti a sé erano quasi un diritto di maternità, una parentesi morbida, tutta da godere col corpo e con l'immaginazione, perché altrimenti era perduta. *Non vorrei rinunciare neanche a un momento della vita di mia figlia mentre è così piccola*, sospirava Isabel fra sé. Ma che cosa sognava, per tutte e due, in quel tempo d'attesa in cui tutto era possibile e che non sarebbe mai più tornato?

Mimì dormiva, Prandina dormiva, Isabel si stava appisolando con il cordless sul cuscino. Quando udì il suo trillo a due note le sembrò quasi di percepirlo in sogno. «Pronto...»

Nessuno rispondeva.

«Pronto...» Isabel respirò e si tuffò a fondo parlando in spagnolo, sicura: «So che sei lì in ascolto. Ma se vuoi vederla, la bambina, perché un giorno o l'altro non sali semplicemente, suoni il campanello e io ti vengo ad aprire con lei in braccio?... Bene. Non ti farò nessuna domanda, non c'è niente da dire. So benissimo che cosa pensi e non è il caso di tornarci su perché non cambierebbe niente. Ma se vuoi vedere Prandina, noi la chiamiamo così, non è un bel soprannome? bene: vieni quando vuoi. A un'ora decente, però, altrimenti la nonna si spaventa. Buona notte, Pablo.»

Era mattina, il citofono suonò e il portiere annunciò: «C'è qui una persona che vorrebbe salire».

«Me la passi.» Isabel ascoltò le poche parole in spagnolo: «Posso salire? È un'ora decente?»

«Quinto piano. Ti vengo incontro.»

Ma non aveva la bambina in braccio, era sola, in tuta da casa, con i capelli umidi perché era appena uscita dalla doccia. Senza guardarlo gli fece strada fino al soggiorno, dove due operai stavano installando l'inferriata mobile, e poi a quello che era stato lo studio di Carlo Aloisi, dove ora soggiornavano il computer portatile e, di fianco allo scrittoio, la carrozzina con Carla Mimì addormentata.

«Eccola, è lei. La mia bambina.»

Aveva ragione Mimì nel dire: «Somiglia a una rosa»; il viso della piccola aveva una pelle di petalo, le mani uscivano minute e perfette dalle maniche della tutina, gli occhi ombreggiati dalle ciglia bionde erano chiusi in quel sonno immemore di sé che si rimpiange tutta la vita. Anche i pochi capelli, quasi una peluria sul cranio ancora pulsante, erano chiari, e il respiro così lieve che non avrebbe mosso le ali di una farfalla.

«Perché non mi hai mai detto di essere incinta?»

«A Siviglia neanche l'immaginavo. E più tardi non avevo delle certezze. Adesso sì, ho una mia certezza.»

Isabel si era seduta in quella che era stata la poltrona di suo nonno e fece cenno a Pablo di accomodarsi su una sedia accanto alla carrozzina. Aveva tanto atteso quel momento e quel colloquio ma era decisa a non fare domande né illazioni: solo ascoltare e rispondere. E quell'ambiente che aveva intorno a sé, quegli arredi famigliari, la pendola, lo scrittoio del nonno, il mappamondo di legno con i continenti pirografati così come li immaginavano cinque secoli fa al tempo delle esplorazioni geografiche, i libri che ormai da anni venivano spolverati e mai letti, tutto, anche la luce mattutina attenuata dai vetri colorati della finestra, tutto la sosteneva, tutto formava l'impalcatura in cui la sua vita e quella di Prandina erano venute al mondo. E prima di lei quella di Alice, che tuttavia non era sfuggita a profonde inquietudini. Ora, invece, quell'ambiente era un caposaldo nel quale né parola né pensiero né gesto potevano entrare a portare del male.

«La bambina è nata nove mesi e cinque giorni dopo la notte di Siviglia», disse Isabel col tono di una constatazione tranquilla ma fondamentale.

Lui fece un cenno vago, come di diniego. «Questo non fornisce nessuna certezza. Potrebbe esser stata concepita prima.»

«Potrebbe. Ma a me basta.»

Di nuovo Pablo scosse il capo, per inquietudine o per negare. «Quando il foglio del *Messaggero* è arrivato con la posta in casa di mio padre lui me l'ha subito mostrato dicendo: 'La bambina, probabilmente, non è né mia né tua'. Così la pensa lui.» E sottolineò: «Né mia sorella né mia figlia, quindi. Che cosa rispondi?»

«Che tu parli per bocca di tuo padre. Tutto qui.»

«Ma la paternità non è una parola e nemmeno un'opinione», reagì lui agitandosi, «è qualcosa che deve essere chiarita e riconosciuta dall'esterno.»

«No, Pablo, dall'interno. Sono millenni che voi maschi mettete regole e paletti per essere certi che un figlio sia del vostro seme. E nonostante tutto ci sono donne che sanno raggirarvi. Perché voi non vi ascoltate dentro. Che cosa ti aspetti? Una bella analisi che ti dimostri compatibile col sangue di questa bambina? Col suo DNA? Non ne so molto di queste ricerche, ma non sprecherò una stilla del sangue di Prandina per questo.» Scosse il capo e con accento di rammarico dichiarò: «Anche mio nonno ha covato per anni un dubbio simile: che mia madre non fosse figlia sua. E quando lei, crescendo, ha rivelato una inequivocabile somiglianza con lui ha sofferto il rimorso di non averla amata subito».

«E allora? Ammetterai che è un dubbio tremendo.»

«Sì, lo so, ho patito anch'io i miei dubbi. Ma ho già la risposta. Quando vi ho inviato quell'avviso di nascita ho sentito 'con certezza assoluta' che quello di voi due che sarebbe venuto qui è il padre di mia figlia. Sei tu, Pablo.»

«Tu sei pazza!» Era balzato in piedi, smarrito. Si sporse verso di lei, affannato dalla sua emozione. Isabel lo fissava, così pallido e sconvolto: le piaceva anche più di prima, forse perché sentiva di tenerlo in pugno. «Tu farnetichi con le tue certezze!» le gridò. «Tu stai giocando con me! Ma che cosa dirai a questa bambina quando 'davvero' ti domanderà chi è il suo papà?»

«Quando me lo domanderà...» e Isabel ebbe un barlume di sorriso, «forse vicino a me avrò un uomo che mi ama e che amerà anche lei.»

«No! Tu non puoi decidere tutto come ti pare. Tu vuoi punirmi, ridurmi alla disperazione, tu vuoi impadronirti della sua vita che non è solo tua!»

«Io?» Isabel sgranò gli occhi, come se non fosse possibile credere a quelle parole, e a voce bassa ma decisa stabilì: «Mia figlia si chiama Carla Mimì Prandi. Non Ribeira. E nessuno è padrone di lei, nemmeno io che l'ho fatta».

Pablo ora fissava la carrozzina e il bebè addormentato seguendo l'unico pensiero chiaro che da giorni gli perforava il cervello. Infine, raccogliendo tutte le sue perplessità e le sue poche risoluzioni, propose: «Potrebbe chiamarsi Ribeira, invece: basta dimostrare che lo è. Hai detto tu stessa che esistono dei mezzi per stabilire la paternità».

«La paternità di chi?» ribatté Isabel, sprezzante, «di due uomini che l'hanno rifiutata? Voi non l'amate, e perciò non siete così importanti.»

«Adesso sei tu che ci rifiuti.»

Isabel si alzò e gli andò accanto, dritta di fronte a lui. «No, Pablo, non vi rifiuto: ma non darò mai a nessun uomo nessun diritto su mia figlia, non le insegnerò a chiamarlo papà se non sono sicura che le vuole bene. È così. Pensaci, Pablo. Io non mi pongo la domanda se è tua figlia o tua sorella. Io lo so, e mi basta. E adesso abbassiamo la voce perché sta svegliandosi.»

Fremevano le ciglia e le palpebre, si dischiudevano gli occhi e apparvero le iridi blu scuro.

«Mia madre aveva gli occhi di questo colore», disse lui.

«Anche mio padre», sorrise Isabel prendendo su la bambina, «ma poi, come dice la nonna, gli occhi cambiano. Magari diverranno scuri come quelli di un'ava andalusa. Vuoi prenderla in braccio?»

Lui si ritrasse. «No... io mi sento impacciato coi bambini. Ho paura di lasciarla cadere.»

«È una paura molto condivisa da un certo tipo di uomini», scherzò Isabel.

«Quali?»

«I *machi.*» Con la mano libera tirò un cassetto e prese una busta porta-fotografie, ne trasse una di quelle che Bertrand aveva fatto in clinica. «Qui Prandina aveva due giorni. Gliel'ha fatta un amico della mamma. Tienila, magari di tanto in tanto ti verrà voglia di guardarla. Mostrala anche a tuo padre. Così non dovrà nemmeno fare un viaggio per vedere sua nipote.»

«Accidenti, Isabel, non siamo due barbari. Pensi che possiamo dimenticarci che esiste?»

Lei scosse il capo: «No. Ma c'è bisogno di tempo perché un bambino entri nella nostra vita. È un essere umano nuovo. Prima non c'era e a un tratto c'è. Le madri, almeno, hanno nove mesi per abituarsi all'idea». Rimise la figlia nella carrozzina e aprì la porta verso il soggiorno. «E adesso deve mangiare. Ti accompagno, Pablo. Ma puoi tornare quando vuoi. Non hai quasi parlato di te. Che cosa stai facendo della tua vita? Tuo padre ha finalmente capito i tuoi progetti?»

Il giovane era quasi sull'uscio quando si voltò: «Avevi detto che non avresti fatto domande, Isabel».

«Scusami.»

«Per oggi, parlare di me sarebbe troppo.»

Lo vide uscire come se portasse sulle spalle un peso enorme.

Lei aveva ben capito che Pablo voleva dei sì o dei no: certezze. Detto così sembrava ragionevole e al tempo stesso ottuso. Ma Isabel aveva letto molto di più nel viso e nell'atteggiamento di lui in quella mezz'ora, tanto era durata quella sua visita sui carboni ardenti. Pablo sembrava sconfitto, e non dal dubbio, che rinfocolando le sue reazioni era tuttavia un'emozione viva, bensì da un rancore grigio, quieto e disperato che lo impantanava.

Forse è uno di quegli uomini che riescono solo a obbedire, si disse lei rammentando come si fosse fatto scudo della parole di suo padre. *E per di più detesta l'autorità di lui, che è così forte da dimostrare sempre d'aver ragione.*

«Certo è un gran bel ragazzo», commentò Mimì che lo aveva sbirciato non vista mentre la nipote lo accompagnava alla porta. «Ma ha un'aria così triste! Però, come avrà fatto a scoprire che stai qui, da me?»

«Non gliel'ho chiesto, ma non dev'essere stato difficile.

Basta chiedere alla portiera di mamma. E poi io stessa gli avevo parlato di questa casa.»

«Ha detto che tornerà? Tu ci speri?»

Isabel rispose con un cenno vago, ma s'interrogava. Sì, non voleva che Pablo sparisse nella dimenticanza che avrebbe creato un vuoto nella vita di sua figlia, e per di più non sottovalutava la stretta al cuore provata nel momento in cui l'aveva rivisto: un dolore di nostalgia, come se proprio vedendolo le sembrasse irrecuperabile, perduto. Poi no, si era ripresa, si era sentita più forte anche se ancora terribilmente attratta da lui. Ma che cos'aveva mai quel ragazzo immaturo, incerto e succube di suo padre, per attirarla tanto? *Questione di pelle, si vede che somiglio a mamma: gli uomini mi piacciono.*

«Ne sei ancora innamorata?» domandò Mimì.

«Va' a sapere. Mi fa pena, e una gran rabbia. Ha tutto, tutto quello che serve per essere un uomo adulto: intelligenza, bellezza, cultura, sensibilità, e anche volontà. Ma non sa usarla: ha paura.»

«Eh, ma non deve mica andare alla guerra!» rise Mimì, per la quale il coraggio era un *optional*; le piacevano i furbi, anche se un po' codardi.

«Perché?» ribatté la nipote. «Vivere non è una guerra?»

«Lui, allora, sarebbe un guerriero mancato? Se è così», concluse Mimì, «farà parte di quelli che stanno sempre a galla!»

Anche il guerriero mancato rimuginava ogni parola di quell'incontro. La bambina, che fosse sua o no, era un essere a parte per il quale provava la superficiale tenerezza che si ha sempre per i cuccioli. Ma Isabel, no. Isabel reclamava tutta la sua attenzione. Com'era cambiata! Sempre bella, ma forte, non riusciva a dimenticarla, dominava tutti i suoi pensieri e le sue emozioni anche quando lui cercava di giustificare i suoi dubbi. Lontano da suo padre, le certezze insindacabili del vecchio Ribeira si sfaldavano, rivelavano la loro trama di egoismo e d'indifferenza. *Chissà se il professore si è trovato altre volte in un frangente come questo,* si domandò, *e ne è uscito come adesso con la negazione e il rifiuto. Magari ci sono altre piccole Ribeira non riconosciute che camminano per le strade di Madrid.* Pensare così, di suo padre, lo faceva sentire meno indegno perché si ripeteva che lui, se avesse avuto delle certezze, non si sarebbe mai voltato dall'altra parte. Ma per Isabel contavano altre verità.

Decise che sarebbe tornato da lei l'indomani, solo e semplicemente a salutarla prima di partire.

Erano soli in casa, il giorno dopo. Nel soggiorno non c'erano più i due operai a installare le inferriate che ora Isabel aveva spalancate come se fossero inutili, consentendo così di ammirare, oltre la porta a vetri, il terrazzo germogliante di verde. Loro due, nel soggiorno, stavano l'uno di fronte all'altra con in mezzo, sul tavolino basso, il vassoio del tè con il bricco e le belle tazze di Mimì.

«L'altro giorno non ti ho nemmeno offerto un bicchier d'acqua», si scusò Isabel versando il tè. «Allora parti oggi? Torni a Roma?»

«No. Ho lasciato Roma e sono rientrato a casa giusto per le feste di Natale. Del resto non mi restava più un soldo in tasca.» E quasi con leggerezza spiegò: «Non avevo combinato granché, a Roma. Lo sai come succede: conosci l'uno e l'altro, ti pare di entrare in un certo ambiente, oggi hai delle speranze e domani chi ti conosce? Ho fatto un corso per aiutoregista di un paio di mesi... tutte belle teorie ma niente di più».

«Ci vuole tempo, e impegno», commentò lei.

«Appunto. Anche solo per capire che c'è in giro un sacco di chiacchieroni, gente che sembra chissà chi e poi sono dei millantatori. Ma mi è servito. Quando sono rientrato a casa ho cercato di avere dei contatti a Madrid e a Barcellona: ci sono tante iniziative, anche per chi vuol cominciare. E mi dicevo: almeno gioco in casa. Invece...» E scosse la testa come se gli fosse impossibile continuare.

«Tuo padre? Non vuol saperne?»

«Mi ha messo con le spalle al muro: o l'università o fuori di casa. E così...» allargò le braccia come chi si arrende, «ho piegato la testa.»

«Solo per ora, spero.»

«Lui forse ha ragione. Sono così confuso, Isabel...» E la fissava come se non la vedesse e parlasse a se stesso davanti a uno specchio impietoso. «Ma quello che è incredibile», continuò, «è che, obbedendo a mio padre che detesto e rientrando nei ranghi, ho provato un gran sollievo, quasi gratitudine per esser stato riammesso nei suoi progetti, come se avessi obbedito al padreterno e fossi stato assolto. Proprio così, ho ripreso l'università e mi sono sentito in pace.»

«E poi è arrivato l'annuncio della nascita di Prandina», proseguì Isabel intuendo il seguito.

Pablo si stropicciò gli occhi, come se con quel gesto potesse veder meglio dentro di sé. «Già», ammise. «Il professore non voleva che partissi. Avrei dovuto fare un altro inchino e stare di nuovo zitto: solidarietà famigliare, si chiama. Ma non ho potuto. E sono venuto a vederla.»

«Che cosa si aspetta, da te, tuo padre?» chiese Isabel allargando la domanda a tutto il futuro di lui.

«Non lo so. Per ora l'università... Tornerò a casa, Isabel, non posso fare niente di diverso. Ma ho deciso che non gli parlerò mai più.»

«Che schermaglia stupida!» replicò lei, decisa. «Giocheresti ancora una volta in difesa per trovarti di nuovo nell'angolo.»

«Che cosa vuoi che faccia? Che diventi complice della sua meschinità?»

«Meschinità? Non solo: è arroganza, voglia di punirti.»

Rifletté qualche istante e gli propose: «Tu digli solo la verità: che hai visto Prandina e che è bella. Nient'altro». Di nuovo attese un poco e quasi lo pregò: «Non aver paura del professore. Non può farti niente». Si sporse verso di lui per comunicargli un'energia, una certezza che si esprimeva con le stesse parole dette a Mimì: «Mi fai rabbia, Pablo. Hai tutto, tutto quello che serve per essere un uomo e anche di più: hai intelligenza, bellezza, cultura, sensibilità, hai fantasia. E anche volontà. Altrimenti non soffriresti tanto. Ti manca la ribellione».

«E che cosa dovrei fare per ribellarmi?»

Lei sorrise, spietata: «Uccidi tuo padre. Uccidilo con la pazienza, con l'astuzia, con la determinazione a seguire la tua via, la tua!»

Lui era esterrefatto, come se non Isabel ma Medea, Giuditta e Carlotta Corday gli fossero davanti: terribili immagini di vendetta contro il vecchio al quale lui aveva sempre obbedito, e che era il genitore. Suo padre. Di cui anche lei aveva subito il fascino, ma senza annullarsi.

«Lo dici per vendicarti?»

«No. Solo per la tua salvezza. Non serve sprecare tante parole: lascialo a bearsi della tua sottomissione, da' un paio di esami ogni tanto giusto per tenerlo buono e lavora per te: cerca nuovi amici, entrature nel mondo che ti interessa, nelle nuove iniziative di cui mi dicevi, lavora anche per niente, ma con chi ti può insegnare. Cerca delle possibilità alla televisione, alla radio, nei giornali, nel teatro, pur di fare esperienza. Sarà dura, molto dura. Ma mai come rinunciare.»

Lui obiettò: «Lui non è stupido. Anche tu ti sei fatta un'idea del chiarissimo professor Gomez Ribeira».

«Sì, forse ti farà la guerra, o forse no. Ho visto com'è andata fra mio padre e Gabriele.»

«Tuo fratello?»

«Sì. Adorava il 'babbone' fino ad averne fatto il suo idolo, il suo modello. Ma era infelice, perché il lavoro e l'ambiente che lui gli aveva procurato e imposto, tutto era contrario alla sua natura più profonda. Era confuso, e non sapeva come uscirne, da che parte andare. Non come te, che almeno sai che cosa vorresti. Ha dovuto combattere contro un padre che amava, che per lungo tempo ha ammirato. Ti rendi conto? Io, io ho visto giorno per giorno quanto gli è costato ribellarsi e non detestarlo. Ma l'ha fatto, ha cambiato lavoro e ha cambiato vita.»

Pablo l'aveva ascoltata in silenzio, prima guardando il suo viso che lo distraeva, poi fissandole il seno sotto la maglietta aderente che lei indossava con una gonna lunga. Sembrava che le parole nemmeno lo sfiorassero.

Adesso Isabel sentiva di non aver altro da aggiungere, ed era stanca. Avrebbe voluto dirgli: «Ti amo», semplicemente. Ma quelle due parole significavano troppo per lei, e forse lui oggi non le avrebbe capite. Magari domani, un domani non troppo lontano, non troppo lungo da attendere... Giorni che dovevano passare perché si producesse un cambiamento. Dentro, dove accadono gli unici mutamenti che hanno senso nella vita. Si lasciò andare contro la spalliera del divano su cui era seduta e chiuse gli occhi.

«Dov'è la bambina?» domandò lui.

«Fuori con la nonna. Vanno ai giardinetti quando c'è un po' di sole.»

In silenzio, lui si alzò e si avvicinò fino a sederle accanto. Fissandola, le carezzò col dorso della mano una guancia, il collo. Poi scese a toccarle il seno e le baciò il viso quasi domandandosi se poteva cercarle le labbra, l'abbracciò stringendola e sentendo che non s'irrigidiva.

Isabel riaprì gli occhi.

«Pablo...» sussurrò senza muoversi, «mi piaci sempre, lo sai. Ma no, adesso no.»

Lui si ritrasse.

Quando Mimì e Prandina rientrarono, Isabel era rannicchiata nel divano. Sola. E piangeva. Piangeva per sé e per la sua bambina. Piangeva per la sua solitudine, per quel ragazzo che doveva farne ancora di strada prima di diventare un uomo, piangeva perché il suo corpo lo desiderava e il suo cuore ne aveva paura, piangeva perché sua figlia non meritava un padre indifferente e indeciso, piangeva perché lo amava e si arrabbiava per quell'amore e per quel dolore.

20

No, non sono innamorata di Bertrand. Continuo a pensarci e mi sento stupida. Forse gli voglio bene perché ho bisogno di lui. Ma questo amore-bisogno non è un sentimento di serie B?

Alice si vestiva per il battesimo di Prandina ma non pensava affatto alla nipote, pensava a Bertrand che aspettava nel soggiorno chiacchierando con Gabriele e Fiorenza, rientrati dall'India due giorni prima, come se fosse già uno di famiglia. Lei era stranamente emozionata, come se stesse vestendosi non per una festa ma per una iniziazione. Di chi? Di quella pupattola così inconsapevole da aver bisogno di due angeli custodi, due padrini che garantissero per lei? No, era la sua vita, la seconda vita di Alice a reclamare un nuovo corso, che le sembrava incerto e precario, persino imprudente. Aveva preso alcune decisioni, ma le parevano ancora ininfluenti. E poi, si può mutare la propria realtà quando il passato è ancora alle spalle?

Indossò una gonna lunga e chiara e, sopra, una giacca senza collo. Sulla scollatura nuda posò due fili di corallo e uno d'avorio. Prese una sciarpa di cachemire a righe bianche e beige. A Bertrand piacevano le sue sciarpe.

Era primavera, una domenica di fine aprile, di quelle in cui la luce è improvvisamente troppa, il mondo è verde anche nei viali alberati di una città grigia come Milano e c'era persino silenzio perché, evento imprevisto e gratuito, le auto non circolavano. Isabel era felice di quella domenica a piedi, una bellissima mattina con l'aria pulita mossa da qualche alito di brezza.

Camminava trionfante verso la chiesa del Redentore, cinquecento metri nel traffico inesistente, con in braccio la sua bambina vestita dell'abito lungo, di pizzo bianco punteggiato di roselline, che aveva portato lei stessa quasi un quarto di secolo prima. Dietro, il piccolo corteo di tre coppie: Gabriele e Fiorenza, padrino e madrina, Mimì e suo fratello Gianni che si era mosso dal suo eremo in Riviera perché «ci vuole pure un uomo della mia famiglia, ad accompagnare la bisnonna»: così aveva stabilito la settantunenne signora in robe manteau lilla con turbante di seta. Per ultimi Alice e Bertrand, che aveva portato in dono alla piccola una catenella di maglia veneziana con minuscoli misteriosi pendenti che nessuno aveva mai visto e che lui aveva definito «simboli di vita».

«Come si chiama?» aveva domandato il prete il giorno prima mentre fissava l'orario della cerimonia, per annotare il nome e proclamarlo sulla testa della neonata che l'avrebbe portato tutta la vita, come un tatuaggio sulla pelle e un sigillo sull'anima.

«I nomi sono Carla Mimì Beatriz», aveva risposto Isabel, e chinandosi verso Alice, alla sua muta interrogazione aveva chiarito: «Beatriz era la madre di Pablo. Non è un nome bellissimo?»

Lui però non c'era, in quella mattina d'aprile. *Meglio così,* pensava Alice, *meglio evitare domande e aspettative.*

Il battesimo è un rito misterioso che chiama a raccolta simboli più antichi della croce stessa: l'acqua, il sale, l'olio, la luce del cero. *È il passaporto per sentirsi parte di una comunità,* rifletteva Alice ascoltando le voci di suo figlio e di Fiorenza che rispondevano alle domande rituali, *e con Gabriele ha funzionato.*

Che cos'aveva detto quel cappellano quando aveva battezzato suo figlio di nascosto da Alfiero prima di uscire dalla clinica? *Gabriele significa eletto da Dio.* E come? *Dio avrà un suo disegno.* Alice non aveva più ripensato a quelle frasi che adesso apparivano quasi profetiche, nemmeno la sera prima se ne era rammentata mentre domandava a Fiorenza: «Pensate di sposarvi?»

L'altra aveva soppesato per qualche secondo la domanda, ma, con una delicatezza che niente toglieva alla sincerità, aveva dato una risposta trasversale: «Vede... per Gabriele è più facile amare tanti bambini che non quello che sarebbe un figlio suo, della sua carne».

Alice aveva sentito uno stringimento, proprio all'altezza dello sterno: dolore per il suo ragazzo che, forse, sarebbe rimasto solo.

«Ne sei sicura?»

«Penso di sì.»

«Ma è terribile. E allora? Vi lascerete?»

Fiorenza aveva sorriso scuotendo il capo: «Penso che abbia bisogno ancora di tempo, per capire. Per scegliere».

E adesso, mentre Gabriele reggeva la sua nipotina, Alice si domandava se Fiorenza non avesse ragione e se suo figlio non fosse chiamato a un altro tipo di amore, più vasto, meno personale, come quello cui era approdata, spinta dal dolore, Gloria Gallant: l'amore di chi non dimentica le emozioni umane ma va oltre, l'amore che diviene compassione.

No, non era per lei, non le apparteneva. Alice poteva toccare con mano la passione di Isabel per Pablo; anche se sua figlia non ne parlava, sapeva che i due si telefonavano, si volevano da lontano, ed era sicura che quella passione li avrebbe rimessi insieme nel bene e nel male, con gli errori e le battaglie che proprio la passione alimenta. Non poteva esserci amore, per lei, senza quella spinta umana, egoistica e irresistibile, verso l'altro, senza che il corpo parlasse ciecamente, il cuore battesse, il respiro si fermasse in gola perché tutto spariva quando lui, e lei, volevano esser presi, baciati, stretti, e amati.

In piedi accanto al prete, Alice non era lì, non seguiva le fasi del rito, le domande e le risposte di rinuncia a Satana che poi venivano puntualmente disattese; sapeva però che Gabriele si stava impegnando per quell'anima che viveva nel piccolo corpo vestito di bianco, e l'avrebbe seguita tenendola per mano come padrino tutta la vita: di questo era certa. Ma lei, che cosa andava ruminando sull'amore, lei, che aveva vissuto trent'anni con Alfiero senza accorgersi di amarlo? Lo amava, invece, lo amava in quel suo modo razionale e sensuale, impegnata nel suo ruolo di moglie, senza le oscillazioni del cuore e della fantasia. E per questo l'aveva perduto, forse. *Era anche quello un sentimento di serie B, forse l'unico di cui sono capace? Ma no, io lo so che una volta, una volta almeno ho amato in modo totale, folgorante.*

Il pranzo dopo il battesimo fu il capolavoro di Mimì, che aveva rifiutato l'ipotesi di un ristorante chic perché «non si porta la bambina in quell'aria viziata». Si era data da fare per due giorni con la sua domestica per preparare delicati vol-au-vent, torta di carciofi, spumoni di prosciutto e mousse di salmone affumicato, per cimentarsi in un fantasioso piatto forte vegetariano in omaggio a Gabriele e terminare con una torta meringata coperta di petali di rosa. «Questa», dichiarò portandola in tavola, «è una mia ricetta: si chiama torta di Carla Mimì, perché finché sarò in vita gliela preparerò a ogni compleanno.»

Bertrand Liebmann assaggiò qui e là da buongustaio, fece i complimenti alla cuoca, ma mangiò pochissimo.

«Il tuo amico è emozionato», sussurrò Mimì ad Alice, «o forse lo stiamo frastornando con le nostre chiacchiere: non ha mangiato niente.»

«Hai preparato troppe goloserie, e lui è a dieta, non può permettersele.»

«Tu non capisci niente come al solito», concluse Mimì sconfortata, «quell'uomo è in crisi.»

«Alt!» frenò Alice. «Evitiamo le solite gaffes, invece.»

«Quali?»

«Quelle che mi tolgono l'appetito. E lascia stare il mio amico.»

«Stupida, non si può mai aprirti gli occhi.»

La bella tavola venne sparecchiata per il caffè, Bertrand s'ingolfò in una nuova conversazione con Gabriele e Fiorenza, Isabel andò a cambiare la piccola che si era svegliata, Mimì si chiuse in cucina dove la donna stava rigovernando e mise in una busta una lauta mancia perché era giusto che facesse festa anche lei. La vita quotidiana, spicciola, riprese i suoi minuti percorsi e Alice, con un brivido, anticipò la fine di quella giornata ancora piena ma già avviata al declino. S'infilò la giacca e si chinò all'orecchio di Bertrand per sussurrargli: «Facciamo due passi?»

Fuori, il pomeriggio le sembrò meravigliosamente chiaro. «Non ce la facevo a restare un minuto di più in casa», confessò lei mentre prendevano per il corso Buenos Ayres affollato di gente che bighellonava. «Che bello, gli spazi dei veicoli vengono subito recuperati dai pedoni: camminiamo tutti in mezzo alla strada. Questo è un corso molto popolare, molto milanese, non è elegante come certe vie del centro ma è vivo.»

Bertrand le stava accanto, sciolto, accordando il passo con quello di lei che era più rilassato del solito, un ritmo da passeggiata che presume tempo davanti a sé. Sembrava pensieroso.

«Mi piace la tua famiglia», disse. «Tua madre poi...»

«Ti piace Mimì?» lei rise. «Non sei il solo ad apprezzare il suo fascino imperituro.» Poi, cambiando apparentemente discorso, soggiunse: «Ho regalato il mio appartamento a Isabel, così ha una casa sua. Io e Gabriele la utilizzeremo come pied-à-terre quando verremo a Milano».

Lui si fermò, interdetto: «Cosa fai? Vuoi tornare con lui in India?»

«No, magari più avanti farò un altro tentativo, ma non per restarci.»

«E dove vuoi andare? Questa è la tua città.»

Alice camminò guardando a terra per due, tre passi, poi voltò la testa verso di lui e annunciò: «Avrei pensato di venire a Ginevra. È una città che conosco, che mi piace abbastanza. Se tu mi dai una mano a trovare un appartamento in cui fare casa e studio.»

«Casa e studio?»

«Sì, voglio continuare a occuparmi dei bambini e del villaggio, e magari là potrei trovare degli altri sponsor, se mi aiuti. Voglio provarci, Bertrand. E non dirmi che ho abbastanza soldi per darne a padre Thomas e al tempo stesso fare un viaggio intorno al mondo. Non so che farmene del mondo, voglio sapere che cosa fare al mattino quando metto i piedi giù dal letto... un lavoro, come ho fatto tutta la vita anche se non guadagnavo una lira. Se tu mi aiuti. Che ne dici?»

«Che può essere una buona idea.» Bertrand era molto serio, adesso, e ripeté: «Ma puoi farlo anche qui, pensaci».

Lei alzò le spalle. «Non ho più niente che mi tenga qui, e la nipotina non mi basta. Ti sembra strano? Ma i miei figli hanno la loro vita e adesso anche la loro casa. Ah, lo sai che ho adottato una bambina del villaggio? Si chiama Janaki, ma non mi ricordo di averla vista quando ero là. Dovresti aiutarmi a scriverle una lettera, il mio inglese è così elementare. E voglio mandarle una mia foto, loro si aspettano di vedere che faccia ha la loro *mummy* che sta in un paese lontano.» Parlava e parlava veloce, come fosse da sola. Ma d'improvviso si scaldò come se volesse fargli capire qualcosa di ancora non detto: «Insomma, Bertrand, dovrò pure trovare il modo, il coraggio per un cambiamento!»

«Un cambiamento?» lui non domandò altro.

Per un po' continuarono a camminare in silenzio. La gente – coppie, genitori con le carrozzine, anziani, bambini che correvano qua e là – sembrava un fiume che si aprisse quando passavano per non toccarli.

«Bertrand...» Alice si fermò di botto come se non potesse più procedere e parlare, «Bertrand, giro intorno all'unica cosa difficile da dire: vorrei stare vicino a te. Mi manchi quando non ci sei, e non mi bastano più le tue telefonate di sera...» Si voltò appena a sbirciarlo e vide che quasi sorrideva: «E non fare quell'aria divertita come quando riuscivi a stanare un granchio da un buco! Lo ammetto: sono sola. Forse non sono una donna della quale ci si possa innamorare, ma perlomeno sono una buona compagnia, non sono stupida e talvolta sono perfino divertente, e gioco a scacchi e magari potremmo scoprire che abbiamo anche altri gusti in comune, che ci piace fare delle cose insieme... da buoni amici.»

Lui la prese per un braccio e la fece girare verso di sé. «Ma cosa stai dicendo? Sei proprio fuori strada: io ti amo, Alice.»

Senza parole, lei balbettò soltanto: «Io... io non lo so».

Bertrand si mise a ridere e frenò il gesto di abbracciarla in mezzo alla strada. Si chinò verso di lei. «Non lo sai? E allora andiamo a fare l'amore, così poi tu capisci se mi ami o no.»

«E dove, se a casa mia c'è tutta la famiglia!»

«Lascia in pace la famiglia», e fece un cenno oltre l'inizio del corso, «a cento metri c'è il mio albergo. Possiamo anche fare una corsa.»

E quasi la fecero, come se di colpo fossero diventati due ragazzi di una volta, che andavano a far l'amore nel pomeriggio mentre i genitori non lo sospettavano. Quell'aria di clandestinità, quel guardarsi mentre si affrettavano, era un'avventura, e diede un buffo imbarazzo ad Alice mentre Bertrand recuperava la chiave della camera dal portiere. Attraversarono l'atrio e s'infilarono nell'ascensore senza guardarsi intorno. Quando ebbero percorso il corridoio del terzo piano, Alice si fermò con lui alla camera 309 senza più fiato, gli occhi chiusi, immobile.

Era percossa improvvisamente da una folgore scaturita dalla memoria: quella sera a Ginevra, quando era salita in camera con Jean-François la prima volta, e non sentiva dove posava i piedi, né vedeva intorno, né udiva la voce di lui che l'invitava: «Entra», presa com'era, risucchiata, avviluppata da quella spirale inebriante che non era solo desiderio, era consapevolezza d'amore, vibrante fino alla punta delle dita, fino alle fibre dell'anima. Non credeva che avrebbe mai più vissuto un momento come quello, ma l'emozione che aveva dischiuso quel ricordo ora era qui, in lei, rinata.

«Che cosa c'è? Sei diventata pallida...»

«È l'emozione. Non avrei mai creduto...»

«Che cosa? Sono emozionato anch'io, sai.»

«Niente», disse lei entrando e poi voltandosi per abbracciarlo subito. «Te lo racconto dopo.»

«Come sei bella. Oggi ti guardavo, con quel vestito chiaro, quelle file di coralli e d'avorio. Hai un tocco così elegante.»

«E adesso?» ridacchiò lei. Adesso aveva i capelli scomposti e sporgeva con le spalle e le braccia nude dal risvolto del lenzuolo.

«Anche meglio. Sai, quando pensavo a te in questi mesi, e non ti ho vista spesso, mi tornavi sempre davanti con quel costume bianco mentre ti allacciavi la cuffia e andavi verso l'acqua con una leggerezza... e poi ti sei tuffata. C'è sempre un'immagine che prevale sulle altre», soggiunse poi, e tornò con lo sguardo su Alice, come se lo spostasse dalla figura di allora alla donna che era presente e che aveva tenuto fra le braccia.

«Di te, invece, l'immagine che ho ricordato di più è quando ti ho rivisto la prima volta a Roma...»

«Perché ero dimagrito di quasi venti chili», ridacchiò lui. «Non mettere il dito nella piaga: vicino a te mi sento come un orso.»

«Un orso senza peli» sorrise Alice, e quasi sgridandolo: «Ci penserò io a farti perdere altri dieci chili. Non c'è miglior dieta dimagrante che fare l'amore.» Poi, improvvisamente, sospirò: «Sto così bene qui con te, così bene che l'idea di rivestirmi e tornare a casa...» Le passò un'ombra negli occhi: rivedeva se stessa uscire al mattino dalla casa di Newland e dimenticarsi, pochi passi dopo, d'aver trascorso la notte con lui, convinta che non l'avrebbe neanche più rivisto. Si drizzò su un gomito, ribellandosi: «Non voglio cominciare così, a mordi e fuggi. Mi mortifica e mi addolora, e mi pare di sciupare tutto».

«Piano, piano...» e Bertrand la spinse con dolcezza, di nuovo, con la testa sul cuscino. «Dici tutto tu, decidi tutto tu. Aspetta, invece.» E sporgendo un braccio prese il cellulare sul comodino. «Adesso, se vuoi, chiami casa tua e avverti che resti fuori. Con me. Poi, domattina ti riaccompagno a casa, prepari una piccola valigia e prendiamo insieme un aereo a mezzogiorno.»

«Così? Tutto d'un botto? Senza pensarci?»

«Credo che tu ci abbia già pensato abbastanza.»

«Ma non corriamo troppo?»

«Mettiamola così: ti fermi là qualche giorno e intanto vediamo di trovare la tua casa studio.»

«Ho capito: non corriamo affatto.»

Bertrand la guardò serio. «Alice, la mia casa è la tana di un vecchio scapolo, piena di abitudini e di solitudine. Anch'io ho bisogno di qualcosa di nuovo, di pareti diverse, di non creare subito una routine. Tu... tu sei stata sempre nuova, per me, una sorpresa, una sfida. Voglio che continui così. Questo di te mi piace, fa parte del tuo fascino, Alice.»

«Io sarei quella che ha fascino? Io sarei sempre una sorpresa? Dillo ai miei figli che mi vedono solo come una casalinga.»

«Non è vero, o non solo. E tu, a me, hai sempre mostrato quella parte di te che gli altri forse non conoscono.» Soprappensiero mormorò: «Vorrei una casa nuova, delle pareti nuove, qualcosa che comincia con me e con te. E anche tu ne hai bisogno».

«E il tuo giardino? La tua casa e il tuo giardino sono una cosa sola.»

«Ma io non ho nessuna intenzione di disfarmene, vorrei solo abitarla meno. Come quando viaggiavo.»

«Tu viaggiavi? Molto?» domandò lei. Si rendeva conto che di quest'uomo, che l'aveva amata con una dolcezza struggente, quest'uomo che la guardava con occhi in quel momento velati da una strana malinconia, doveva ancora imparare tutto.

«Sì, una decina d'anni fa ho fatto dei viaggi abbastanza importanti: Medio Oriente, Persia, Giappone.»

«Solo?»

«Io non riuscivo a viaggiare in gruppo. Preferivo esser solo e potermi fermare qua e là.»

Alice rifletté su quel «qua e là», immaginandosi Bertrand

magro e solitario, come un Bruce Chatwin con una sahariana kaki e un cappello di tela in testa. «Sai», disse poi, «ognuno di noi due ha dietro di sé mezzo secolo, anno più anno meno. Avremo bisogno di tempo, per raccontarci.»

«Ci proveremo. Ma ti avverto, io non sono loquace come quei colonnelli inglesi in pensione che parlavano sempre di quando erano in colonia.»

«E io non ho nessun viaggio da raccontare. Il primo, da sola, è stato quello a Sharm.»

«E l'India?»

«Te l'ho detto: è stata un fiasco.»

«Non direi. Stai facendo un bel lavoro per quei bambini. E potremmo tornarci insieme.» Quasi imbarazzato, le confidò poi: «Lo sai che vorrei adottare anch'io un bambino? Ci ho pensato più di una volta, ma... ti stupirà questa mia debolezza: vorrei prima vederlo, conoscerlo».

Alice non si stupì affatto, anzi, seguendo un'intuizione precisa, disse: «Scommetto che adotterai il più piccolo, il più abbandonato, il più solo, quello che ti guarderà negli occhi senza sperare niente».

Lui rise per mascherare l'emozione che gli avevano suscitato quelle parole. Non serbava alcuna immagine di sé bambino, ma soffriva sempre per la memoria di sé, piccolo, solo e abbandonato. «Hai ragione. Ma perché non si riesce mai a dimenticare?» domandò guardandola smarrito.

«Forse perché si ha bisogno di qualcuno che tenga fra le braccia il bambino che siamo stati», rispose lei. «Anch'io ero molto sola.»

Cominciarono così, scambiandosi la loro infanzia lontana; poi, adagio, risalirono qua e là a momenti della loro vita che si affacciavano spontanei, chiamati dalla confidenza, associati a parole, luoghi, colori, persino sapori lontani. Perché così si dona l'un l'altro la propria vita, raccontandosi come viene, seguendo il filo aereo della memoria, e così s'intesse, filo dopo filo, l'amore: l'uno accanto all'altro, ogni tanto qualche carezza, respirando la vicinanza, le parole e, qualche volta, i pensieri.

«Che buon profumo hai. Sai di miele e di fiori...»

«È una colonia che mi piace.»

«Te ne regalerò una maxibottiglia, di quelle che i profumieri mettono in vetrina.»

«Ma quelle sono tutte false!»

Da troppi anni Alice non aveva parlato con qualcuno così, senza quasi pensare, con spontanea confidenza, la stessa che il suo corpo provava per quello di lui fino a un'ora prima sconosciuto. Ma la confidenza del corpo, del letto comune, del parlare dopo l'amore non era nuova per lei, l'aveva vissuta con Jean-François e anche con Alfiero. Nuova era quella vita che intravedeva alle spalle di Bertrand, a lampi, dietro qualche parola e qualche immagine. Lui era tutto da scoprire, ma faticava a raccontarsi, non ne aveva l'abitudine e forse nemmeno il coraggio.

«Non sarai per caso timido? Vediamo: so che sei riflessivo, riservato, abitudinario, geloso della tua intimità. Non è così?»

«Io vorrei dividerla con te, la mia intimità.»

«Ma che cosa ti trattiene?»

«Mah, un po' di timore e un'oppressione: mi sento tutta la vita pressata dietro le spalle e vorrei invece essere libero, col piede leggero come te quando correvi verso il mare. Quanto ti ho invidiato, quel mattino!»

«Me? Hai invidiato me? In quei giorni ero una donna a pezzi.»

«No. Non lo sapevi ancora, ma avevi le ali ai piedi.»

«Adesso mi par quasi di averle, le ali, come mi è accaduto una sola volta prima di oggi.» Gli fece cenno verso la finestra: «Guarda, Bertrand, guarda quel cielo. È viola: è un crepuscolo di primavera. Anche se tu non mi volessi più rivedere, quest'ora resterebbe perfetta nella mia vita».

«Perché stai dicendo che magari non vorrei più rivederti?» chiese lui, turbato.

«Perché una sola cosa ho imparato, in mezzo secolo di vita: che tutto passa e tutto è prezioso.»

D'un tratto lui ebbe uno scarto nella memoria: rivide Alice appoggiata allo stipite della porta, prima di entrare in camera, pallida e quasi sconvolta. Risentì la sua voce affannata: «Dopo, te lo racconto dopo».

«Quando siamo entrati qui, in camera, che cosa volevi dirmi con quella frase: 'Dopo, te lo racconto dopo'?»

Lei non rispose subito, ma non era trattenuta da dubbi o ripensamenti, anzi, lui vide che sorrideva, sembrava si fosse gettata dalle spalle vent'anni, era l'Alice di un tempo perfetto, passato e presente, un tempo che capovolgeva ogni previsione e ogni aspettativa. «In quel momento», gli confidò, «ho rivissuto un'emozione di tanti anni fa: l'emozione d'amore più intensa della mia vita. E volevo dirti che mai, mai avrei pensato d'innamorarmi così per la seconda volta.»

C'era qualcosa come una grazia, in quell'ora e in quelle parole che riconoscevano un dono, la felicità che nasceva dal guardarsi, dal puro «vedersi». E non era soltanto l'amore disvelato e riconosciuto, la tenerezza e la passione dei corpi che si desideravano, era qualcosa di nuovo: il domandarsi di che cosa l'altro avesse bisogno per essere felice, e volerglielo dare.

«Siamo stati tanto soli...» mormorò Bertrand, come se misurasse soltanto in quel momento la sua vita dimezzata dalla solitudine, dal lavoro accanito, dal successo, dagli incontri con mercenarie discrete e pagate profumatamente, lui e i suoi scacchi e i suoi libri e i suoi viaggi, lui e il suo giardino, una vita chiusa in se stessa senza orizzonte. Si sentiva fragile e felice, ora, portato per mano non sapeva dove, da quella bella donna di cui parole e gesti e ogni particolare dell'aspetto, dal profilo del volto e della nuca fino all'orlo della veste, tutto lo innamorava.

«Ma tu stai davvero bene con me?» chiese, scoprendo l'ansia che non riesce a placarsi.

«E tu?»

Quella domanda era l'essenza stessa dell'amore, destinata a ripetersi finché si fossero guardati negli occhi cercandosi.

«Dovrai aver pazienza, con me. Sono un vecchio orso.»

«Ti tirerò fuori dalla tana», sorrise Alice, «ma adesso stiamo ancora un po' qui soli, mentre gli altri ancora non lo sanno, stiamo vicini a parlare.»

Perché le parole, così Alice sentiva più che pensare, le parole sono «noi», vengono dal respiro del corpo, che è qui, e ascoltarle è come fare l'amore.

Fuori c'era il mondo, c'era la primavera, c'erano i suoi figli che si allontanavano per le loro strade, e c'erano anche i bambini del villaggio con i loro occhi che interrogavano il futuro. Potevano tutti aspettare, almeno per quella sera.

Finito di stampare nell'ottobre 2003
presso la Mondadori Printing S.p.A.
Stabilimento N.S.M. di Cles (TN)
Printed in Italy